westermann

Helmut Rebmann
Rainer Scholz

Vorbereiten auf Ausbildung und Beruf

MATHEMATIK

2. Auflage

Bestellnummer 290636

Die in diesem Produkt gemachten Angaben zu Unternehmen (Namen, Internet- und E-Mail-Adressen, Handelsregistereintragungen, Bankverbindungen, Steuer-, Telefon- und Faxnummern und alle weiteren Angaben) sind i. d. R. fiktiv, d. h., sie stehen in keinem Zusammenhang mit einem real existierenden Unternehmen in der dargestellten oder einer ähnlichen Form. Dies gilt auch für alle Kunden, Lieferanten und sonstigen Geschäftspartner der Unternehmen wie z. B. Kreditinstitute, Versicherungsunternehmen und andere Dienstleistungsunternehmen. Ausschließlich zum Zwecke der Authentizität werden die Namen real existierender Unternehmen und z. B. im Fall von Kreditinstituten auch deren IBANs und BICs verwendet.
Die in diesem Werk aufgeführten Internetadressen sind auf dem Stand zum Zeitpunkt der Drucklegung. Die ständige Aktualität der Adressen kann vonseiten des Verlages nicht gewährleistet werden. Darüber hinaus übernimmt der Verlag keine Verantwortung für die Inhalte dieser Seiten.

service@westermann.de
www.westermann.de

Bildungsverlag EINS GmbH
Ettore-Bugatti-Straße 6-14, 51149 Köln

ISBN 978-3-14-**290636**-2

westermann GRUPPE

Vorwort

Dieses Buch soll jungen Erwachsenen beim Festigen und Weiterentwickeln ihres mathematischen Grundwissens helfen. Es ist Bestandteil der Reihe „Vorbereiten auf Ausbildung und Beruf“ und wurde speziell für alle Formen der Berufausbildungsvorbereitung entwickelt.

Die Inhalte basieren auf den Bildungsstandards der Kultusministerkonferenz für den Hauptschulabschluss. Das vorliegende Buch eignet sich für die Vorbereitung auf einen Hauptschulabschluss. Es dient aber auch der gezielten Festigung und Weiterentwicklung der Hauptschulkenntnisse. Somit bereitet es bestens auf spezielle Abschlusstests in den unterschiedlichen Berufsvorbereitungsmaßnahmen vor.

Alle Themen werden in einer einfachen Sprache beschrieben. Eine große Anzahl von selbsterklärenden Grafiken und Fotografien begleiten anschaulich die Beschreibungen. Jedes Kapitel beginnt mit einer Übersichtsseite. Sie informiert über den zu erwartenden Inhalt und soll Interesse wecken. Die Inhalte der einzelnen Kapitel sind an lebensnahen und berufsfeldbezogenen Sachverhalten dargestellt. Die Angst vor der „Schulmathematik“ wird genommen und Verständnis für „Alltagsmathematik“ entsteht.

Jedes Fachkapitel enthält vielfältige Aufgaben, die eine gezielte Wiederholung und Festigung des Erlernten unterstützen. Diesem Zweck sind auch die kleinen Zusammenfassungen in den Unterkapiteln und die große Zusammenfassung am Ende eines Hauptkapitels gewidmet.

Um einer Verwechslung vorzubeugen, soll an dieser Stelle darauf hingewiesen werden, dass die blauen Zahlen im Fließtext (1) den Bildnummern, und nicht den Aufgabennummern, entsprechen.

Eine Besonderheit stellt das letzte Kapitel dar. Hier werden wichtige Hinweise zur erfolgreichen Prüfungs- und Testteilnahme gegeben, mögliche „Fallen“ beschrieben und eine Vielzahl von Übungsaufgaben angeboten. Dieses Kapitel bereitet gezielt auf anstehende Prüfungen und Tests vor.

Im Interesse der besseren Lesbarkeit wurde in diesem Buch meist nur die männliche Form verwendet. Selbstverständlich sind immer alle Geschlechter angesprochen.

Die Autoren und der Verlag sind für Hinweise und Verbesserungsvorschläge jederzeit aufgeschlossen und dankbar.

Autoren und Verlag

Inhaltsverzeichnis

Üben und Festigen der Grundrechenarten

1

1.1 Addieren und Subtrahieren

Beruflich und privat: Richtig addieren und subtrahieren sichert die Versorgung.

1.2 Multiplizieren und Dividieren

Malnehmen und Teilen bringt wichtige Informationen.

1.3 Arbeiten mit Rechenregeln

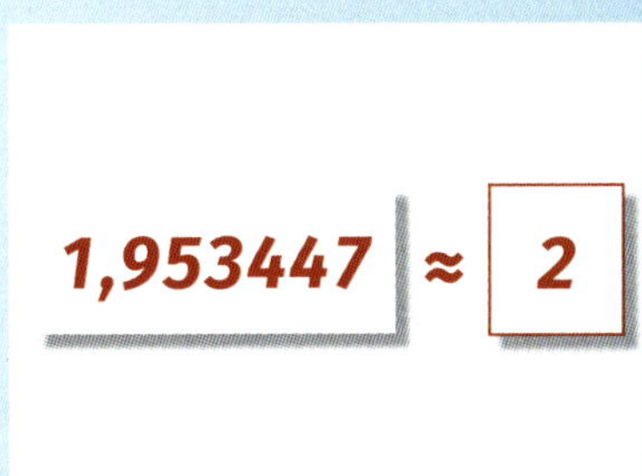

Rechenregeln regeln Rechnen.

1.4 Anwenden der Grundrechenarten

Übung macht den Meister!

1 Einkaufswagen mit Produkten

Stellenrichtig untereinanderschreiben heißt:

• Hunderter	unter	Hunderter
• Zehner	unter	Zehner
• Einer	unter	Einer
• Komma	unter	Komma
• Zehntel	unter	Zehntel
• Hundertstel	unter	Hundertstel

2 Stellenrichtig untereinanderschreiben

Viele Fragen im privaten und beruflichen Leben sind nur durch die Anwendung der Grundrechenarten zu beantworten.

Reicht beim Einkaufen das Geld für die Bezahlung aller Produkte 1 ? Das kann durch Addieren (Zusammenzählen) überprüft werden.

Wie lang ist der Rest einer Metallstange, nachdem ein Teil abgesägt wurde? Diese Frage ist durch Subtrahieren (Abziehen) zu beantworten.

Wie viel Kilometer werden an 5 Tagen zurückgelegt, wenn täglich 32 km gefahren werden? Mit Multiplizieren (Malnehmen) ist das schnell ermittelt.

Für welche Anzahl von Tagen reicht die im Lager vorhandene Menge? Dividieren (Teilen) hilft bei der Antwort.

Das Leben ist voller Mathematik und deshalb ist es vorteilhaft, wenn die Grundrechenarten zuverlässig beherrscht werden.

1.1 Addieren und Subtrahieren

Schätzen und Überschlagen

Es ist sinnvoll, ein Ergebnis zunächst zu **überschlagen**, es also zu **schätzen**. Dazu werden die Beträge vereinfacht.

Folgende Produkte sollen gekauft werden:
- 1 Sechserpack Limonade für 2,04 €,
- 2 Packungen Kaffee zu je 3,49 €,
- 1 Flasche Shampoo für 2,95 €.

Wie hoch ist der ungefähre Gesamtpreis?

Produkt	Preis	Rechnung im Kopf
Limonade	gut 2 €	**2** €
Kaffee	knapp 7 €	**2** € + 7 € = **9** €
Shampoo	knapp 3 €	**9** € + 3 € = **12** €

Antwort: Die Produkte kosten ungefähr 12 €.

Vor dem Rechnen zunächst schätzen.
Dazu werden die Zahlen vereinfacht.

	Hunderter	Zehner	Einer	Komma	Zehntel	Hundertstel
			2	,	0	4
+			3	,	4	9
+			3	,	4	9
+		1	2_1	,	9_2	5
=		**1**	**1**	,	**9**	**7**

Ergebnis = Summe

3 Schriftliches Addieren

	Hunderter	Zehner	Einer
	1	0	5
–	1	4	2
=		**6**	**3**

Ergebnis = Differenz

4 Schriftliches Subtrahieren

Zusammenfassen der Minus-Zahlen
42 Brötchen
+ 15 Brötchen
+ 20 Brötchen
= 77 Brötchen
105 Brötchen
– 77 Brötchen
= 28 Brötchen

5 Abzuziehende Beträge zusammengefasst

Rechnen mit Zwischenergebnissen
105 Brötchen
– 42 Brötchen
= 63 Brötchen
63 Brötchen
– 15 Brötchen
= 48 Brötchen
48 Brötchen
– 20 Brötchen
= 28 Brötchen

6 Zwischenergebnisse

Addieren

Die Zahlen werden stellenrichtig untereinandergeschrieben 2. Dann wird spaltenweise addiert 3. Das Ergebnis heißt **Summe**.

Subtrahieren

In einer Bäckerei werden 42 von 105 Brötchen verkauft. Wie viele Brötchen sind übrig?

Das Ergebnis kann geschätzt werden:

Brötchen insgesamt	ca. 100	**100**
verkauft	ca. 40	**100** – 40 = **60**

Antwort: Es sind ca. 60 Brötchen übrig.

Die Zahlen werden stellenrichtig untereinandergeschrieben und spaltenweise subtrahiert 4. Das Ergebnis heißt **Differenz**.

Stellenrichtig untereinanderschreiben und spaltenweise berechnen.

Subtrahieren mehrerer Beträge

Manchmal müssen mehrere Beträge abgezogen werden.

In einer Bäckerei werden 105 Brötchen gebacken. Wie viele Brötchen können frei verkauft werden, wenn bereits Vorbestellungen für

- 42 Brötchen,
- 15 Brötchen und
- 20 Brötchen gemacht wurden?

Rechnung: 105 – 42 – 15 – 20

Hier bieten sich zwei Lösungswege an:

- Zusammenfassen der Minus-Zahlen 5,
- Rechnen mit Zwischenergebnissen 6.

Dabei muss wieder auf die stellenrichtige Schreibweise geachtet werden.

Beim Subtrahieren mehrerer Beträge entweder die Minus-Zahlen zusammenfassen oder Zwischenergebnisse bilden.

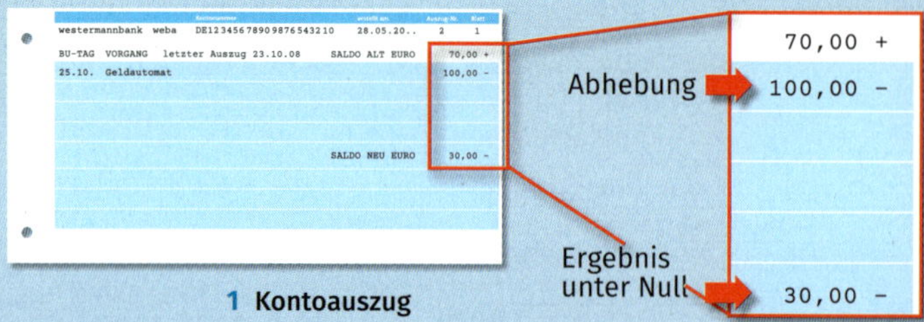

1 **Kontoauszug**

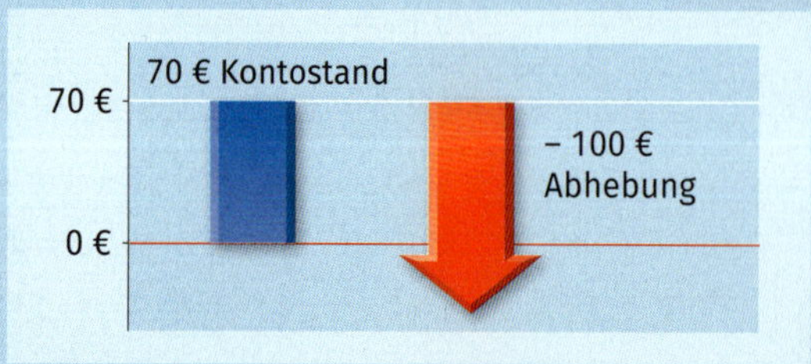

2 **Abhebung**

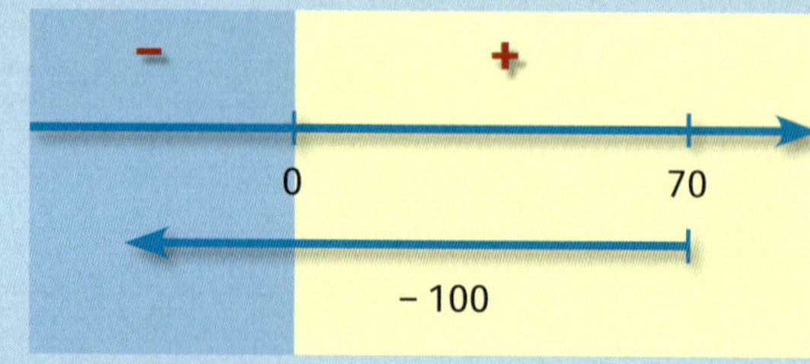

3 **Zahlenstrahl**

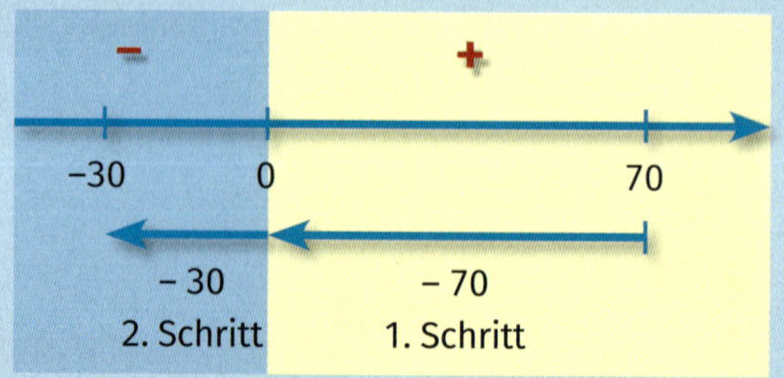

4 **Rechenschritte**

Ergebnis unter null

Das Ergebnis einer Aufgabe kann auch weniger als null betragen.

Auf einem Girokonto befinden sich 70 €. Es werden 100 € abgehoben 1.

Von dem Konto wird mehr abgehoben, als sich darauf befindet 2. Daher ist der Kontostand anschließend unter 0. Dies kann auf einem **Zahlenstrahl** verdeutlicht werden 3.

Der Rechenweg erfolgt in zwei Schritten 4:

- Wie viel muss abgezogen werden bis zur 0?
  70 € – 70 € = **0 €**

- Wie viel muss anschließend noch abgezogen werden?
  0 € – 30 € = **– 30** €

Zwei Schritte beim Subtrahieren unter 0:
Betrag bis zur 0 abziehen.
Restlichen Betrag abziehen.

Addieren und Subtrahieren in einer Aufgabe

Aufgaben können Additionen und Subtraktionen enthalten.

Auf einem Girokonto mit 204,78 € Guthaben kommt es zu folgenden Kontobewegungen:

- 50,00 € werden abgehoben,
- 40,66 € werden eingezahlt,
- 463,88 € werden eingezahlt,
- 600,00 € werden abgehoben.

Rechnung:
204,78 € – 50,00 € + 40,66 € + 463,88 € – 600,00 €

Es bieten sich zwei Lösungswege an:

- Zusammenfassen der Plus-Zahlen und der Minus-Zahlen 5,
- Rechnen mit Zwischenergebnissen 6.

Plus-Zahlen und Minus-Zahlen jeweils zusammenfassen oder Zwischenergebnisse bilden.

Zusammenfassen der Plus-Zahlen

204,78 €
+ 40,66 €
+ 463,88 €
= 709,32 €

Zusammenfassen der Minus-Zahlen

50,00 €
+ 600,00 €
= 650,00 €

Minus-Zahlen von den Plus-Zahlen abziehen

709,32 €
− 650,00 €
= 59,32 €

5 Plus- und Minuszeichen zusammenfassen

Rechnen mit Zwischenergebnissen

204,78 €
− 50,00 €
= 154,78 €
154,78 €
+ 40,66 €
= 195,44 €
195,44 €
+ 463,88 €
= 659,32 €
659,32 €
− 600,00 €
= 59,32 €

6 Zwischenergebnisse

AUFGABE

1. Ein Auszubildender erhält monatlich 480 €, von denen er 100 € auf ein Sparbuch einzahlt. Seine Großeltern zahlen ihm zusätzlich 40 € Taschengeld. Für seinen Handy-Vertrag werden ihm 25 € im Monat abgebucht.

Wie viel bleibt übrig?

2. Ein Thermometer zeigt morgens 4 Grad Celsius an.

- Vormittags steigt die Temperatur um 3 Grad.
- Mittags steigt sie um weitere 2 Grad.
- Nachmittags fällt sie um 8 Grad.
- Abends fällt sie nochmals um 3 Grad.

ZUSAMMENFASSUNG

Schätzen/Überschlagen (Zahlen vereinfachen)

stellenrichtig untereinanderschreiben

Subtrahieren mehrerer Beträge

↓

Minus-Zahlen zusammenfassen
oder
Zwischenergebnisse bilden

Addieren und Subtrahieren in einer Aufgabe

↓

Plus- und Minus-Zahlen jeweils zusammenfassen
oder
Zwischenergebnisse bilden

1 Fleischtheke

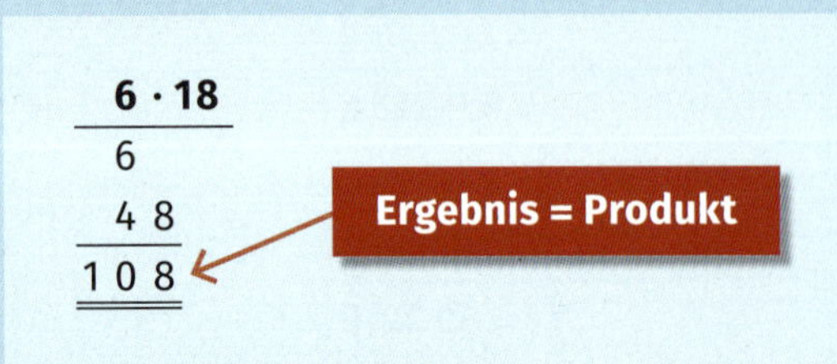

2 Schriftliches Multiplizieren

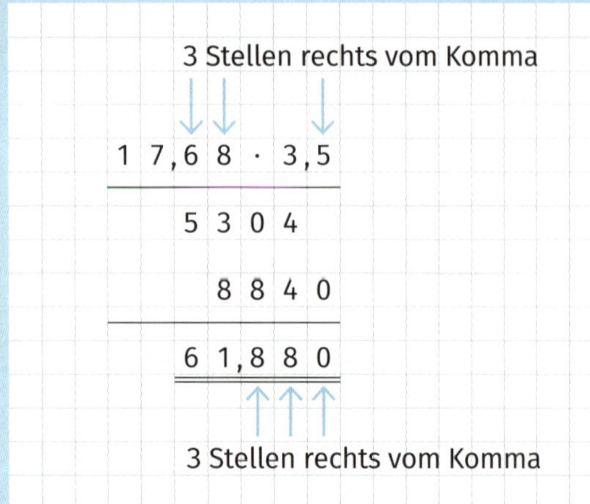

3 Multiplizieren mit Komma

1.2 Multiplizieren und Dividieren

Multiplizieren

In einer Kantine werden täglich 18 kg Fleisch verzehrt 1. Welche Menge wird in einer Woche mit 6 Arbeitstagen benötigt?

Zunächst sollte wieder geschätzt werden:

18 kg entsprechen vereinfacht **20 kg**.
6 · knapp **20 kg** = etwas weniger als 120 kg

Die kg-Zahl wurde erhöht (aus 18 wurde 20). Das wirkliche Ergebnis muss niedriger sein. Antwort: In einer Woche werden etwas weniger als 120 kg Fleisch benötigt.

Die Stellen der Zahlen werden einzeln multipliziert 2. Das Ergebnis heißt **Produkt**.

! Das Ergebnis sollte geschätzt werden. Die Zahlenstellen einzeln multiplizieren.

Multiplizieren von Kommazahlen

Ein Liter Farbe kostet 17,68 €. Für Renovierungsarbeiten werden 3,5 l benötigt.

Rechnung: 17,68 · 3,5

Beim Schätzen werden die Zahlen vereinfacht:

17,68 € entsprechen vereinfacht ca. **20 €**
3,5 l entsprechen vereinfacht **3 l**
3 · 20 = 60

Die erste Zahl wurde erhöht (17,68 wurde zu 20), die zweite verringert (3,5 wurde zu 3). Die Veränderungen gleichen sich teilweise aus. Antwort: Die Farbe kostet ca. 60 €.

Im Ergebnis wird das Komma so gesetzt, dass genauso viele Stellen rechts vom Komma stehen wie in der Aufgabenzeile 3.

! In der Ergebniszeile müssen gleich viele Stellen rechts vom Komma stehen wie in der Aufgabenzeile.

4 Abschneiden von Blechstreifen

48 : 3 = 16
3
18
18
0

Ergebnis = Quotient

5 Schriftliches Dividieren

48 : 3,2 =
wird zu — wird zu
480 : 32 = 15
32
160
160
0

6 Dividieren von Kommazahlen

Dividieren

Von einem 48 cm langen Blechstreifen werden mit der Blechschere 3 cm lange Stücke abgeschnitten 4. Wie viele Stücke entstehen?

Das Ergebnis sollte zuerst geschätzt werden:

30 : 3 = **10** → bleiben noch knapp 20 cm
20 : 3 = ca. **6**
10 + 6 = 16

Antwort: Es entstehen ungefähr 16 Stücke.

Der Teiler wird durch alle Stellen der zu teilenden Zahl geteilt 5. Das Ergebnis heißt **Quotient**.

Dividieren von Kommazahlen

Von einem 48 cm langen Blechstreifen werden Stücke mit 3,2 cm Länge abgeschnitten. Wie viele Stücke entstehen in diesem Fall?

Rechnung: 48 : 3,2

Beim Schätzen kann auf frühere Aufgaben zurückgegriffen werden:

48 : 3 = **16** → 48 : 3,2 = etwas weniger als **16**

Antwort: Es können etwas weniger als 16 Stücke abgeschnitten werden.

Im Teiler darf kein Komma stehen. Daher wird das Komma nach rechts verschoben 6:

3,2 wird zu 32,0 oder kurz 32

Bei der zu teilenden Zahl muss das Komma ebenfalls nach rechts verschoben werden. Enthält diese Zahl kein Komma, wird eine 0 angehängt:

48 wird zu 480

Anschließend kann schriftlich dividiert werden.

Komma im Teiler nach rechts verschieben. In der zu teilenden Zahl das Komma gleich viele Stellen nach rechts verschieben oder Null(en) anhängen.

1 Sonderangebot Batterien

2 Joghurt

3 Badezimmer

AUFGABE

1. Ein Discount-Markt bietet als Sonderangebot 8 Batterien für 1,68 € an 1. Wie viel kostet eine Batterie?

2. Ein Becher Joghurt kostet 0,19 € 2. Wie viel muss im Monat Januar ausgegeben werden, wenn täglich ein Becher verzehrt wird?

3. In einem Badezimmer mit 4,6 m² Fläche sollen Fliesen verlegt werden 3. Pro m² wird mit einem Bedarf von 12 Fliesen gerechnet.

4. Multiplizieren Sie die Beträge in der Tabelle:

·	4	6,2	52,8
14	?	?	?
21,4	?	?	?

5. Dividieren Sie die Beträge in der Tabelle:

Teiler / Zu teilende Zahl	4	1,6	1,92
48	?	?	?
67,2	?	?	?

ZUSAMMENFASSUNG

Schätzen/Überschlagen (Zahlen vereinfachen)

Multiplizieren mit Kommazahlen

In der Ergebniszeile müssen gleich viele Stellen rechts vom Komma stehen wie in der Aufgabenzeile.

Dividieren mit Kommazahlen

Komma im Teiler nach rechts verschieben. In der zu teilenden Zahl das Komma gleich viele Stellen nach rechts verschieben oder Null(en) anhängen.

4 Preise

5 T-Shirt

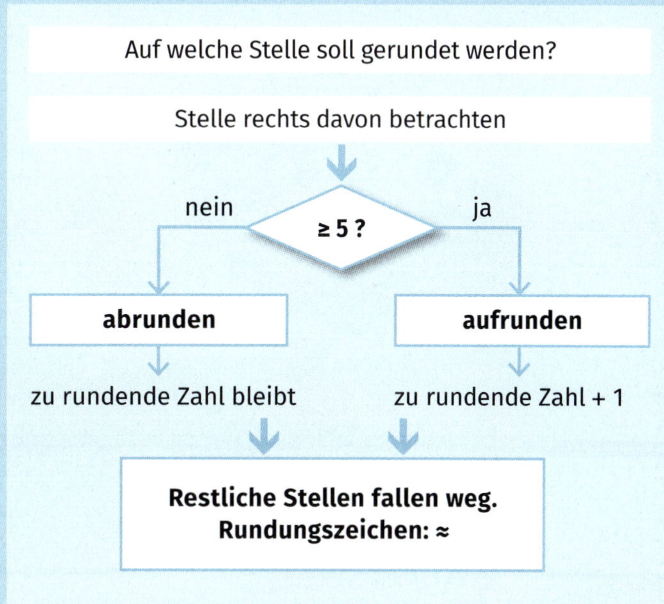

6 Runden

1.3 Arbeiten mit Rechenregeln

Runden

Oft haben Zahlen noch einige Stellen hinter dem Komma 4.

Es ist kompliziert, mit diesen Zahlen zu rechnen. Sie können vereinfacht werden, indem ihr Wert durch **Runden** leicht verändert wird 6.

Kostet ein T-Shirt 4,98 € 5, wird so gerundet:

- runden auf Einer (ganze Euro),
- rechts davon steht die Zahl 9,
- 9 > 5, deshalb auf ganze Euro aufrunden.

Antwort: Das T-Shirt kostet rund 5 €.

Kostet ein Produkt 6,48 €, wird so gerundet:

- runden auf Einer (ganze Euro),
- rechts davon steht die Zahl 4,
- 4 < 5, deshalb auf ganze Euro abrunden.

Antwort: Das Produkt kostet rund 6 €.

AUFGABE

Runden Sie auf folgende Stellen.

	Zehner	Einer	1 Stelle hinter dem Komma	2 Stellen hinter dem Komma
123,456	120	123	123,5	123,46
89,391	?	?	?	?
13,333	?	?	?	?
15,555	?	?	?	?
0,984	?	?	?	?
0,985	?	?	?	?

1 Mittagessen in der Kantine

2 Motorroller und Kraftstoff

Punkt-vor-Strich-Regel

Von 50 € Praktikumsgeld muss 5-mal Mittagessen für je 3 € bezahlt werden 1.

Rechnung: $50 - 5 \cdot 3$

Von links nach rechts gerechnet, kommt es zu folgendem – falschem – Ergebnis:

$50 - 5 = 45 \quad \rightarrow \quad 45 \cdot 3 = \underline{\underline{135}}$

Bei den Grundrechenarten werden Punktzeichen und Strichzeichen unterschieden.

Punktzeichen	· (mal)	: (geteilt)
Strichzeichen	+ (plus)	– (minus)

Es gilt immer die Rechenreihenfolge:

1. Punktzeichen: $5 \cdot 3 = 15$
2. Strichzeichen: $50 - 15 = \underline{\underline{35}}$

Punktzeichen (· :) werden vor Strichzeichen (+ –) gerechnet.

AUFGABE

1. Der Besitzer eines Motorrollers kauft 1 l Motor-Öl für 10 € und 3 l Benzin zu je 1,50 € 2.

a) Wie lautet die Rechnung?

b) Wie ändert sich die Rechnung, wenn der Besitzer noch 2 Zündkerzen zu je 2,70 € kauft?

2. Berechnen Sie die Aufgaben in der richtigen Reihenfolge.

a) $18 + 3 \cdot 2$
b) $42 : 6 - 5$
c) $100 - 6 \cdot 6 + 14$
d) $4 \cdot 7 + 15 : 5$

e) $56 : 8 - 28 : 7$
f) $13 + 4 \cdot 4 - 2 \cdot 6$
g) $45 : 9 + 17 - 4 \cdot 3$
h) $5 \cdot 8 : 2 + 13$

i) $72 : 9 + 3 \cdot 4 \cdot 5$
j) $42 : 7 - 6 : 3 - 3$
k) $12 + 6 \cdot 4 + 18 : 3$
l) $64 : 8 \cdot 3 + 34 - 14 : 2$

3 Kaffeeautomat in der Kantine

4 Jugendliche nach dem Entladen

Klammer-Regel

Von 50 € Praktikumsgeld muss 5-mal Essen für je 3 € und 1 € für Kaffee bezahlt werden 3.

Rechnung: $50 - 5 \cdot 3 + 1$

Mit der Punkt-vor-Strich-Regel kommt es zu folgendem – falschem – Ergebnis:

$5 \cdot 3 = 15 \rightarrow 50 - 15 = 35 \rightarrow 35 + 1 = \underline{\underline{36}}$

Sollen Aufgabenteile zuerst gerechnet werden, müssen diese Teile in Klammern stehen.

Rechnung: $50 - 5 \cdot (3 + 1)$

Es muss folgendermaßen gerechnet werden:

1. Klammer: $(3 + 1) = 4$
2. Punktzeichen: $5 \cdot 4 = 20$
3. Strichzeichen: $50 - 20 = \underline{\underline{30}}$

Aufgabenteile in Klammern zuerst rechnen.

AUFGABE

1. Drei Jugendliche bekommen 20 €, weil sie geholfen haben, einen Lkw abzuladen 4. Von dem Geld wollen sie eine Sechserpackung Limonade zum Preis von 2 € kaufen und den Rest aufteilen.

a) Wie lautet die Rechnung?

b) Wie ändert sich die Rechnung, wenn sich jeder noch einen Schokoriegel für 0,45 € kauft?

2. Berechnen Sie die Aufgaben in der richtigen Reihenfolge.

a) $48 : (3 + 5)$

b) $(16 + 5) : 3$

c) $(24 + 21) : (15 - 6)$

d) $(100 - 75) \cdot (2 + 2)$

e) $(42 : 6 + 5) - 9 : 3$

f) $14 + 56 : (16 - 8) + 5 \cdot 5$

g) $(15 \cdot 6 : 10) - (5 \cdot 5 - 20)$

h) $(8 + 4 \cdot 8) + 32 - (63 : 9 - 4)$

i) $(16 + 4) \cdot 2 - (2 \cdot 5 + 7)$

j) $(10 - 8) \cdot 3 \cdot (5 + 3) : 12$

EINKAUFSLISTE	
1 GLAS BROTAUFSTRICH	2,49 €
1 SALAT	0,59 €
1 PACKUNG TOASTBROT	0,99 €
3 PACKUNGEN TIEFKÜHLPIZZA	JE 1,99 €
2 PACKUNGEN KAFFEE	JE 2,77 €
1 PACKUNG WASCHMITTEL	6,98 €

1 Einkaufsliste

2 Konservendosen

1.4 Anwenden der Grundrechenarten

1. Auf einer Einkaufsliste befinden sich mehrere Produkte mitsamt ihren Preisen 1.

a) Werden 20 € für den Einkauf reichen? Schätzen Sie zunächst.

b) Berechnen Sie den Gesamtpreis.

2. Berechnen Sie:

a) 325,40 + 16,32 + 3,15

b) 198,49 + 0,77 + 45,98

c) 149,63 −25,11

d) 1543,21 − 651,28

e) 843,85 − 121,25 − 318,41

f) 542,6 − 259,8 − 218,7

g) 50 − 68

h) 143,23 − 314,37

i) 28,44 + 31,34 − 16,21 + 39,40

j) 723,4 − 16,8 − 23,9 + 25

3. Ein Küchenbetrieb bestellt Konservendosen mit Mischgemüse für 1 Monat 2. Pro Woche werden 12 Dosen benötigt, eine Dose kostet 3,24 €.

a) Wie hoch ist der Preis (zuerst schätzen)?

b) Zusätzlich sollen noch 3 Großpackungen Nudeln pro Monat gekauft werden (Preis für eine Großpackung: 12,41 €).

4. Berechnen Sie:

a) 32 · 15

b) 16 · 49

c) 78 · 229

d) 8,4 · 6

e) 9,3 · 3,4

f) 7,6 · 1,25

g) 378 : 9

h) 182 : 13

i) 8736 : 28

j) 93,6 : 3,9

k) 288 : 6,4

l) 33,825 : 7,5

3 Berufsschulzentrum

4 Angebote für Schokolade

5. Das Berufsschulzentrum einer deutschen Stadt hat folgende Schülerzahlen 3:
- Kaufmännische Schule: 2014
- Gewerbliche Schule: 2589
- Hauswirtschaftliche Schule: 1875

a) Runden Sie auf Tausender.
b) Runden Sie auf Hunderter.
c) Runden Sie auf Zehner.

6. Eine 5er-Packung Schokolade kostet 3,45 €. Eine Doppelpackung derselben Schokolade kostet 1,38 € 4.
Vergleichen Sie die beiden Angebote.

7. Ein junger Arbeiter hat ein monatliches Einkommen von 1470 €.
Jeden Monat werden folgende Beträge von seinem Konto abgebucht:
- Miete: 350 €
- Strom, Wasser, Heizung: 80 €
- Versicherungen: 70 €
- Telefon, Internet, TV, Rundfunk: 60 €

Wie viel Euro bleiben für die restlichen Ausgaben und zum Sparen übrig (zuerst schätzen)?

8. Übertragen Sie die Tabelle und ergänzen Sie die fehlenden Werte.

Runden auf / Wert	Zehner	Einer	1 Stelle hinter dem Komma
28,325	30	28	28,3
14,954	?	?	?
494,595	?	?	?
110,054	?	?	?
232,945	?	?	?
99,999	?	?	?
319,454	?	?	?
6,256	?	?	?

9. Berechnen Sie die Aufgaben in der richtigen Reihenfolge.

a) $5 \cdot 5 + 5 : 5 - 5$
b) $16 + 32 : 8 - 4$
c) $(16 + 32) : (8 - 4)$
d) $(17 + 24 : 6) : 3$
e) $6 \cdot 5 : 4 - 2{,}5 + (3 \cdot 4 - 5)$
f) $(2 \cdot 12 + 4) : 7 + 6 \cdot 6$
g) $8 + 45 : 9 + 2 \cdot 5 - 4$

ZUSAMMENFASSUNG GRUNDRECHENARTEN

vor dem Rechnen zunächst schätzen

Übersicht Grundrechenarten

	Addieren	Subtrahieren	Multiplizieren	Dividieren
bedeutet	zusammenzählen	abziehen	malnehmen	teilen
Zeichen	+	–	·	:
Ergebnis	Summe	Differenz	Produkt	Quotient

Subtrahieren mehrerer Beträge

↓ Minuszahlen zusammenfassen

Addieren und Subtrahieren in einer Aufgabe

↓ Plus- und Minuszahlen jeweils zusammenfassen

↓ oder Zwischenergebnisse bilden

Multiplizieren von Kommazahlen

↓ im Ergebnis gleich viele Stellen rechts vom Komma wie in der Aufgabe

Dividieren von Kommazahlen

↓ kein Komma im Teiler, Komma nach rechts schieben oder Null(en) anhängen

Runden

Auf welche Stelle soll gerundet werden?

Stelle rechts davon betrachten

≥ 5 ?

- nein → **abrunden** ↓ zu rundende Zahl bleibt
- ja → **aufrunden** ↓ zu rundende Zahl + 1

Restliche Stellen fallen weg. Rundungszeichen: ≈

Punkt-vor-Strich-Regel: Punktzeichen (· :) vor Strichzeichen (+ –) rechnen

Klammer-Regel: Aufgabenteile in Klammern zuerst rechnen

Längen, Flächen, Körper

2

2.1 Umgang mit Längenmaßen

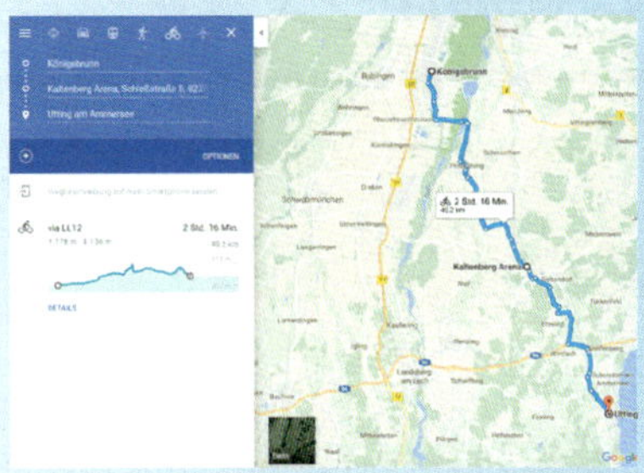

Durch Längenmaße das Ziel erreichen.

2.2 Berechnen einfacher Flächen

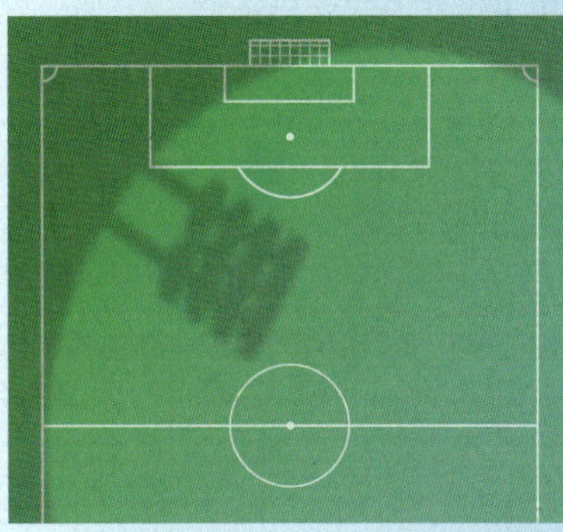

Mit Flächen ein leichtes Spiel haben.

2.3 Berechnen einfacher Körper

Einfache Körper lassen sich überall entdecken.

1 Wegweiser

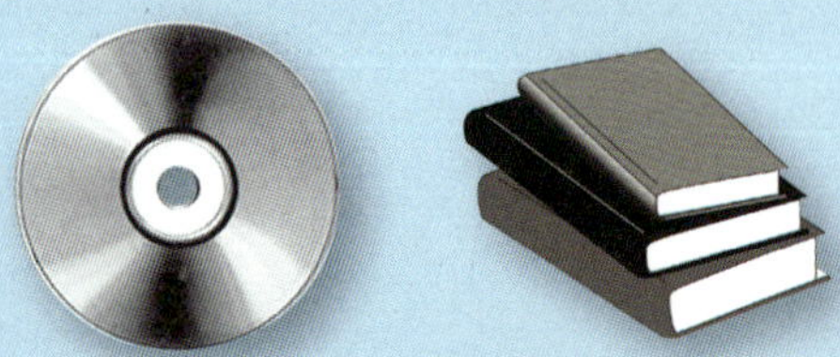

2 Alltagsgegenstände

3 Rundsäulen

Wer seine Umgebung genau beobachtet, entdeckt eine Vielzahl von Längen, Flächen und Körpern.

Auf Hinweisschildern sind die Weglängen bis zum nächsten Ort angegeben 1.

An vertrauten Gegenständen sind geometrische Flächen, wie Rechtecke und Kreise, zu entdecken 2.

Die Grundlage aller Bauwerke sind mathematische Körper 3.

Schon vor tausenden von Jahren arbeiteten die Menschen mit geometrischen Formen. Auch heute können viele Fragen nur mithilfe der Geometrie beantwortet werden:

- Passt das Auto in die Parklücke?
- Reicht die Farbmenge für die Wand?
- Wie viel Flüssigkeit fasst der große Topf?

Im Vorteil ist, wer mit einfachen Längen, Flächen und Körpern sicher umgehen kann.

2.1 Umgang mit Längenmaßen

Längenmaße

Längenmaße geben die Ausdehnung in eine Richtung an. Sie bestehen aus der **Maßzahl** ① und der **Maßeinheit** ②.

In vielen Ländern wird das Internationale Einheitensystem (SI = frz.: Système international d'unités) verwendet. Es besteht aus sieben **SI-Basiseinheiten**, von denen alle anderen Einheiten abgeleitet werden.

Die SI-Basiseinheit für **Längenmaße** ist der Meter mit dem Kurzzeichen m.

Vom Meter werden weitere Längenmaßeinheiten abgeleitet (Tab. 1).

Für kleine Längen sind das die Einheiten Dezimeter, Zentimeter und Millimeter. Große Längen werden häufig in Kilometer angegeben.

Tab. 1: Längenmaßeinheiten

Längenmaßeinheit	**Kurzzeichen**
Kilometer	km
Hektometer	hm
Dekameter	dam
Meter	**m**
Dezimeter	dm
Zentimeter	cm
Millimeter	mm

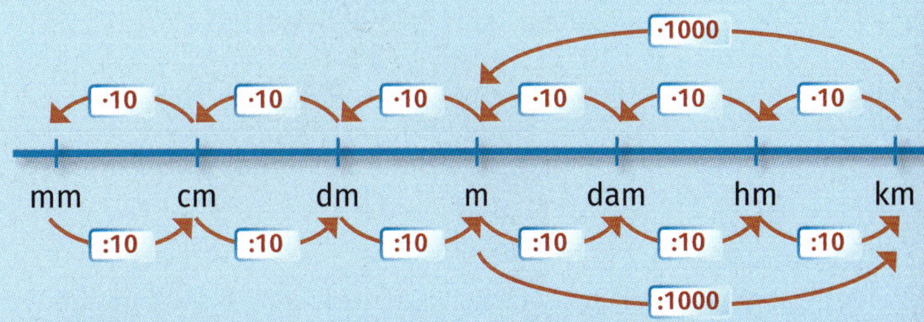

4 **Längenmaße schrittweise umrechnen**

Umrechnen von Längenmaßen

Maßzahlen mit unterschiedlichen Maßeinheiten lassen sich nur schwer miteinander vergleichen und führen beim Rechnen oft zu Problemen.

Um sinnvoll mit mehreren Längenmaßen umgehen zu können, müssen die Längenmaßeinheiten (Tab. 1) umgerechnet werden. Dadurch können Maßzahlen einfacher miteinander verrechnet und verglichen werden.

Ist 99 cm größer oder kleiner als 1,23 m?

Um diese Frage sicher beantworten zu können, hilft es, die Zahlen in die gleiche Maßeinheit umzurechnen. Dazu wird die Umrechnungszahl 10 benötigt.

·10

99 cm = 9,9 dm < 12,3 dm = 1,23 m

:10

Umrechnungszahl = 10

Um ein Längenmaß von einer Maßeinheit in die nächst größere Einheit umzurechnen, wird durch 10 dividiert **4**.

Soll in die nächst kleinere Einheit umgerechnet werden, wird mit 10 multipliziert **4**.

Soll ein Längenmaß über mehrere Maßeinheiten umgerechnet werden, muss man die Umrechnungszahl 10 mehrmals benutzen.

99 cm = 9,9 dm = 0,99 m

:10 :10

Für die Umrechnung von Längenmaßen gilt:

Wird die Einheit kleiner, wird die Zahl größer.
Wird die Einheit größer, wird die Zahl kleiner.

Längenmaße werden umgerechnet, indem sie mit der Umrechnungszahl 10 multipliziert oder dividiert werden.

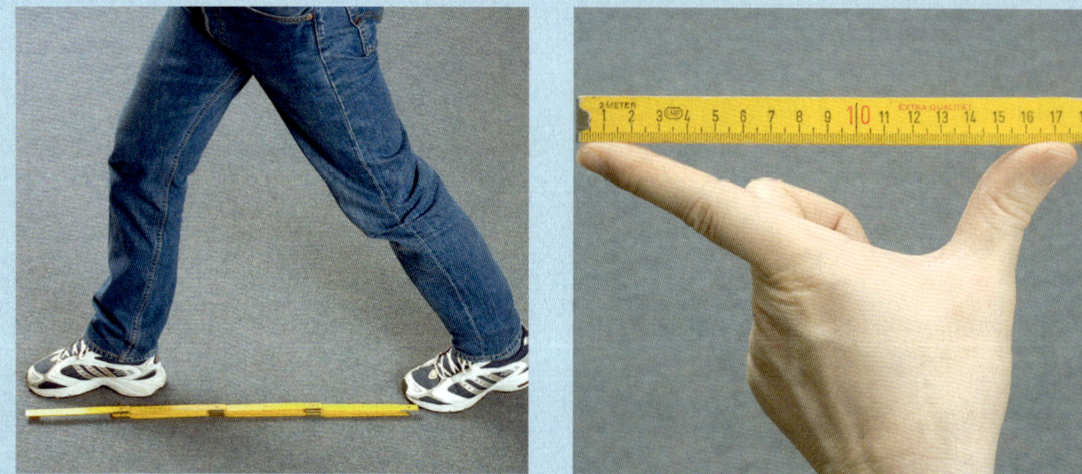

1 **Schätzhilfen**

Schätzen von Längenmaßen

Im Alltag ist es nicht immer notwendig, ein Längenmaß ganz genau zu ermitteln. Meist genügt ein Schätzwert.

Durch richtiges **Schätzen** ist es möglich, schnell und einfach unterschiedliche Längen annähernd zu ermitteln.

Passt der Schrank durch die Wohnungstür? Diese Frage kann mit einiger Sicherheit auch ohne vorheriges Messen beantwortet werden. Der Schätzwert wird jedoch viel genauer, wenn einfache Schätzhilfen verwendet werden.

Häufig verwendete Hilfen für das Schätzen von Längenmaßen 1 sind:

- Schrittlänge ca. 0,8 m,
- Daumen ↔ Zeigefinger ca. 18 cm,
- Daumenbreite ca. 2 cm.

Die angegebenen Maße sind selbstverständlich nur Annäherungswerte.

Deshalb ist es sehr hilfreich, seine eigenen Maße zu kennen.

Die Länge des Fußweges von der Haustür zur Bushaltestelle kann ohne Messmittel, aber durch Verwendung einer Schätzhilfe geschätzt werden.

Der Weg wird abgeschritten und die Anzahl der Schritte wird mit der jeweils bekannten Schrittlänge multipliziert.

Schätzen ist das annähernde Bestimmen von Größen mit und ohne Schätzhilfen.

AUFGABE

1. Welche weiteren Schätzhilfen sind Ihnen bekannt und wo können sie eingesetzt werden?

2. Ermitteln Sie Ihre persönlichen Maße für die angegebenen und weitere Schätzhilfen.

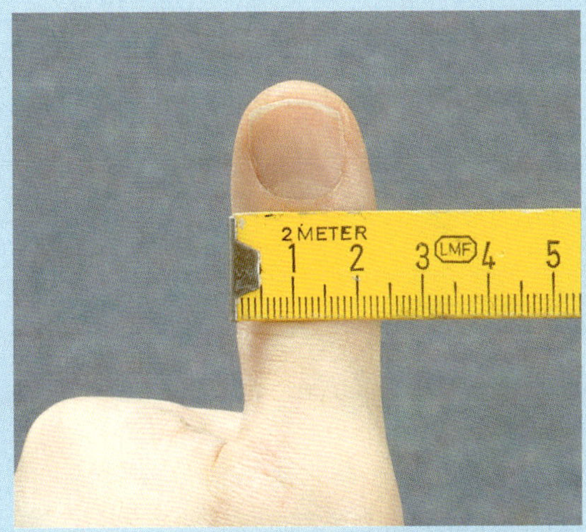

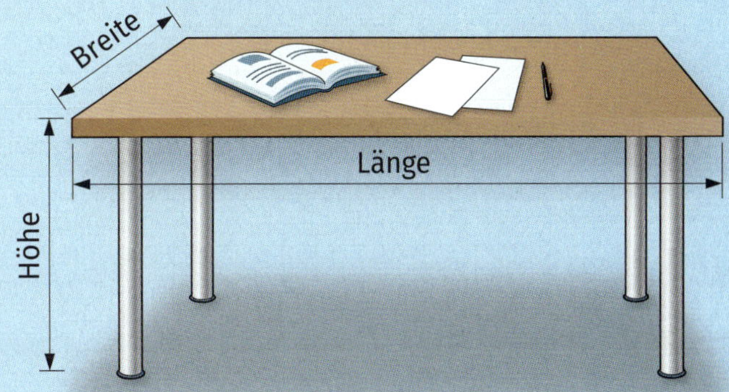

2 Längenmaße am Arbeitstisch

AUFGABE

1. Ermitteln Sie die Längenmaße für Ihren Arbeitstisch (Länge, Breite, Höhe) 2 .

a) Schätzen Sie die Längen ohne Schätzhilfen.

b) Schätzen Sie die Längen mit einer geeigneten Schätzhilfe.

c) Überprüfen und vergleichen Sie Ihre geschätzten Ergebnisse durch Messen der Längen.

2. Rechnen Sie die Längenmaße um:

a) 93 cm in m	e) 11 mm in cm
b) 199 m in km	f) 0,3 km in m
c) 40 dm in mm	g) 500 dm in km
d) 8000 mm in km	h) 250 cm in dm

3. Rechnen Sie die Längenmaße in Meter um und addieren Sie die Maße:

34 cm; 999 mm; 2,12 m; 13 dm

ZUSAMMENFASSUNG

Längenmaße

Maßzahl und Maßeinheit

Umrechnen

grundsätzlich:
Wird die Einheit kleiner, wird die Zahl größer.
Wird die Einheit größer, wird die Zahl kleiner.

konkret:
Längenmaße mit der Umrechnungszahl 10 multiplizieren oder dividieren.

Schätzen

Das annähernde Bestimmen von Längen wird mit geeigneten Schätzhilfen genauer.

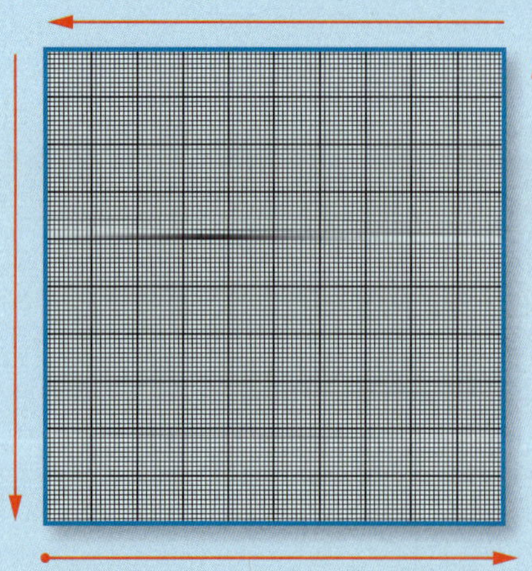

1 Flächeninhalt und Umfang

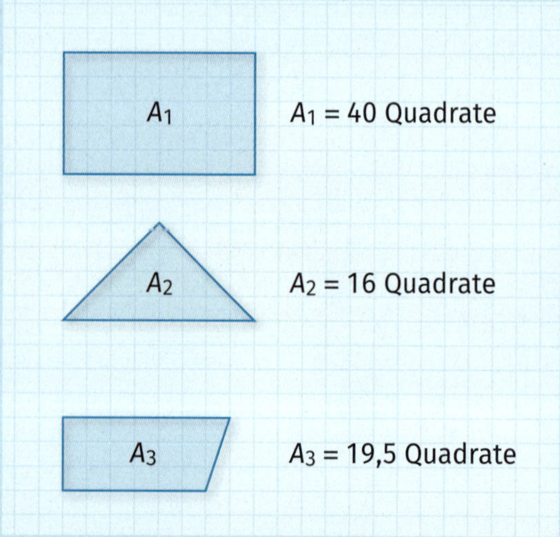

2 Flächeninhalte verschiedener Flächen

2.2 Berechnen einfacher Flächen

Umfang und Flächeninhalt

Flächen haben zwei Dimensionen. Sie werden als Länge und Breite bezeichnet.

Eine Fläche ist ein ebener, von einem Rand begrenzter Bereich. Sie besitzt einen **Flächeninhalt** und einen **Umfang**.

Der Umfang einer Fläche ist die Länge des gesamten Randes. Er ergibt sich als Summe aller Seitenlängen 1.

Das Formelzeichen für den Umfang ist der Großbuchstabe *U*.

Für das Berechnen des Umfanges einfacher Flächen gibt es spezielle Formeln.

Für den Umfang einer Fläche gilt:
***U* = Summe aller Seitenlängen**

Der Flächeninhalt ist der Inhalt der Flächenbegrenzung. Dieser wird mit dem Großbuchstaben *A* (engl.: area) abgekürzt.

Um den Flächeninhalt bestimmen zu können, wird gemessen, wie viele Quadrate in die Fläche passen 1.

Je nach Fläche kann dieses Auszählen sehr mühsam sein und ungenau werden 2. Es ist leichter und genauer, wenn die Fläche berechnet wird.

Für das Berechnen des Inhaltes einfacher Flächen gibt es spezielle Formeln.

Alle Formeln haben die Gemeinsamkeit, dass ihr Rechenergebnis immer durch eine Multiplikation von Länge und Breite ermittelt wird.

Maßeinheiten von Flächen haben deshalb immer die Hochzahl 2 (mm^2, cm^2, dm^2, m^2, ...).

Für den Flächeninhalt gilt:
***A* = Inhalt der Flächenbegrenzung**

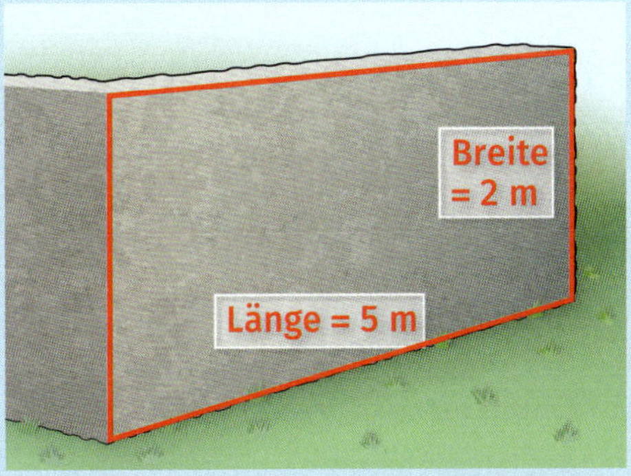

3 Teil einer Betonmauer

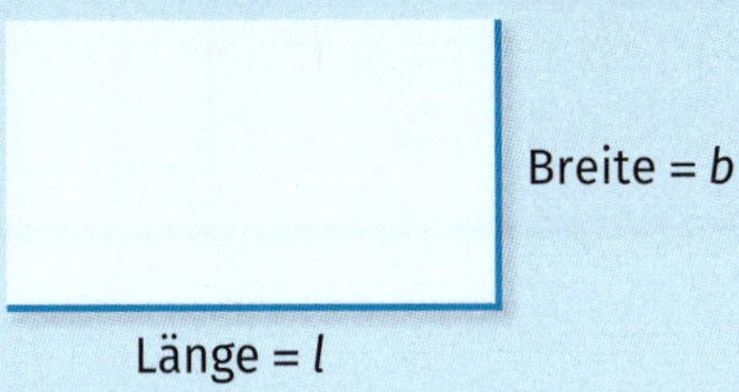

4 Rechteck

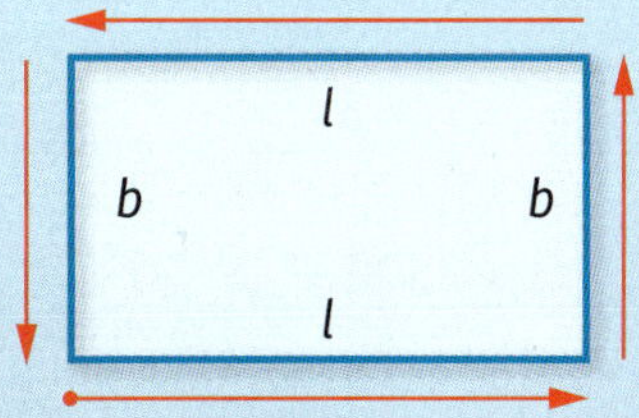

5 Umfang eines Rechtecks

6 Fliesenleger

Flächeninhalt und Umfang beim Rechteck

Ein Malerbetrieb soll einen Wandabschnitt beschichten 3.

Die Fläche des Wandabschnittes entspricht der Form eines Rechtecks. Ein **Rechteck** ist eine ebene Fläche mit vier rechtwinkligen Ecken 4.

Für das Berechnen der Fläche muss die Länge mit der Breite multipliziert werden:

$A = l \cdot b$

Die Länge der Mauer beträgt 5 m. Die Breite ist 2 m.

geg.: $l = 5$ m ges.: A
$b = 2$ m

$A = l \cdot b$
$A = 5\text{ m} \cdot 2\text{ m}$
$A = \underline{\underline{10\text{ m}^2}}$

Antwort: Die gesuchte Fläche ist 10 m² groß.

Zum Abkleben der Fläche muss der Flächenrand einmal komplett umrundet werden 5. Wird an der Ecke links unten begonnen, bedeutet das für den Umfang:

$U = l + b + l + b$

oder kürzer

$U = 2 \cdot l + 2 \cdot b$

$U = 2 \cdot 5\text{ m} + 2 \cdot 2\text{ m}$
$U = \underline{\underline{14\text{ m}}}$

Antwort: Es werden 14 m Kreppband benötigt.

AUFGABE

Ein Fliesenleger 6 muss den Boden in einem Zimmer mit einer Länge von 4,5 m und einer Breite von 6 m neu legen.

Wie viel Quadratmeter Fliesen benötigt er?

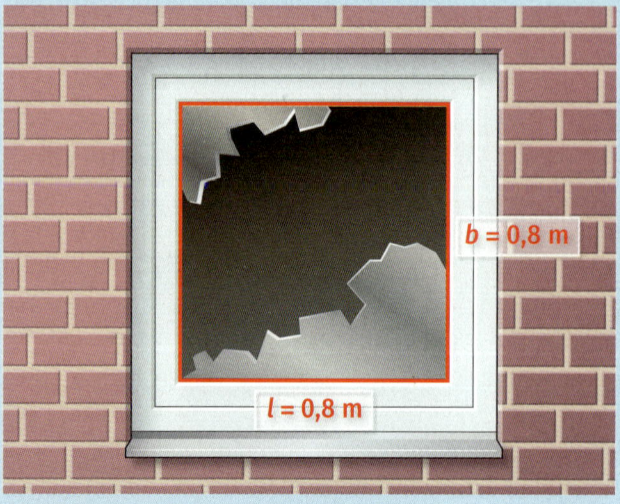

1 Kaputte Fensterscheibe

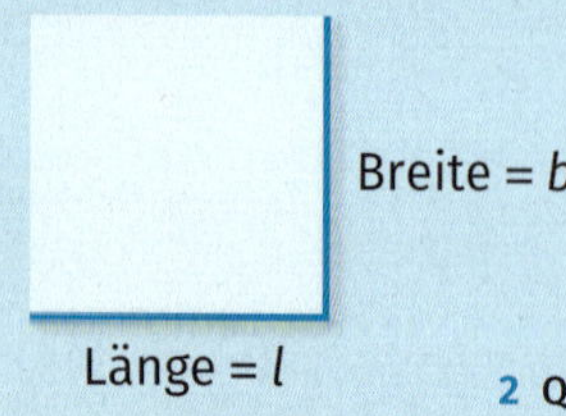

2 Quadrat

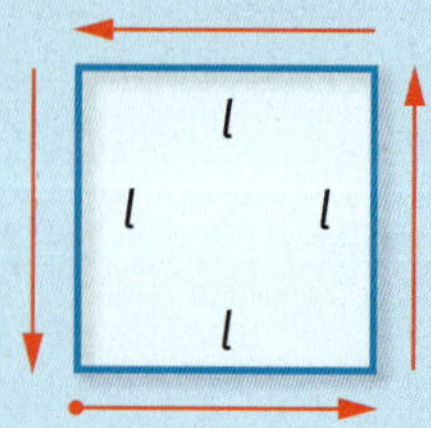

3 Umfang Quadrat

Flächeninhalt und Umfang beim Quadrat

Ein Glaser soll eine Scheibe erneuern 1.

Die Fläche der Fensterscheibe entspricht der Form eines Quadrates. Ein **Quadrat** ist eine ebene Fläche mit vier rechtwinkligen Ecken und vier gleich langen Seiten 2.

Für das Berechnen der Fläche muss die Länge mit der Breite multipliziert werden:

$A = l \cdot b$

Da Länge und Breite gleich sind, gilt:

$A = l \cdot l$ oder: $A = l^2$

geg.: $l = 0{,}8$ m ges.: A

$A = l \cdot l$
$A = 0{,}8\,\text{m} \cdot 0{,}8\,\text{m}$
$A = \underline{\underline{0{,}64\,\text{m}^2}}$

Antwort: Die Scheibe ist 0,64 m² groß.

Zum Abdichten mit einer Silikonfuge muss der Flächenrand einmal komplett umrundet werden 3. Wird an der Ecke links unten begonnen, bedeutet das für den Umfang:

$U = l + l + l + l$

kürzer: $U = 4 \cdot l$

geg.: $l = 0{,}8$ m ges.: U

$U = 4 \cdot l$
$U = 4 \cdot 0{,}8\,\text{m}$
$U = \underline{\underline{3{,}2\,\text{m}}}$

Antwort: Die Länge der Silikonfuge ist 3,2 m.

AUFGABE

Berechnen Sie den Flächeninhalt und den Umfang für eine quadratische Fensterscheibe mit der Seitenlänge $l = 1{,}25$ m.

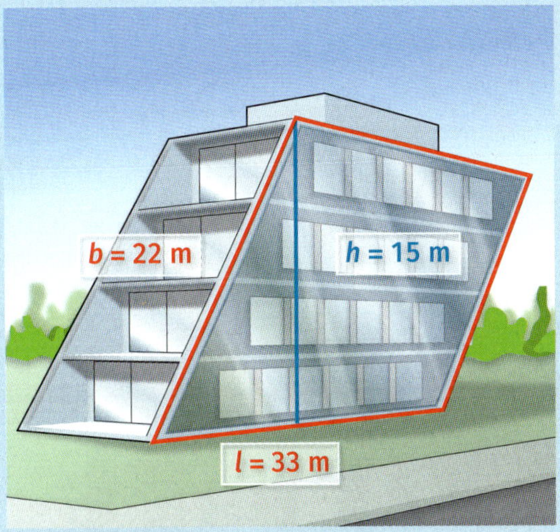

4 **Modernes Gebäude**

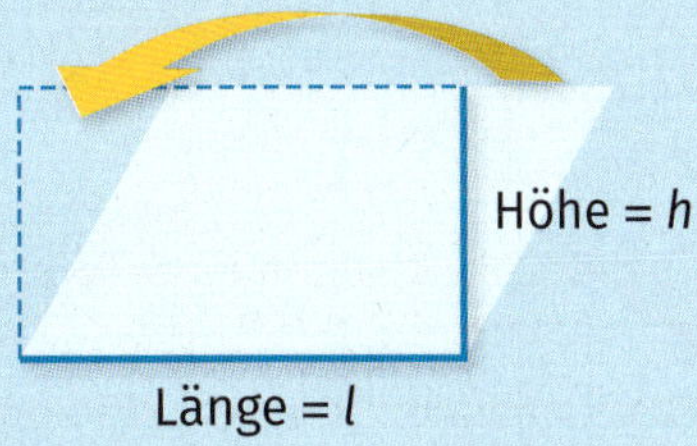

5 **Parallelogramm**

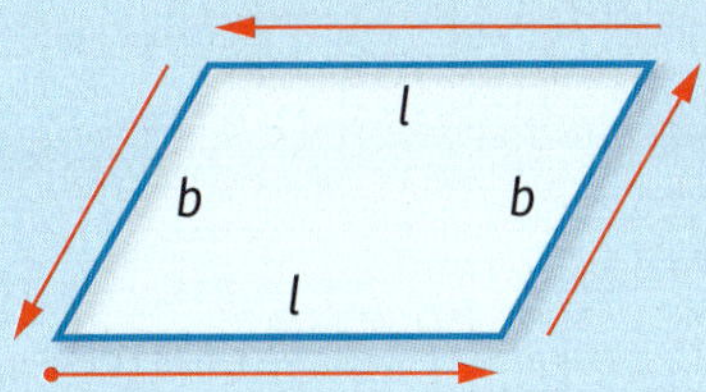

6 **Umfang Parallelogramm**

Flächeninhalt und Umfang beim Parallelogramm

Die zu reinigende Glasfläche eines Gebäudes hat die Form eines Parallelogramms 4. Ein **Parallelogramm** ist eine ebene Fläche mit vier Ecken und gegenüberliegenden parallelen Seiten.

Wird ein Parallelogramm zu einem Rechteck „zerschnitten", entspricht die Höhe h des Parallelogramms der Seite b des Rechteckes 5.

Für die Fläche eines Parallelogramms gilt:

$A = l \cdot h$

geg.: $l = 33$ m ges.: A
$h = 15$ m

$A = l \cdot h$
$A = 33\text{ m} \cdot 15\text{ m}$
$A = \underline{\underline{495\text{ m}^2}}$

Antwort: Die Glasfläche ist 495 m^2 groß.

Die Glaseinfassung muss extra gereinigt werden 6. Wird an der Ecke links unten begonnen, bedeutet das für den Umfang:

$U = l + b + l + b$

kürzer: $U = 2 \cdot l + 2 \cdot b$

geg.: $l = 33$ m ges.: U
$b = 22$ m

$U = 2 \cdot l + 2 \cdot b$
$U = 2 \cdot 33\text{ m} + 2 \cdot 22\text{ m}$
$U = \underline{\underline{110\text{ m}}}$

Antwort: Die Glaseinfassung ist 110 m lang.

AUFGABE

Das Gebäude 4 wird um ein Stockwerk erhöht, dadurch verändern sich die Höhe und Breite.

Wie groß ist die neue Glasfläche bei $h = 17$ m?

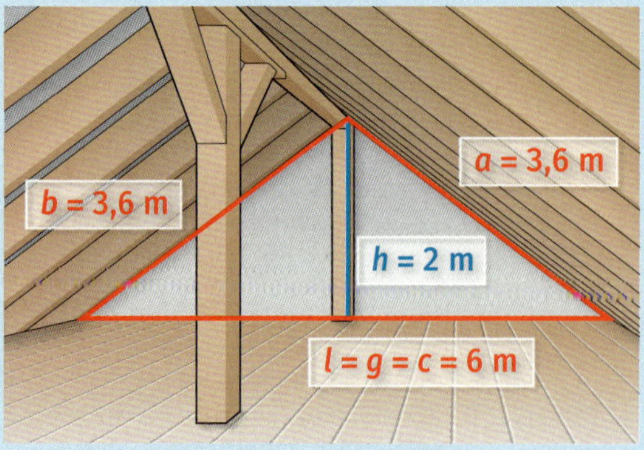

1 Dachstuhl

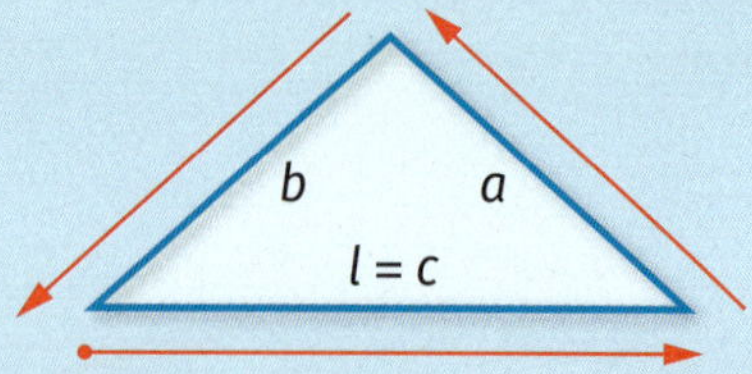

3 Umfang Dreieck

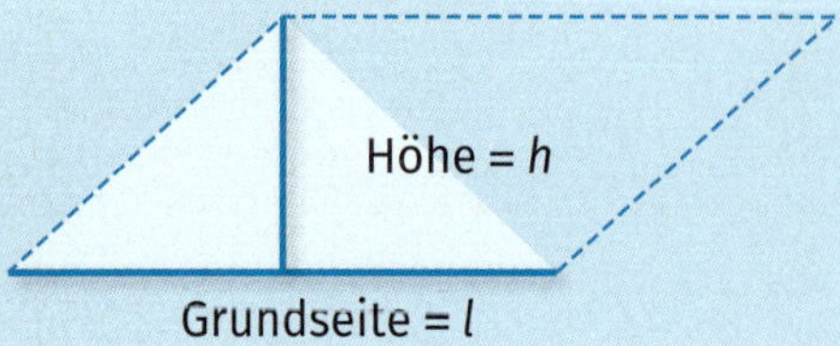

2 Dreieck

4 Neubau

Flächeninhalt und Umfang beim Dreieck

Ein Teil des Dachstuhles soll isoliert werden 1.

Die Fassade hat die Form eines Dreiecks. Ein **Dreieck** ist eine ebene Fläche mit drei Ecken, der Grundseite l und der Höhe h. Es entspricht einem halbierten Parallelogramm 2.

Somit gilt für ein Dreieck:

$$A = l \cdot h : 2$$

Die Seite l wird auch mit g oder c bezeichnet:

$$A = g \cdot h : 2 \quad \text{oder} \quad A = \frac{g \cdot h}{2}$$

geg.: $g = 6$ m, $h = 2$ m — ges.: A

$$A = g \cdot h : 2$$
$$A = 6\text{ m} \cdot 2\text{ m} : 2$$
$$A = \underline{\underline{6\text{ m}^2}}$$

Antwort: Die gesuchte Fläche ist 6 m² groß.

Zum Berechnen des Umfangs muss der Flächenrand einmal umrundet werden 3. Wird an der Ecke links unten begonnen, bedeutet das für den Umfang:

$$U = a + b + c$$

geg.: $a = 3{,}6$ m, $b = 3{,}6$ m, $c = 6$ m — ges.: U

$$U = a + b + c$$
$$U = 3{,}6\text{ m} + 3{,}6\text{ m} + 6\text{ m}$$
$$U = \underline{\underline{13{,}2\text{ m}}}$$

Antwort: Der Umfang beträgt 13,2 m.

AUFGABE

In einem Neubau 4 soll die Vorderseite des Dachstuhles gemauert werden. Die Grundseite beträgt 5 m und die Höhe 1,8 m.

Wie groß ist die Fläche, die gemauert werden muss?

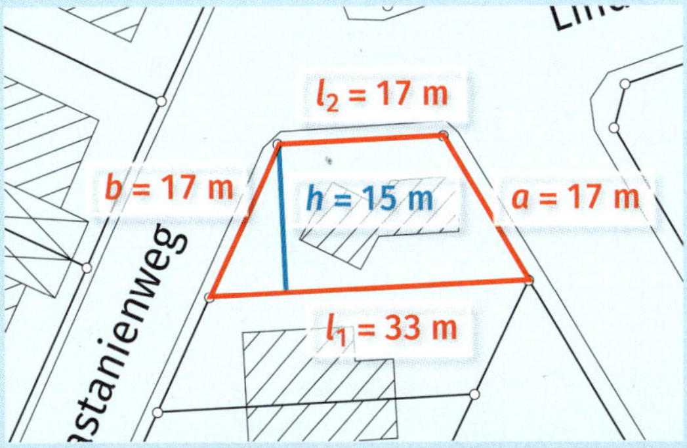

5 Vermessungsplan

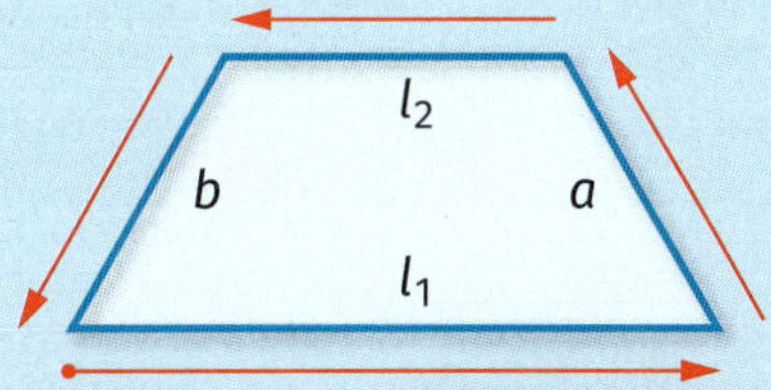

7 Umfang Trapez

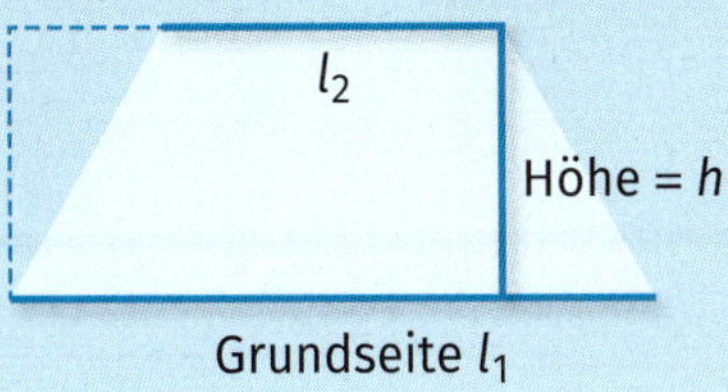

6 Trapez

8 Garage

Flächeninhalt und Umfang beim Trapez

In einem Vermessungsplan ist ein trapezförmiges Grundstück eingezeichnet 5. Die Fläche soll berechnet werden.

Ein **Trapez** ist eine ebene Fläche mit vier Ecken und 2 parallelen Seiten, die unterschiedlich lang sind 6.

Da l_1 und l_2 unterschiedlich lang sind, muss zur Flächenberechnung mit der Durchschnittslänge gerechnet werden:

$$A = (l_1 + l_2) : 2 \cdot h \quad \text{oder: } A: = \frac{l_1 + l_2}{2} \cdot h$$

geg.: $l_1 = 33$ m; $l_2 = 17$ m; $h = 15$ m — ges.: A

$A = (l_1 + l_2) : 2 \cdot h$
$A = (33 \text{ m} + 17 \text{ m}) : 2 \cdot 15 \text{ m}$
$A = \underline{\underline{375 \text{ m}^2}}$

Antwort: Das Grundstück ist 375 m² groß.

Zum Einzäunen des Grundstücks muss der Flächenrand einmal komplett umrundet werden 7. Wird an der Ecke links unten begonnen, bedeutet das für den Umfang:

$$U = l_1 + a + l_2 + b$$

geg.: $l_1 = 33$ m; $a = 17$ m; $l_2 = 17$ m; $b = 17$ m — ges.: U

$U = 33 \text{ m} + 17 \text{ m} + 17 \text{ m} + 17 \text{ m}$
$U = \underline{\underline{84 \text{ m}}}$

Antwort: Der Zaun muss 84 m lang sein.

AUFGABE

Eine Dachseite einer Garage 8 hat die Maße:

$l_1 = 6$ m; $l_2 = 4{,}1$ m; $h = 1{,}2$ m

Wie groß ist diese trapezförmige Dachfläche?

1 Kreisverkehr

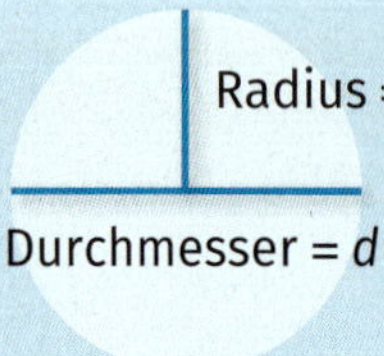

2 Kreis

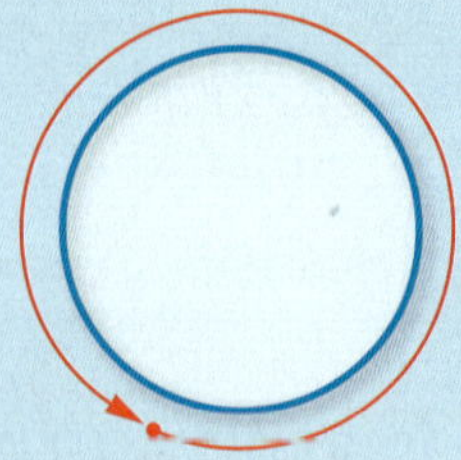

3 Umfang Kreis

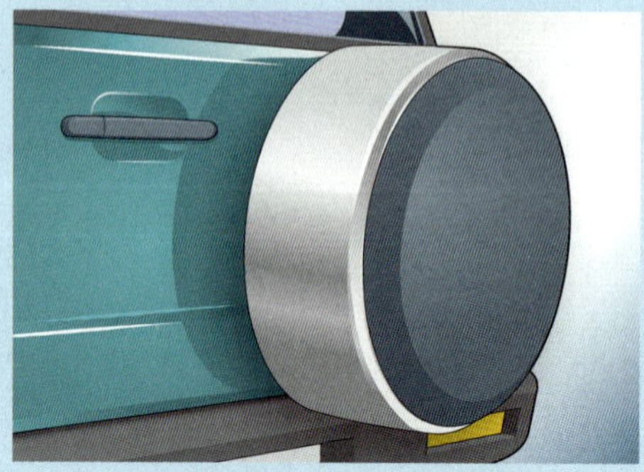

4 Radabdeckung

Flächeninhalt und Umfang beim Kreis

Die Innenfläche eines Kreisverkehrs soll mit Rasen bepflanzt werden 1. Ein **Kreis** ist eine ebene Fläche mit einer runden Außenkante. Wichtige Größen im Kreis sind der **Durchmesser** und der **Radius** 2.

Für die Berechnung der Fläche muss der Radius mit sich selber und anschließend mit der Kreiszahl π multipliziert werden:

$A = \pi \cdot r \cdot r$ oder: $A = \pi \cdot r^2$

für $r = \frac{d}{2}$ $A = \pi \cdot \frac{d}{2} \cdot \frac{d}{2}$ $A = \pi \cdot \frac{d^2}{4}$

geg.: $d = 9$ m ges.: A

$\pi \approx 3{,}14$

$A = \pi \cdot 4{,}5\text{ m} \cdot 4{,}5\text{ m}$

$A \approx 3{,}14 \cdot 4{,}5\text{ m} \cdot 4{,}5\text{ m}$

$A \approx \underline{\underline{63{,}59\text{ m}^2}}$

Antwort: Die Rasenfläche ist 63,59 m² groß.

Zur Straße wird der Rasen mit Pflastersteinen abgetrennt. Dazu muss der Flächenrand einmal komplett umrundet werden 3.

In jedem Kreis ist der Umfang das Produkt aus der Zahl π und dem Durchmesser:

$U = \pi \cdot d$ oder $U = 2 \cdot \pi \cdot r$

geg.: $d = 9$ m ges.: U

$U = \pi \cdot d$

$U \approx 3{,}14 \cdot 9\text{ m}$

$U \approx \underline{\underline{28{,}26\text{ m}}}$

Antwort: Der Pflastersteinrand ist 28,26 m lang.

AUFGABE

Eine Radabdeckung 4 bei einem Neuwagen muss neu lackiert werden.

Wie groß ist diese Fläche, wenn das Rad einen Durchmesser von 45 cm hat?

Tab. 1: Flächenmaßeinheiten

Flächenmaßeinheit	Kurzzeichen
Quadratkilometer	km^2
Hektar	ha
Ar	a
Quadratmeter	$\mathbf{m^2}$
Quadratdezimeter	dm^2
Quadratzentimeter	cm^2
Quadratmillimeter	mm^2

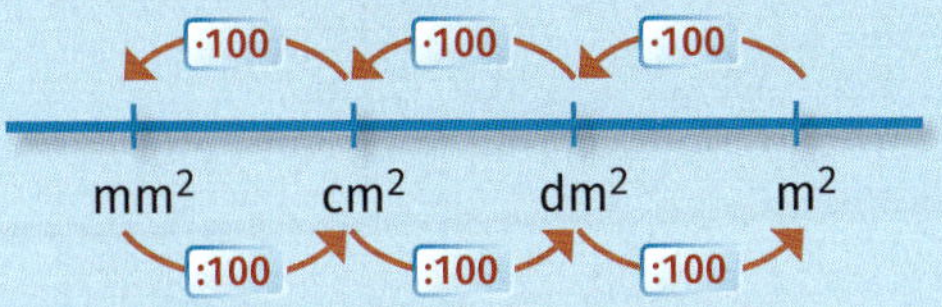

5 Flächenmaße schrittweise umrechnen

Umrechnen von Flächenmaßen

Beim Rechnen mit mehreren **Flächenmaßen** müssen die Flächenmaßeinheiten (Tab. 1) oft umgerechnet werden.

Dadurch werden die Rechenschritte einfacher und die Werte lassen sich besser vergleichen.

Sind 99 cm^2 größer oder kleiner als 1,23 m^2?

Das Umrechnen schafft Klarheit:

$$99\ cm^2 = 0{,}99\ dm^2 < 123\ dm^2 = 1{,}23\ m^2$$

(:100 ; ·100)

Umrechnungszahl = 100

Soll eine Flächenmaßeinheit in die nächst größere umgerechnet werden, ist sie durch 100 zu teilen 5.

Beim Umrechnen in die nächst kleinere Flächenmaßeinheit wird mit 100 multipliziert 5.

ZUSAMMENFASSUNG

Flächen haben einen Flächeninhalt und einen Umfang.

Flächeninhalt (A)
= Inhalt der Flächenbegrenzung
Umfang (U)
= Summe aller Seitenlängen

Flächeninhalt und Umfang bei einfachen Flächen

Rechteck

$A = l \cdot b$
$U = 2 \cdot l + 2 \cdot b$

Quadrat

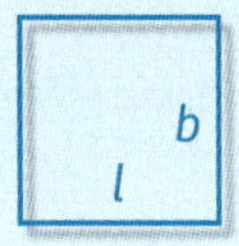

$A = l^2$
$U = 4 \cdot l$

Parallelogramm

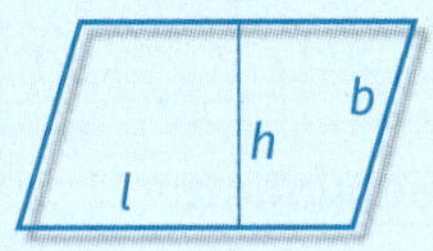

$A = l \cdot h$
$U = 2 \cdot l + 2 \cdot b$

Dreieck

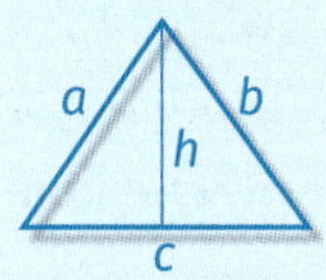

$A = c \cdot h : 2$
$U = a + b + c$

Trapez

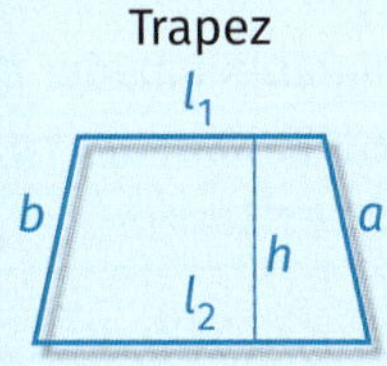

$A = \frac{l_1 + l_2}{2} \cdot h$
$U = l_1 + a + l_2 + b$

Kreis

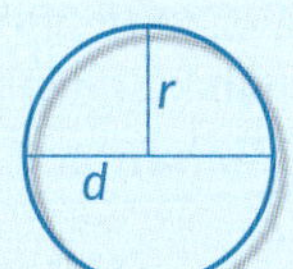

$A = \pi \cdot r^2$
$U = \pi \cdot d$

Umrechnen von Flächenmaßen

Flächenmaßeinheiten werden beim Umrechnen mit der Umrechnungszahl 100 multipliziert oder dividiert.

1 Oberfläche eines Würfels

2 Rauminhalt

2.3 Berechnen einfacher Körper

Oberfläche und Rauminhalt

Körper haben 3 Dimensionen (3D). Diese werden als Länge, Breite und Höhe bezeichnet.

Ein Körper nimmt einen Raum ein, der durch Flächen klar begrenzt ist. Er hat somit einen **Rauminhalt** und eine **Oberfläche**.

Dabei ist die Oberfläche eines Körpers die Summe aller Flächen, die den Körper begrenzen 1.

Die Oberfläche wird mit dem Großbuchstaben *O* bezeichnet.

Für das Berechnen der Oberfläche einfacher Körper gibt es spezielle Formeln.

Für die Oberfläche eines Körpers gilt:
***O* = Summe der Außenflächen**

Der Rauminhalt ist das **Volumen** innerhalb der Begrenzungsflächen. Er wird mit dem Großbuchstaben *V* (lat.: volumen) abgekürzt.

Um den Rauminhalt bestimmen zu können, wird ermittelt, wie viele Würfel in den Körper passen 2.

Je nach Form des Körpers kann dieses Auszählen sehr mühsam sein und ungenau werden. Besser ist es hier, das Volumen zu berechnen.

Für das Berechnen des Inhaltes einfacher Körper gibt es spezielle Formeln.

Rauminhalte von Körpern werden durch die Multiplikation von Länge, Breite und Höhe oder von Grundfläche und Höhe errechnet.

Die Maßeinheiten von Körpern haben deshalb immer die Hochzahl 3 (mm^3, cm^3, dm^3, m^3, ...).

Für den Rauminhalt gilt:
***V* = Volumen innerhalb der Begrenzungsflächen**

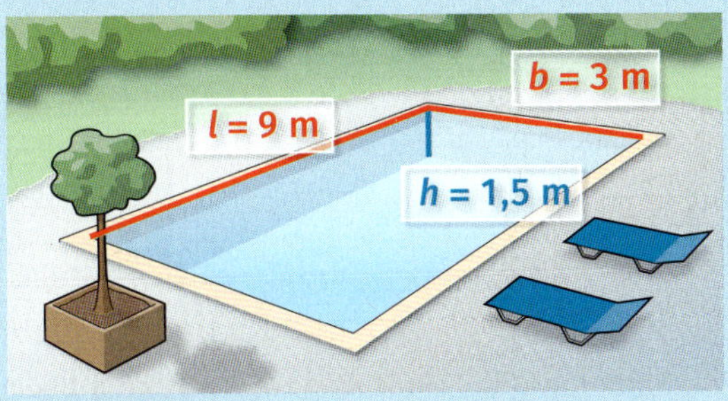

3 Schwimmbecken

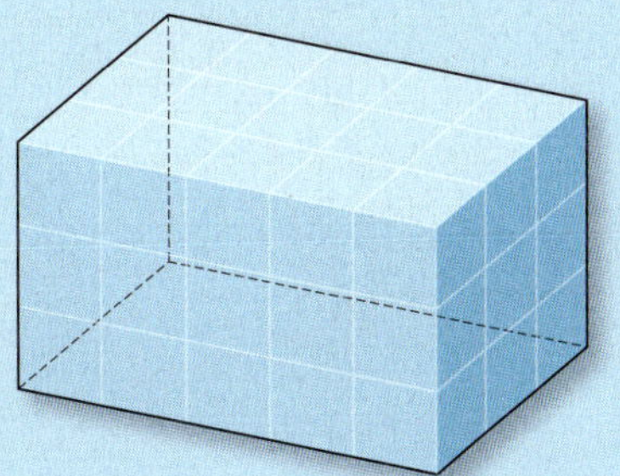

5 Quadernetz

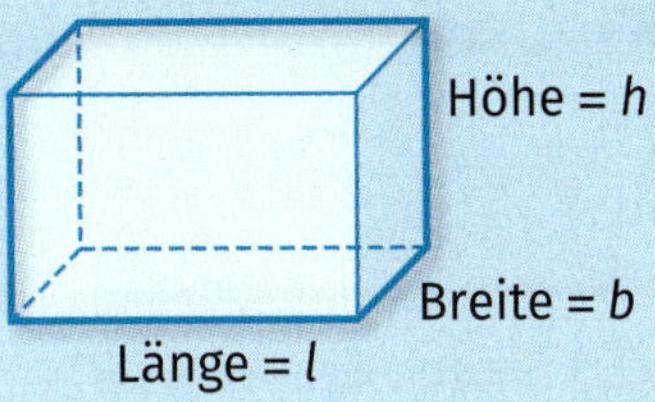

4 Quader

$1\ l = 1\ dm^3$
$1\ m^3 = 1000\ dm^3$

6 Umrechnen in Liter

Volumen und Oberfläche beim Quader

Ein Becken wird mit Wasser befüllt 3. Die Beckenform entspricht einem Quader. Ein **Quader** ist ein Körper mit jeweils zwei gegenüberliegenden gleich großen Rechtecken 4.

Zur Berechnung des Volumens muss die Grundfläche mit der Höhe multipliziert werden:

$V = G \cdot h$

Die Grundfläche entspricht einem Rechteck:

$V = l \cdot b \cdot h$

geg.: $l = 9$ m ges.: V
$b = 3$ m
$h = 1{,}5$ m

$V = l \cdot b \cdot h$
$V = 9\ m \cdot 3\ m \cdot 1{,}5\ m$
$V = \underline{\underline{40{,}5\ m^3}}$

Antwort: Es werden 40,5 m^3 Wasser benötigt.

Die Oberfläche des Quaders besteht aus den sechs Außenflächen 5. Im Becken sind dies die Grundfläche und die Wasseroberfläche, die zwei langen und die zwei kurzen Seitenflächen.

$O = 2 \cdot l \cdot b + 2 \cdot l \cdot h + 2 \cdot b \cdot h$

kürzer: $O = 2 \cdot (l \cdot b + l \cdot h + b \cdot h)$

$O = 2 \cdot (9\ m \cdot 3\ m + 9\ m \cdot 1{,}5\ m$
$+ 3\ m \cdot 1{,}5\ m)$
$O = 2 \cdot 45\ m^2$
$O = \underline{\underline{90\ m^2}}$

Antwort: Die Quaderoberfläche beträgt 90 m^2.

AUFGABE

Das Volumen des Quaders beträgt 40,5 m^3.

Rechnen Sie diesen Wert in Liter um. Benutzen Sie dazu die Angaben zur Umrechnung aus Bild 6.

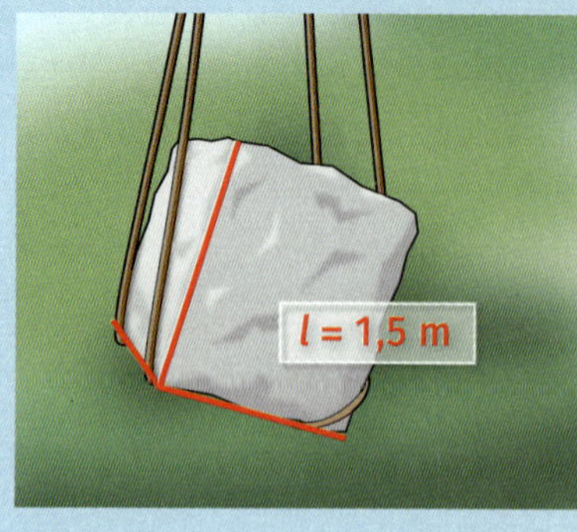

1 Steinblock

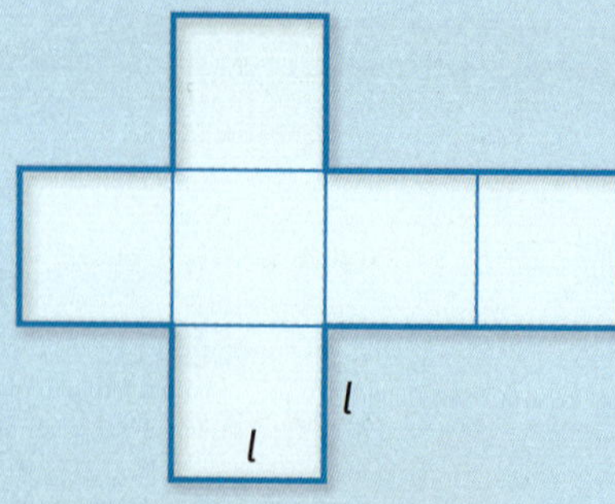

3 Oberfläch eines Würf

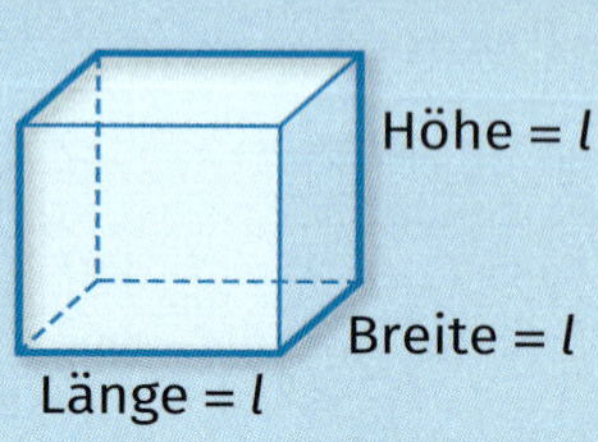

2 Würfel

4 Spielwürfel

Volumen und Oberfläche beim Würfel

In einem Steinbruch werden große Steinblöcke hergestellt 1. Die Form entspricht einem Würfel. Ein **Würfel** ist ein Körper mit sechs gleich großen quadratischen Flächen 2.

Für das Berechnen des Volumens muss die Grundfläche mit der Höhe multipliziert werden:

$$V = G \cdot h$$

Die Grundfläche beim Würfel entspricht einem Quadrat und $h = l$, somit lautet die Formel:

$$V = l \cdot l \cdot l \quad \textit{oder:} \quad A = l^3$$

geg.: $l = 1,5$ m ges.: V

$$V = l \cdot l \cdot l$$
$$V = 1,5\text{ m} \cdot 1,5\text{ m} \cdot 1,5\text{ m}$$
$$V = \underline{\underline{3,375\text{ m}^3}}$$

Antwort: Die Steinblöcke haben ein Volumen von 3,375 m^3.

Die Oberfläche des Würfels besteht aus sechs gleich großen Außenflächen 3. Jede Fläche hat die Form eines Quadrates mit der Seitenlänge l.

Für die Berechnung der Oberfläche ergibt sich somit die Formel:

$$O = 6 \cdot l \cdot l$$

$$O = 6 \cdot 1,5\text{ m} \cdot 1,5\text{ m}$$
$$O = 6 \cdot 2,25\text{ m}^2$$
$$O = \underline{\underline{13,5\text{ m}^2}}$$

Antwort: Die Würfeloberfläche beträgt 13,5 m^2.

AUFGABE

Eine Firma stellt täglich 8500 Spielwürfel mit einer Kantenlänge $l = 1,9$ cm her 4.

a) Wie groß ist die Oberfläche eines Würfels?

b) Wie viel Material wird für eine Tagesproduktion benötigt?

5 Konservendose

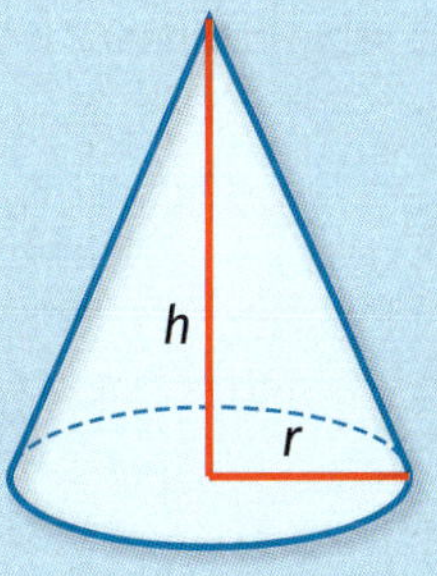

7 Kegel

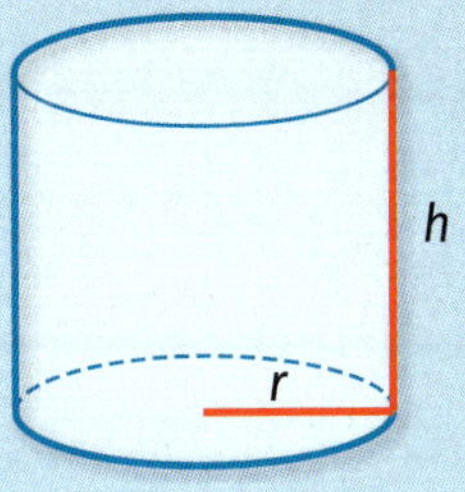

6 Zylinder

AUFGABE

1. Berechnen Sie den Rauminhalt für einen Zylinder mit $r = 25$ mm und $h = 50$ mm.
2. Berechnen Sie den Rauminhalt für einen Kegel mit $r = 6{,}8$ m und $h = 13$ m.

Volumen beim Zylinder

Eine Konservenfabrik stellt Wurstdosen her 5. Die Dosenform entspricht einem Zylinder. Ein **Zylinder** ist ein Körper mit zwei Kreisflächen und einer rechteckigen Mantelfläche 6.

Für die Volumenberechnung muss die Grundfläche mit der Höhe multipliziert werden:

$V = G \cdot h$

Die Grundfläche beim Zylinder entspricht einem Kreis, somit lautet die Formel:

$V = \pi \cdot r \cdot r \cdot h$ oder: $V = \pi \cdot r^2 \cdot h$

geg.: $r = 5$ cm, $h = 6$ cm — ges.: V

$V = \pi \cdot r \cdot r \cdot h$
$V \approx 3{,}14 \cdot 5\text{ cm} \cdot 5\text{ cm} \cdot 6\text{ cm}$
$V \approx \underline{\underline{471\text{ cm}^3}}$

Antwort: Das Dosenvolumen beträgt 471 cm³.

Volumen beim Kegel

Ein **Kegel** ist ein Körper mit einer Kreisfläche und einer Mantelfläche 7.

Für das Berechnen des Volumens von nach oben spitz zulaufenden Körpern muss die Grundfläche mit der Höhe multipliziert und dann noch durch 3 geteilt werden:

$V = G \cdot h : 3$

Die Grundfläche beim Kegel entspricht einem Kreis, somit lautet die Formel:

$V = \pi \cdot r \cdot r \cdot h : 3$ oder: $V = \pi \cdot r^2 \cdot h : 3$

geg.: $r = 5$ cm, $h = 6$ cm — ges.: V

$V = \pi \cdot r \cdot r \cdot h : 3$
$V \approx 3{,}14 \cdot 5\text{ cm} \cdot 5\text{ cm} \cdot 6\text{ cm} : 3$
$V \approx \underline{\underline{157\text{ cm}^3}}$

Antwort: Das Kegelvolumen beträgt 157 cm³.

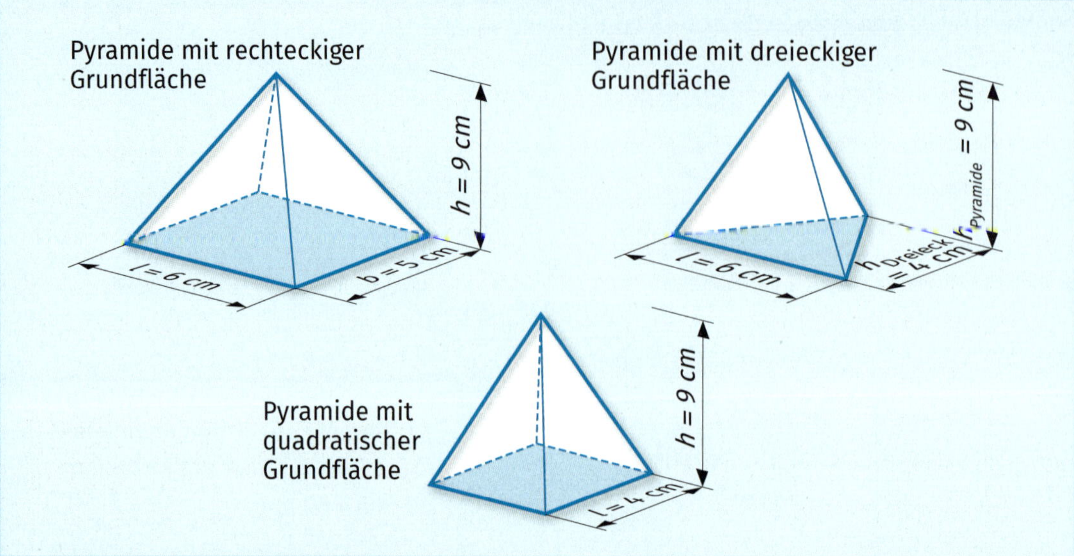

1 **Pyramiden mit verschiedenen Grundflächen**

Volumen bei der Pyramide

Pyramiden haben ein Vieleck als Grundfläche und sie laufen nach oben spitz zu 1.

Für die Volumenberechnung von Pyramiden muss die Grundfläche mit der Höhe multipliziert und dann noch durch 3 geteilt werden:

$V = G \cdot h : 3$

Für eine Pyramide mit einer rechteckigen Grundfläche lautet die Formel:

$V = l \cdot b \cdot h : 3$

geg.: $l = 6$ cm ges.: V
$b = 5$ cm
$h = 9$ cm

$V = l \cdot b \cdot h : 3$
$V = 6\text{ cm} \cdot 5\text{ cm} \cdot 9\text{ cm} : 3$
$V = \underline{\underline{90\text{ cm}^3}}$

Antwort: Das Pyramidenvolumen ist 90 cm³.

Für eine Pyramide mit einer quadratischen Grundfläche lautet die Formel:

$V = l \cdot l \cdot h : 3$ oder: $V = l^2 \cdot h : 3$

Für eine Pyramide mit einer dreieckigen Grundfläche lautet die Formel:

$$V = \frac{l \cdot h_{Dreieck}}{2} \cdot h_{Pyramide} : 3$$

AUFGABE

1. Berechnen Sie das Volumen der Pyramide mit der quadratischen Grundfläche. Verwenden Sie die eingezeichneten Maße 1.

2. Berechnen Sie das Volumen der Pyramide mit der dreieckigen Grundfläche.

Verwenden Sie die eingezeichneten Maße 1.

Tab. 1: Volumenmaßeinheiten

Volumenmaßeinheit	Kurzzeichen
Kubikkilometer	km^3
Kubikmeter	$\mathbf{m^3}$
Kubikdezimeter	$dm^3 = l$
Kubikzentimeter	cm^3
Kubikmillimeter	mm^3

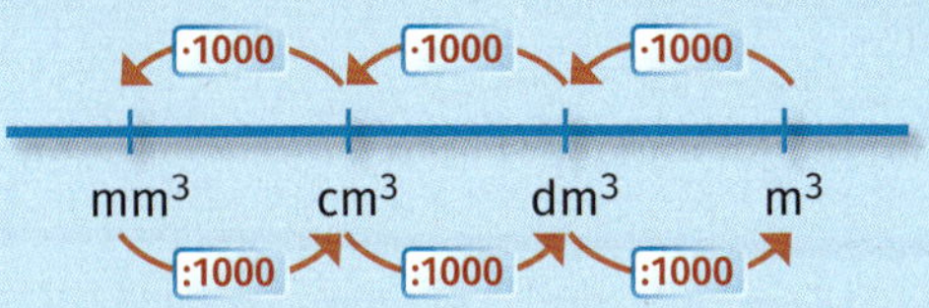

2 **Raummaße schrittweise umrechnen**

Umrechnen von Raummaßen

Beim Rechnen mit mehreren **Raummaßen** müssen die Maßeinheiten oft umgerechnet werden (Tab. 1).

Dadurch werden die Rechenschritte einfacher und die Werte lassen sich besser vergleichen.

Sind 999 cm^3 größer oder kleiner als 1,23 m^3?

Das Umrechnen schafft Klarheit:

·1000

$999\ cm^3 = 0{,}999\ dm^3 < 1230\ dm^3 = 1{,}23\ m^3$

:1000

Umrechnungszahl = 1000

Soll eine Volumenmaßeinheit in die nächst größere umgerechnet werden, ist sie durch 1000 zu teilen 2.

Beim Umrechnen in die nächst kleinere Volumenmaßeinheit wird mit 1000 multipliziert 2.

ZUSAMMENFASSUNG

Körper haben eine Oberfläche und einen Rauminhalt.

Rauminhalt (V) = Volumen innerhalb der Begrenzungsflächen
Oberfläche (O) = Summe der Außenflächen

Volumenberechnung bei einfachen Körpern

Quader

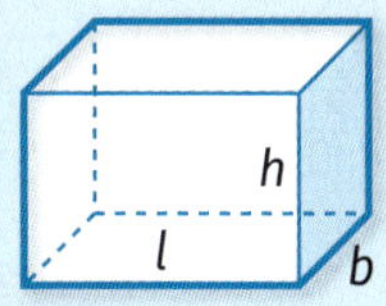

$V = l \cdot b \cdot h$

Würfel

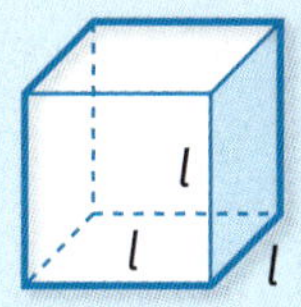

$V = l \cdot l \cdot l$

Zylinder

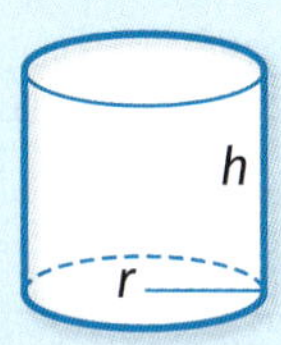

$V = \pi \cdot r^2 \cdot h$

Kegel

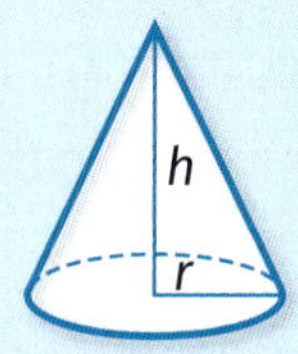

$V = \pi \cdot r^2 \cdot h : 3$

Pyramiden mit verschiedenen Grundflächen

rechteckig quadratisch dreieckig

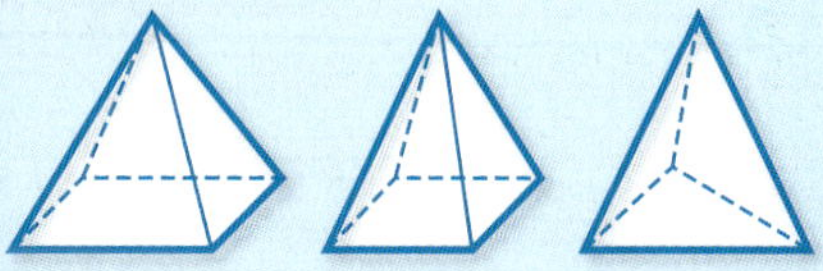

$V = G \cdot h : 3$

Umrechnen von Raummaßen

Volumenmaßeinheiten werden beim Umrechnen mit der Umrechnungszahl 1000 multipliziert oder dividiert.

ZUSAMMENFASSUNG LÄNGEN, FLÄCHEN, KÖRPER

Längen

Längenmaße

Ausdehnung in eine Richtung (eindimensional = 1D)

Längenmaßeinheiten

SI-Basiseinheit Meter m ist die Grundlage.

Umrechnen

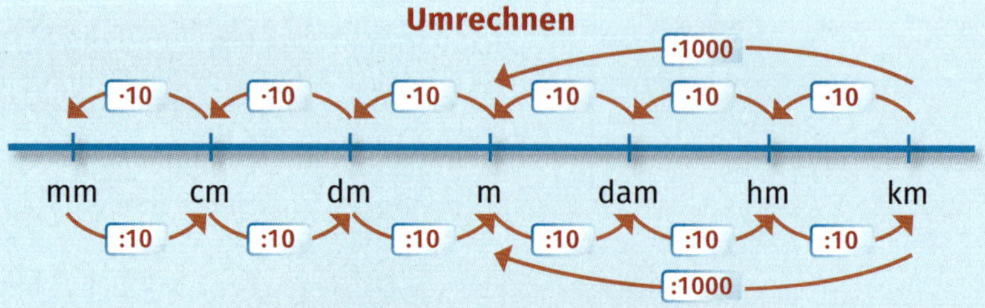

Flächen

Flächenmaße

Ausdehnung in zwei Richtungen (zweidimensional = 2D)

Flächenmaßeinheiten

Maßeinheiten sind immer mit der Hochzahl 2 versehen.

Umrechnen

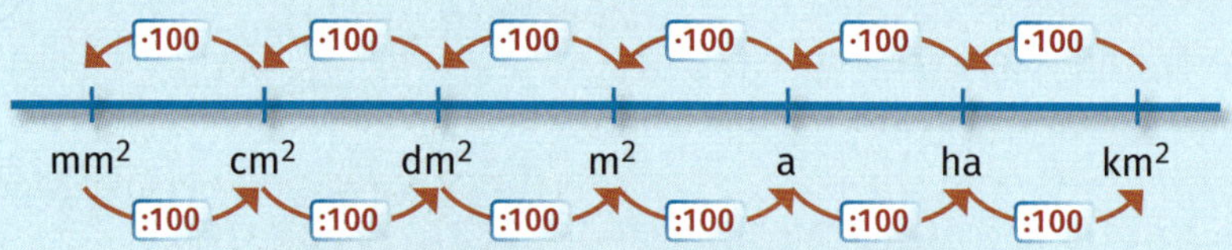

Körper

Raummaße

Ausdehnung in drei Richtungen (dreidimensional = 3D)

Volumenmaßeinheiten

Maßeinheiten sind immer mit der Hochzahl 3 versehen.

Umrechnen

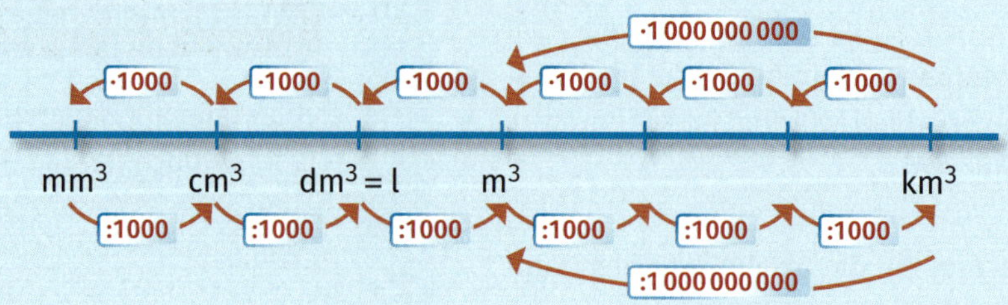

Brüche 3

3.1 Erkennen von Brüchen

Im dritten Drittel der Spielzeit steht es 12 : 10.

3.2 Rechnen mit Brüchen

Die Grundrechenarten gelten auch für das Rechnen mit Brüchen.

3.3 Anwenden der Bruchrechnung

Die richtige Menge ist entscheidend für den Erfolg.

1 Messbecher

2 Tankanzeige

3 Pizza mit 6 Teilen

Auf den ersten Blick scheint es, dass Brüche nur im Mathematikunterricht auftauchen und uns dort das Leben schwer machen.

Doch bei genauerer Betrachtung zeigt sich, dass Brüche häufiger als gedacht im Alltag vorkommen.

Sie werden oft verwendet, um eine Menge darzustellen. Sei es beim Messbecher 1 oder der Tankanzeige 2.

Auch im täglichen Sprachgebrauch werden Brüche benutzt. Wer kennt nicht solche Aussagen wie:

- In einer Viertelstunde kommt mein Bus.
- Das Spiel befindet sich in der ersten Halbzeit.
- Mein Glas ist nur halbvoll.
- Es ist halb sechs.

Brüche zu erkennen und mit ihnen rechnen zu können lohnt sich also nicht nur für den Mathematikunterricht.

3.1 Erkennen von Brüchen

Darstellen von Brüchen

Brüche lassen sich durch ihre besondere Schreibweise gut erkennen und von anderen Zahlen einfach unterscheiden.

Sie bestehen aus drei Teilen:

$\frac{1}{6}$

→ **Zähler**: zählt die Anzahl der Teile

→ **Bruchstrich**: entspricht dem Geteiltzeichen :

→ **Nenner**: nennt die Zahl, durch die geteilt wird

Sechs Personen bestellen zusammen 1 Pizza.

Sie wird in 6 gleiche Teile geteilt 3: 1:6

Jeder erhält ein Sechstel der Pizza: $\frac{1}{6}$

Das kann auch so geschrieben werden: 1/6

gleichnamig	ungleichnamig
$\frac{1}{8}$, $\frac{2}{8}$, $\frac{3}{8}$;	$\frac{1}{5}$, $\frac{1}{8}$;
$\frac{5}{9}$, $\frac{7}{9}$;	$\frac{7}{8}$, $\frac{8}{7}$;
$\frac{1}{11}$, $\frac{10}{11}$, $\frac{12}{11}$;	$\frac{1}{8}$, $\frac{3}{8}$, $\frac{3}{16}$,

4 **Gleichnamige und ungleichnamige Brüche**

$$\frac{3}{2} = \frac{2}{2} + \frac{1}{2}$$

$$\frac{3}{2} = 1 + \frac{1}{2} = \underline{\underline{1\frac{1}{2}}}$$

5 **Gemischte Zahlen**

Unterscheiden von Brüchen

In der Mathematik werden die Brüche anhand ihrer Merkmale in bestimmte **Brucharten** unterschieden:

- Brüche, bei denen der Zähler größer ist als der Nenner, heißen **unechte Brüche**.
  $\frac{9}{4}$; $\frac{13}{7}$; $\frac{17}{3}$
- Die Mischung einer ganzen Zahl und eines Bruches heißt **gemischte Zahl**.
  $1\frac{2}{3}$; $3\frac{5}{9}$; $7\frac{13}{15}$

Wenn zwei oder mehrere Brüche miteinander verglichen werden sollen, ist das Betrachten ihrer Nenner besonders wichtig 4:

- Haben sie den gleichen Nenner, werden sie **gleichnamige Brüche** genannt.
- Sind die Nenner unterschiedlich (ungleich), handelt es sich um **ungleichnamige Brüche**.

Umwandeln von Brüchen

In unechten Brüchen „verstecken“ sich ganze Zahlen. Deshalb können sie in gemischte Zahlen umgewandelt werden 5.

Hierzu wird der Zähler durch den Nenner geteilt und das Ergebnis notiert. Der Rest bleibt als Bruch stehen.

$$\frac{5}{2} = 5 : 2 = 2\frac{1}{2}$$

Gemischte Zahlen können auch wieder in unechte Brüche umgewandelt werden.

Bei diesem Vorgang wird der Zähler berechnet und der Nenner übernommen.

Ganze Zahl · Nenner + Zähler

$6 \cdot 3 + 2 =$ → $\frac{20}{3}$

$6\frac{2}{3}$ —übernehmen→ $\frac{20}{3}$

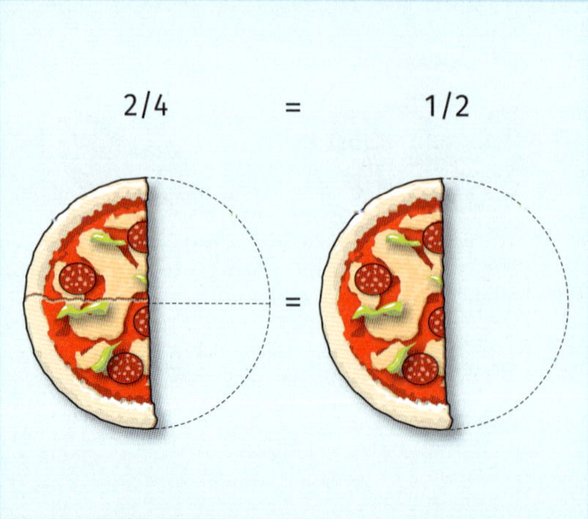

1 Kürzen von Brüchen

Tab. 1: Teilbarkeitsregeln

Teiler	Regel
2	✓ gerade Zahlen
3	✓ Quersumme durch 3 teilbar
5	✓ Endziffer 0 oder 5
9	✓ Quersumme durch 9 teilbar
10	✓ Endziffer 0

Kürzen von Brüchen

Einen Bruch **kürzen** bedeutet, Zähler und Nenner durch die gleiche Zahl zu teilen.

Er verändert dadurch seinen Wert nicht 1 .

$$\frac{2\ (:2)}{4\ (:2)} = \frac{1}{2}$$

Beim Kürzen ist zu beachten, dass der Zähler und der Nenner durch dieselbe Zahl geteilt werden.

Im ersten Schritt muss ermittelt werden, durch welche Zahlen Zähler und Nenner teilbar sind.

Lässt sich eine Zahl a durch eine Zahl b vollständig teilen, dann ist b ein **Teiler** von a.

Die Teiler einer Zahl können durch Probieren gefunden werden. Das kostet viel Zeit.

Viel schneller und einfacher geht es, wenn bestimmte Regeln verwendet werden.

Teilbarkeitsregeln

Soll ein Teiler einfach und schnell ermittelt werden, können die **Teilbarkeitsregeln** dabei helfen (Tab. 1).

1. Teilbarkeitsregel:
Gerade Zahlen lassen sich durch 2 teilen.

$$\frac{4\ (:2)}{6\ (:2)} = \frac{2}{3}$$

2. Teilbarkeitsregel:
Eine Zahl ist durch 3 teilbar, wenn ihre Quersumme 2 durch 3 teilbar ist.

$$\frac{18\ (:3)}{21\ (:3)} = \frac{6}{7}$$

3. Teilbarkeitsregel:
Zahlen mit der Endziffer 0 oder 5 lassen sich durch 5 teilen.

$$\frac{15\ (:5)}{50\ (:5)} = \frac{3}{10}$$

Wird quer durch die Zahl die Summe aller Ziffern berechnet, erhält man die **Quersumme** der Zahl.

Beispiel:

5364 → 5 + 3 + 6 + 4 = 18
Quer - summe

Die Zahl 5364 ist durch 3 teilbar, da ihre Quersumme (18) durch 3 teilbar ist.

2 Bildung der Quersumme

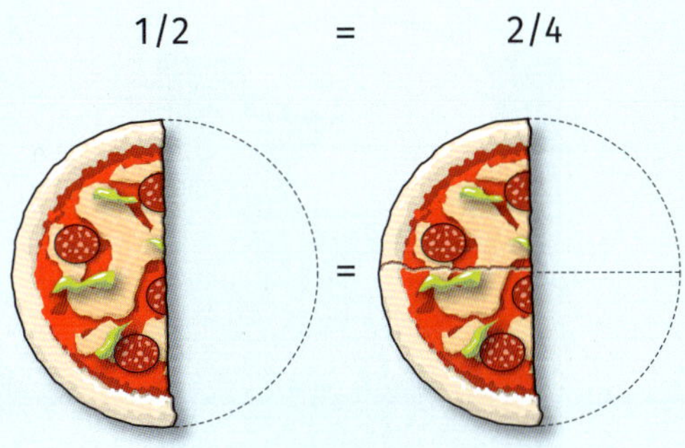

3 Erweitern von Brüchen

4. Teilbarkeitsregel:
Eine Zahl ist durch 9 teilbar, wenn ihre Quersumme 2 durch 9 teilbar ist.

$$\frac{45\ (:9)}{63\ (:9)} = \frac{5}{7}$$

5. Teilbarkeitsregel:
Zahlen mit der Endziffer 0 lassen sich durch 10 teilen.

$$\frac{30\ (:10)}{70\ (:10)} = \frac{3}{7}$$

Beim Kürzen ändert sich der Wert eines Bruches nicht.

AUFGABE

1. Kürzen Sie mit 5:

$\frac{5}{10}$; $\frac{15}{20}$; $\frac{25}{30}$; $\frac{75}{85}$

2. Kürzen Sie mit 7:

$\frac{7}{14}$; $\frac{14}{35}$; $\frac{28}{63}$; $\frac{49}{56}$

Erweitern von Brüchen

Einen Bruch **erweitern** heißt, Zähler und Nenner mit der gleichen Zahl malnehmen.

Er verändert dadurch seinen Wert nicht 3.

$$\frac{1\ (\cdot 2)}{2\ (\cdot 2)} = \frac{2}{4}$$

Brüche können mit jeder Zahl ausgenommen Null erweitert werden, solange der Zähler und Nenner mit derselben Zahl malgenommen werden.

Beim Erweitern ändert sich der Wert eines Bruches nicht.

AUFGABE

3. Erweitern Sie mit 3:

$\frac{3}{5}$; $\frac{7}{9}$; $\frac{29}{31}$; $\frac{33}{41}$

4. Erweitern Sie mit 2; 3; 5; 10:

$\frac{2}{5}$; $\frac{5}{7}$; $\frac{9}{13}$; $\frac{11}{15}$

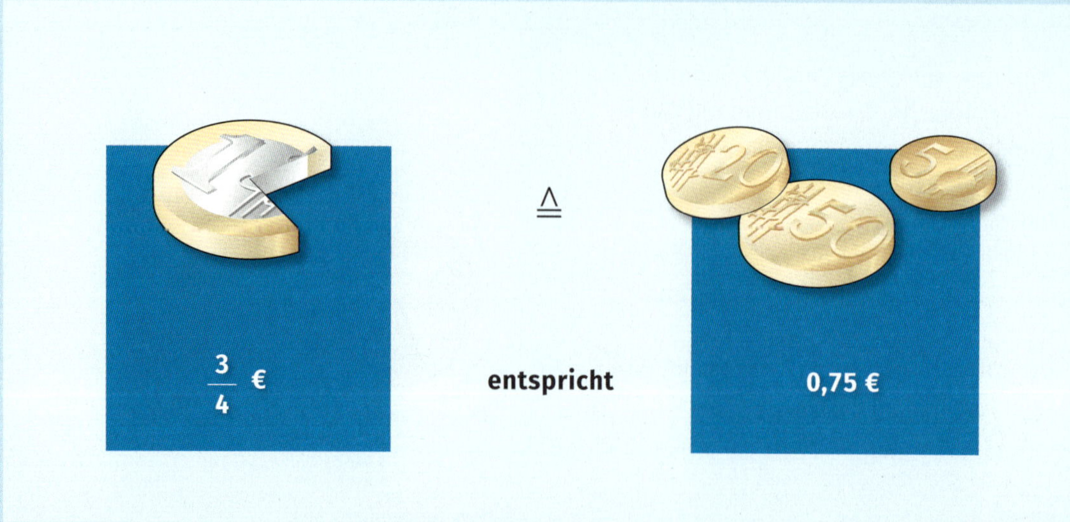

1 Darstellung von 3/4 Euro

Brüche als Dezimalzahlen

Beim Umgang mit Geld sind Brüche selten. Geldbeträge werden meist als **Dezimalzahlen** angegeben 1 .

$$\frac{3}{4} \quad = \quad 3:4 \quad = \quad 0{,}75$$

Ein Bruch kann durch Division des Zählers durch den Nenner in eine Dezimalzahl umgewandelt werden.

Rechenergebnis richtig aufschreiben

Beim Rechnen mit Brüchen kann das Ergebnis in verschiedenen Formen auftreten, ohne dass sich der Wert verändert:

$$\frac{18}{14} \quad = \quad \frac{9}{7} \quad = \quad 1\,\frac{2}{7}$$

Durch Kürzen und Umwandeln in eine gemischte Zahl wird das Ergebnis in die einfachste Form gebracht.

ZUSAMMENFASSUNG

Unterscheiden

- Zähler > Nenner → **unechte Brüche**
- Zahl mit Bruchzahl → **gemischte Zahlen**
- gleiche Nenner → **gleichnamige Brüche**
- ungleiche Nenner → **ungleichnamige Brüche**

Umwandeln

Kürzen und Erweitern

2/4 + 1/4 = 3/4

2 Addition gleichnamiger Brüche

3/4 − 1/4 = 2/4

3 Subtraktion gleichnamiger Brüche

Aufgabe	Rechenschritte
$\frac{3}{7} + \frac{2}{5}$ (über Kreuz)	in Pfeilrichtung multiplizieren und Ergebnis aufschreiben
$\frac{15}{35} + \frac{14}{35}$	Zähler addieren
$= \frac{29}{35}$	Ergebnis notieren

Rechnen mit dem Zauberkreuz

4 Addition ungleichnamiger Brüche

3.2 Rechnen mit Brüchen

Grundsätzlich wird mit Brüchen genauso gerechnet wie mit anderen Zahlen. Sie lassen sich addieren, subtrahieren, multiplizieren und dividieren.

Die Grundrechenarten und ihre Rechenregeln gelten auch für das Rechnen mit Brüchen.

Addition und Subtraktion gleichnamiger Brüche

Brüche lassen sich einfach addieren und subtrahieren, wenn sie den gleichen Nenner haben.

Bei der Addition werden nur die Zähler addiert und der Nenner bleibt gleich 2. Bei der Subtraktion werden nur die Zähler subtrahiert und der Nenner bleibt gleich 3.

Bei der Addition und Subtraktion von gleichnamigen Brüchen werden nur die Zähler berechnet, der Nenner bleibt gleich.

Addition ungleichnamiger Brüche

Um ungleichnamige Brüche addieren zu können, muss ein gemeinsamer Nenner, der **Hauptnenner**, gefunden werden.

Er lässt sich durch Kürzen oder Erweitern der Brüche bestimmen.

$$\frac{5}{25} + \frac{3}{5} = \frac{1}{5} + \frac{3}{5} = \frac{4}{5}$$

(Zähler und Nenner von $\frac{5}{25}$ jeweils : 5)

Bei schwierigen Brüchen kann die Suche nach dem Hauptnenner viel Zeit in Anspruch nehmen.

Mit dem **„Zauberkreuz“** wird ein Hauptnenner von zwei Brüchen schnell gefunden 4.

Ungleichnamige Brüche werden in gleichnamige umgewandelt und addiert.

Aufgabe	Rechenschritte
$\frac{3}{7} - \frac{2}{5}$	in Pfeilrichtung multiplizieren und Ergebnis aufschreiben
$\frac{15}{35} - \frac{14}{35}$	Zähler subtrahieren
$= \frac{1}{35}$	Ergebnis notieren

Rechnen mit dem Zauberkreuz

1 Subtraktion ungleichnamiger Brüche

Zähler multiplizieren

$$\frac{2}{5} \cdot \frac{3}{7} = \frac{2 \cdot 3}{5 \cdot 7} = \frac{6}{35}$$

Nenner multiplizieren

2 Multiplikation von Brüchen

wird zu

$$\frac{3}{5} : \frac{5}{7} = \frac{3}{5} \cdot \frac{7}{5} = \frac{21}{25}$$

Kehrwert

3 Division von Brüchen

Subtraktion ungleichnamiger Brüche

Um ungleichnamige Brüche subtrahieren zu können, muss zuerst der **Hauptnenner** gefunden werden.

Er lässt sich durch Kürzen oder Erweitern der Brüche bestimmen.

·2

$$\frac{3}{7} - \frac{3}{14} = \frac{6}{14} - \frac{3}{14} = \frac{3}{14}$$

·2

Bei schwierigen Brüchen kann die Suche nach dem Hauptnenner viel Zeit beanspruchen.

Mit dem **„Zauberkreuz“** wird ein Hauptnenner von zwei Brüchen schnell gefunden 1.

Ungleichnamige Brüche werden in gleichnamige umgewandelt und subtrahiert.

Multiplikation von Brüchen

Brüche werden miteinander multipliziert, indem zuerst die Zähler und dann die Nenner miteinander malgenommen werden 2.

$$\frac{2}{5} \cdot \frac{3}{7} = \frac{2 \cdot 3}{5 \cdot 7} = \frac{6}{35}$$

Bei der Multiplikation von Brüchen werden jeweils die Zähler und die Nenner malgenommen.

Division von Brüchen

Zwei Brüche werden dividiert, indem der erste Bruch mit dem Kehrwert des zweiten Bruches multipliziert wird 3.

$$\frac{3}{5} : \frac{5}{7} = \frac{3}{5} \cdot \frac{7}{5} = \frac{21}{25}$$

Bei der Division von Brüchen wird mit dem Kehrwert des 2. Bruches multipliziert.

4 Tischlerei

5 Holzlager mit Kanthölzern

AUFGABE

1. Lösen Sie die Aufgaben.

a) $\frac{13}{44} + \frac{14}{44}$

b) $\frac{1}{15} + \frac{7}{15}$

c) $\frac{12}{27} - \frac{7}{27}$

d) $\frac{1}{2} - \frac{2}{5}$

e) $\frac{1}{5} \cdot \frac{2}{3}$

f) $\frac{7}{8} \cdot \frac{3}{5}$

g) $\frac{5}{3} : \frac{7}{2}$

h) $\frac{8}{7} : \frac{5}{3}$

2. In einer Tischlerei 4 wird ein 5 m langes Kantholz in 1/2 m Stücke zersägt. Wie viele Holzstücke entstehen?

3. Im Lager 5 liegen jeweils 6 Kanthölzer mit 1/10 m Kantenlänge übereinander.

a) Wie hoch ist dieser Stapel?

b) Wie hoch ist der Stapel bei 9 Kanthölzern?

ZUSAMMENFASSUNG

Grundrechenarten

+   −   ·   :

(+, −) bei ungleichnamigen Brüchen Hauptnenner bilden

(:) Kehrwert vom zweiten Bruch bilden

(+, −) Zähler berechnen; Nenner bleibt

(·, :) Zähler · Zähler / Nenner · Nenner

Ergebnis

1 Zeitung

2 Bau einer Umgehungsstraße

3.3 Anwenden der Bruchrechnung

1. Kürzen Sie so weit wie möglich.

a) $\frac{4}{8}$ b) $\frac{9}{18}$ c) $\frac{40}{160}$ d) $\frac{125}{200}$

2. Erweitern Sie mit 2; 3; 4; 5 und 10.

a) $\frac{1}{3}$ b) $\frac{5}{6}$ c) $\frac{10}{13}$ d) $\frac{7}{9}$

3. Umwandeln von unechten Brüchen in gemischte Zahlen.

a) $\frac{11}{3}$ b) $\frac{29}{5}$ c) $\frac{89}{10}$ d) $\frac{47}{13}$

4. Umwandeln von gemischten Zahlen in unechte Brüche.

a) $3\frac{2}{3}$ b) $5\frac{11}{15}$ c) $17\frac{1}{4}$ d) $10\frac{11}{12}$

5. Um die Brüche 1/2, 3/4, 3/5 und 9/10 miteinander vergleichen zu können, müssen sie auf einen Nenner gebracht werden. Ordnen Sie die Brüche der Größe nach.

6. Addieren Sie die Brüche.

a) $\frac{3}{9} + \frac{2}{9}$ b) $\frac{12}{33} + \frac{8}{33}$ c) $\frac{21}{101} + \frac{48}{101}$

d) $\frac{1}{2} + \frac{3}{8}$ e) $\frac{5}{11} + \frac{2}{5}$ f) $\frac{4}{9} + \frac{4}{5}$

7. Subtrahieren Sie die Brüche.

a) $\frac{5}{7} - \frac{3}{7}$ b) $\frac{12}{23} - \frac{7}{23}$ c) $\frac{198}{88} - \frac{190}{88}$

d) $\frac{2}{5} - \frac{1}{4}$ e) $\frac{5}{7} - \frac{2}{9}$ f) $\frac{7}{8} - \frac{5}{13}$

8. Multiplizieren Sie die Brüche.

a) $\frac{3}{4} \cdot \frac{7}{8}$ b) $\frac{8}{7} \cdot \frac{9}{25}$ c) $\frac{28}{45} \cdot \frac{53}{63}$

9. Dividieren Sie die Brüche.

a) $\frac{7}{4} : \frac{9}{11}$ b) $\frac{6}{35} : \frac{8}{15}$ c) $\frac{33}{60} : \frac{99}{12}$

10. Lösen Sie die Aufgaben.

a) $\frac{8}{7} : 2\frac{1}{2}$ b) $\frac{14}{15} - 1\frac{2}{6}$ c) $\frac{5}{7} + 2\frac{3}{8}$

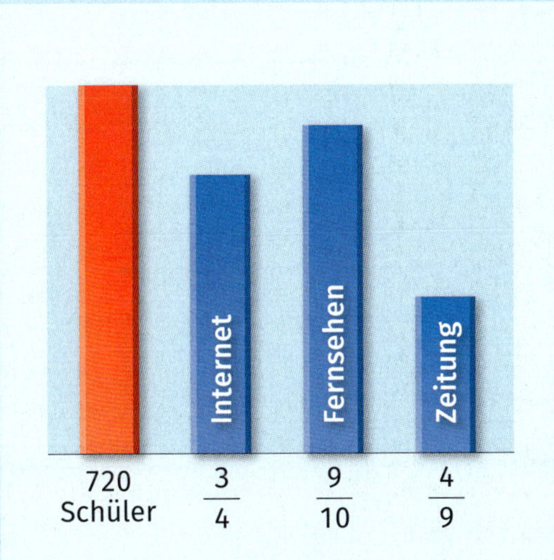

3 Schülerumfrage zum Thema Mediennutzung

4 Rezept für Mixgetränk

11. Beim Zeitungsaustragen verdienen 3 Freunde insgesamt 14,50 € pro Stunde 1.

a) Wie viel verdient jeder Einzelne?

b) Wie viel verdienen sie, wenn sie insgesamt 2 ½ Stunden austragen?

12. Ein Schüler bekommt 35 € Taschengeld im Monat. Für einen Kinoabend benötigt er 1/7 seines Taschengeldes und für Getränke gibt er 1/5 seines Geldes aus.

a) Wie viel Geld gibt er jeweils aus?

b) Wie viel bleibt ihm übrig, wenn er noch 3/7 des Taschengeldes für sein Handy benötigt?

13. Ein Schüler an der Berufsschule hat im Schnitt 34 Unterrichtsstunden Schule in der Woche. Eine Unterrichtsstunde dauert 3/4 Zeitstunden.
Wie viele Zeitstunden Unterricht sind das?

14. Eine Umgehungsstraße soll 13 ½ km lang werden. Es sind schon 7/8 der Straße fertiggestellt 2.

a) Wie viele Kilometer sind schon gebaut?

b) Wie viele Kilometer fehlen noch?

15. Bei einer Umfrage mit 720 Schülern kam heraus, dass 3/4 aller Befragten das Internet nutzen, 9/10 täglich fernsehen und 4/9 regelmäßig eine Zeitung lesen 3.

a) Berechnen Sie, wie viele Schüler jeweils das Internet, den Fernseher und die Zeitung regelmäßig nutzen.

b) Machen Sie diese Umfrage in Ihrer Klasse. Notieren Sie Ihre Ergebnisse als Brüche.

16. In den Tank eines Mopeds passen 7 ½ l Kraftstoff. Nach einer Probefahrt ist im Tank nur noch die Hälfte.

a) Wie viel Liter Kraftstoff sind noch im Tank?

b) Wie viel Liter sind im Tank, wenn 1 ½ l nachgetankt werden?

17. Für ein Mixgetränk müssen 1/4 l Milch, 1/8 l Sahne, 1/5 l Ananassaft und 2/5 l Orangensaft in einer Schüssel verrührt werden 4.

a) Berechnen Sie die Menge der Bowle.

b) Wie viel Liter Mixgetränk ergibt es, wenn statt Ananassaft 1/6 l Maracujasaft verwendet wird?

ZUSAMMENFASSUNG BRÜCHE

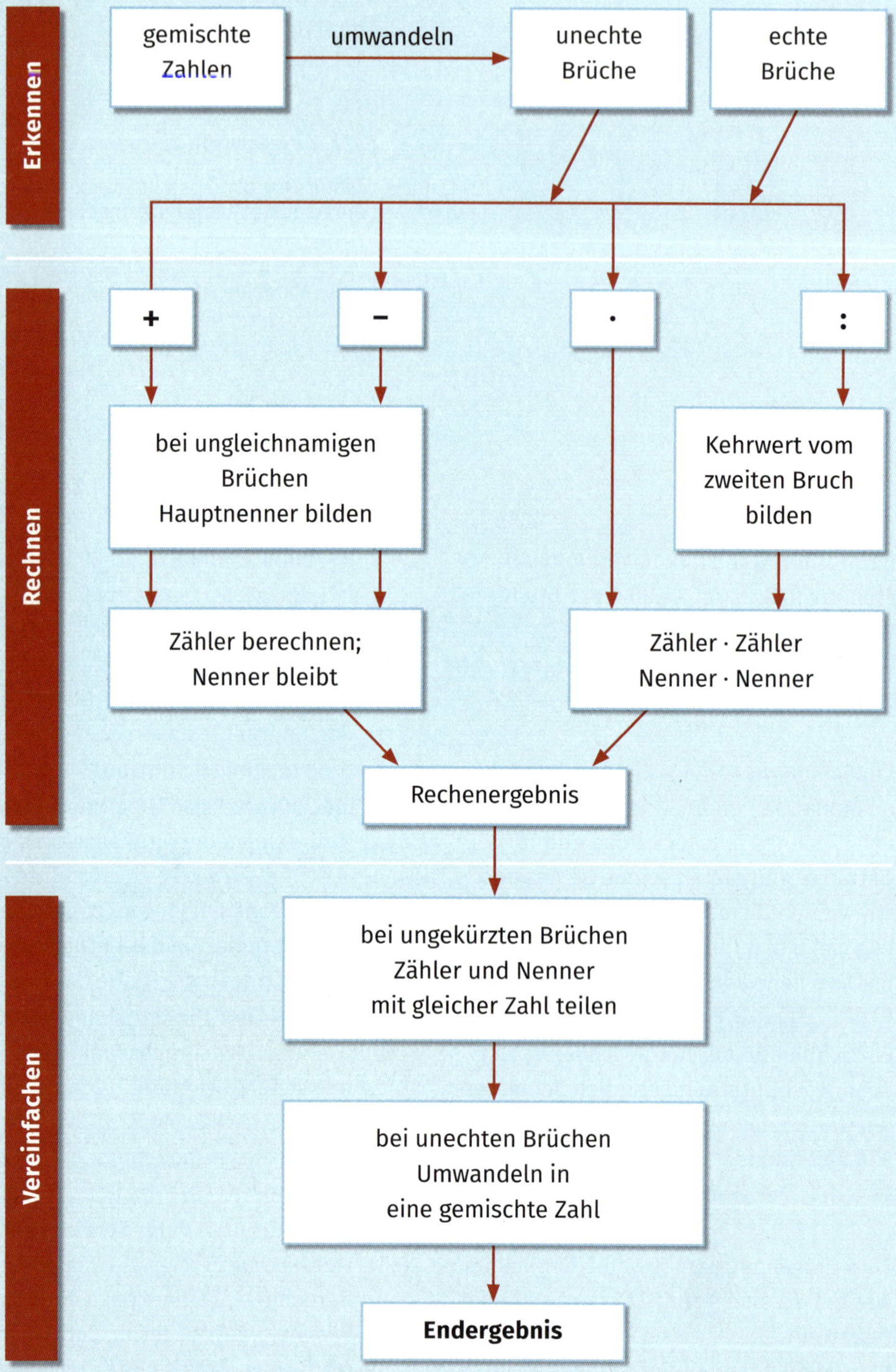

Lösen von Gleichungen 4

4.1 Darstellen von Gleichungen

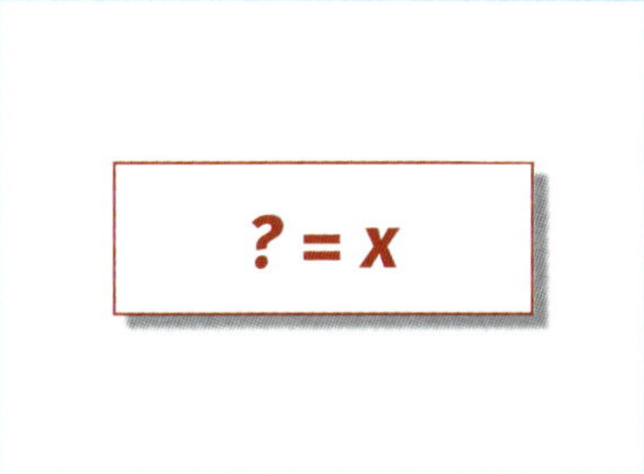

Unbekannte Größen können durch Platzhalter ersetzt werden.

4.2 Umstellen von Formeln

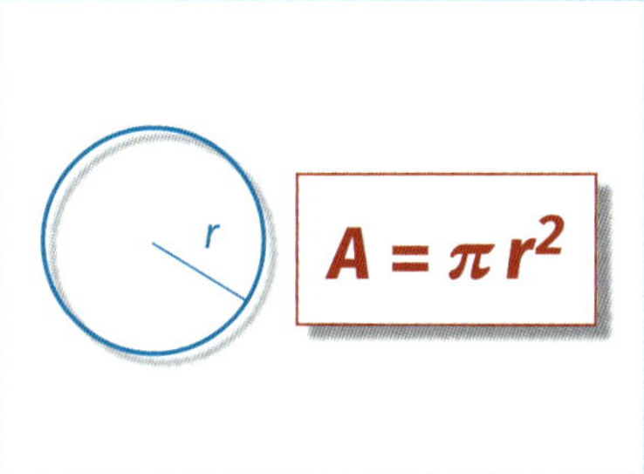

Durch Umstellen kann jede Größe der Formel berechnet werden.

4.3 Vereinfachung von Gleichungen

Vereinfachungen vereinfachen Gleichungen.

4.4 Anwenden von Gleichungen

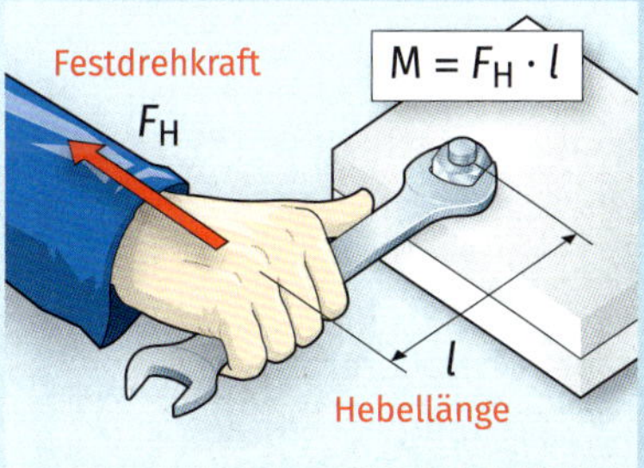

Gleichungen in den Griff bekommen.

1 Gebrauchtwagen

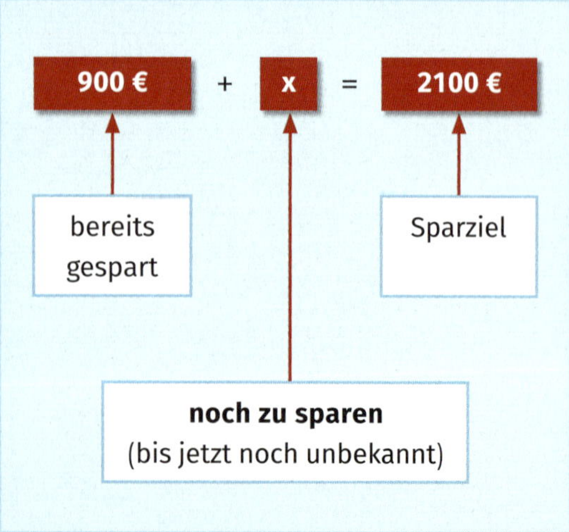

2 Aufgabe als Gleichung

Manchmal lässt sich ein Sachverhalt, der berechnet werden soll, nur schwer in die Sprache der Mathematik umwandeln.

So ein Problem kann oft durch eine Gleichung gelöst werden.

Teile der Aufgabe, die noch unbekannt sind, werden dabei durch Platzhalter, meist Buchstaben, ersetzt.

Auch in der Umgangssprache findet man solche Platzhalter:

- Das habe ich schon x-mal versucht.
- Ein Auto ist ein Gebrauchsgegenstand, um von A nach B zu gelangen.
- Eine x-beliebige Sache.

Um einen Sachverhalt, der berechnet werden soll, in die Sprache der Mathematik umzuwandeln, sind zwei Schritte nötig:

- Die Sache als Aufgabe formulieren.
- Die Aufgabe in eine Gleichung verwandeln.

4.1 Darstellen von Gleichungen

Von der Aufgabe zur Gleichung

Ein Auszubildender spart für einen Gebrauchtwagen 1. Er rechnet mit einem Kaufpreis von 2100 €. Davon hat er schon 900 € angespart.

Diese Aufgabe kann als **Gleichung** dargestellt werden 2.

Die unbekannte Größe wird durch einen **Platzhalter** ersetzt, hier der Buchstabe x. Anstelle des x können auch andere Buchstaben oder Zeichen verwendet werden.

Ein bereits gesparter Betrag (900 €) und ein noch unbekannter Betrag (x) ergeben zusammen das Sparziel (2100 €).

In Gleichungen werden unbekannte Größen durch Platzhalter ersetzt. Diese Platzhalter sind häufig Buchstaben.

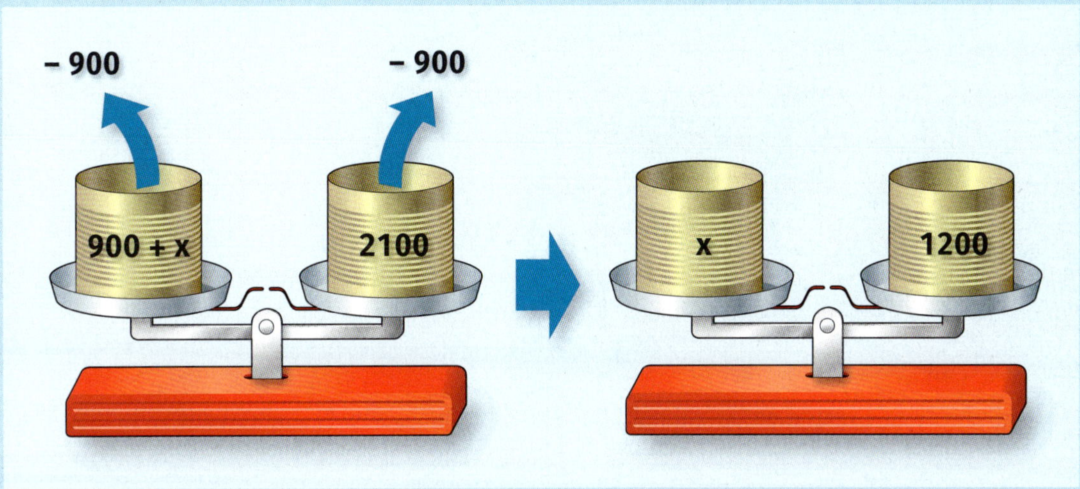

3 Waage im Gleichgewicht

Gleichungen umformen

Um den Wert der gesuchten Größe zu berechnen, muss ihr **Platzhalter** allein auf einer Seite der Gleichung stehen. Er wird **isoliert**.

Dazu wird die Gleichung so umgeformt, dass alle Zahlen auf der Seite des Platzhalters wegfallen.

Auf der anderen Seite des Gleichheitszeichens ergibt sich dann der gesuchte Wert.

Die Zahl 900 befindet sich auf der Seite mit dem Platzhalter:

$$900 + x = 2100$$

Damit x allein auf einer Seite steht, muss die Zahl 900 von der linken Seite der Gleichung entfernt werden.

Die Gleichung wird so umgeformt, dass der Platzhalter allein auf einer Seite steht. Er wird isoliert.

Umformungen an Gleichungen werden hinter einem kleinen Strich notiert.

$$900 + x = 2100 \quad | \; -900$$

Wie das Bild von der Waage verdeutlicht, müssen Änderungen an Gleichungen immer auf beiden Seiten durchgeführt werden 3.

$$900 + x - 900 = 2100 - 900$$

Die beiden Zahlen auf der linken Seite heben sich auf, es bleibt x:

$$x = 2100 - 900$$

Die rechte Seite wird ausgerechnet:

$$x = \underline{\underline{1200}}$$

Antwort: Er muss noch 1200 € sparen.

Änderungen an Gleichungen werden hinter einem kleinen Strich notiert. Sie müssen auf beiden Seiten durchgeführt werden.

1 **Baustelle**

$$
\begin{aligned}
22 + x &= 40 \quad | -22 \\
22 + x - 22 &= 40 - 22 \\
x &= 40 - 22 \\
x &= \underline{18}
\end{aligned}
$$

Antwort: Es müssen 18 Säcke Zement gekauft werden.

2 **Gleichung und Lösung (Addition)**

Gleichungen mit Addition

Eine Baufirma benötigt für Sanierungsarbeiten auf einer Baustelle 40 Säcke Zement 1. Im Materiallager befinden sich noch 22 Säcke. Wie viele Säcke müssen beim Baustoffhändler noch gekauft werden?

Zuerst wird die Aufgabe in eine Gleichung umgewandelt. Dann wird der Platzhalter für die gesuchte Größe isoliert. Anschließend kann die gesuchte Größe berechnet werden 2.

Ein Vergleich der ersten und der dritten Zeile zeigt, dass die Plus-Zahl 22 von der linken Seite als Minus-Zahl nach rechts gelangt.

+ —— wird ——→ −

Wechselt eine Plus-Zahl auf die andere Seite, wird sie zur Minus-Zahl.

AUFGABE

1. Isolieren Sie x.

a) $25 + x = 150$

b) $15 + x = 100$

c) $x + 24 = 30$

d) $x + 298 = 342$

e) $113 = x + 87$

f) $541 = x + 449$

2. Lösen Sie die Textaufgaben mithilfe von Gleichungen.

a) Ein Beikoch soll eine Nachspeise in 48 Dessert-Schüsseln einfüllen. 23 Schüsseln sind bereits gefüllt.

b) In einer Metzgerei werden 65 Fleischspieße bestellt. Wie viele Spieße müssen zubereitet werden, wenn noch 13 Stück da sind?

3. Formulieren und lösen Sie selbst Gleichungen mit Addition.

3 Lager

$$
\begin{aligned}
x - 180 &= 120 \quad | +180\\
x - 180 + 180 &= 120 + 180\\
x &= 120 + 180\\
x &= \underline{\underline{300}}
\end{aligned}
$$

Antwort: Zu Wochenbeginn waren 300 Teile im Lager.

4 Gleichung und Lösung (Subtraktion)

Gleichungen mit Subtraktion

Eine Fachkraft für Lagerlogistik gibt in einer Woche 180 Teile aus 3. Am Ende der Woche hat sie noch 120 dieser Teile im Lager. Wie hoch war der Lagerbestand zum Wochenbeginn?

Zuerst wird die Aufgabe in eine Gleichung umgewandelt. Dann wird der Platzhalter für die gesuchte Größe isoliert. Anschließend kann die gesuchte Größe berechnet werden 4.

Ein Vergleich der ersten und der dritten Zeile zeigt, dass die Minus-Zahl 180 von der linken Seite als Plus-Zahl nach rechts gelangt.

– wird → +

Wechselt eine Minus-Zahl auf die andere Seite, wird sie zur Plus-Zahl.

AUFGABE

1. Isolieren Sie x.

a) $x - 25 = 4$

b) $x - 18 = 20$

c) $x - 483 = 69$

d) $48 = x - 23$

e) $71 = x - 184$

f) $219 = x - 348$

2. Lösen Sie die Textaufgaben mithilfe von Gleichungen.

a) Von einer unbekannten Menge Kartoffeln wurden 12 kg verzehrt. Es sind noch 38 kg vorhanden.

b) Die Temperatur fällt im Laufe des Nachmittags um 4,7 °C. Sie beträgt jetzt noch 15,8 °C. Wie hoch war die Temperatur zur Mittagszeit?

3. Formulieren und lösen Sie selbst Gleichungen mit Subtraktion.

$$\begin{aligned} x \cdot 6 &= 1200 \quad |:6 \\ x \cdot 6 : 6 &= 1200 : 6 \\ x &= 1200 : 6 \\ x &= \underline{\underline{200}} \end{aligned}$$

Antwort: Er muss monatlich 200 € sparen.

1 Gleichung und Lösung (Multiplikation)

$$\begin{aligned} x \cdot 6 &= 1200 \quad |:6 \\ \frac{x \cdot 6}{6} &= \frac{1200}{6} \\ x &= \frac{1200}{6} \\ x &= \underline{\underline{200}} \end{aligned}$$

2 Lösung als Bruch (Multiplikation)

$$\begin{aligned} x : 5 &= 36 \quad |\cdot 5 \\ x : 5 \cdot 5 &= 36 \cdot 5 \\ x &= 36 \cdot 5 \\ x &= \underline{\underline{180}} \end{aligned}$$

Antwort: Sie hat 180 Teile ausgegeben.

3 Gleichung und Lösung (Division)

$$\begin{aligned} \frac{x}{5} &= 36 \quad |\cdot 5 \\ \frac{x \cdot 5}{5} &= 36 \cdot 5 \\ x &= 36 \cdot 5 \\ x &= \underline{\underline{180}} \end{aligned}$$

4 Lösung als Bruch (Division)

Gleichungen mit Multiplikation

Ein Auszubildender möchte in sechs Monaten 1200 € sparen. Wie hoch ist der monatliche Sparbetrag?

Zuerst wird die Aufgabe in eine Gleichung umgewandelt. Dann wird der Platzhalter für die gesuchte Größe isoliert. Anschließend kann die gesuchte Größe berechnet werden 1.

Die Mal-Zahl 6 der linken Seite gelangt als Geteilt-Zahl nach rechts. Wird die Aufgabe als Bruch gerechnet 2, wechselt die 6 vom Zähler in den Nenner.

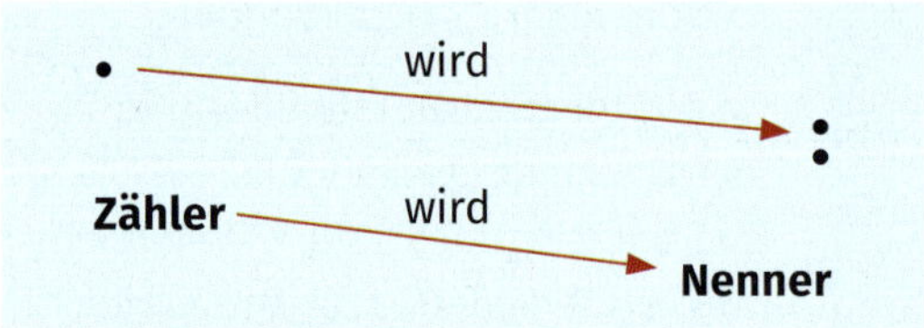

Wechselt eine Mal-Zahl auf die andere Seite, wird sie zur Geteilt-Zahl.
Eine Zahl im Zähler wechselt zum Nenner.

Gleichungen mit Division

Eine Fachkraft für Lagerlogistik gibt 5 Tage lang täglich 36 Teile aus. Wie viele Teile hat sie ausgegeben?

Zuerst wird die Aufgabe in eine Gleichung umgewandelt. Dann wird der Platzhalter für die gesuchte Größe isoliert. Anschließend kann die gesuchte Größe berechnet werden 3.

Die Geteilt-Zahl 5 der linken Seite gelangt als Mal-Zahl nach rechts. Wird die Aufgabe als Bruch gerechnet 4, wechselt die 5 vom Nenner in den Zähler.

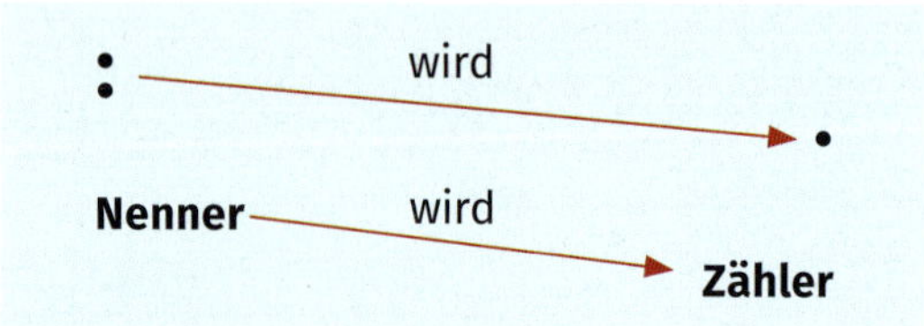

Wechselt eine Geteilt-Zahl auf die andere Seite, wird sie zur Mal-Zahl.
Eine Zahl im Nenner wechselt zum Zähler.

$$\begin{array}{lllll} 14 - x & = & 10 & & \mid + x \\ 14 - x + x & = & 10 + x & & \\ 14 & = & 10 + x & & \mid - 10 \\ 4 & = & x & & \end{array}$$

Die Seiten können getauscht werden.

$$x = \underline{\underline{4}}$$

5 **Negativer Platzhalter**

$$\begin{array}{lll} r^2 & = 49 & \mid \sqrt{} \\ \sqrt{r^2} & = \sqrt{49} & \\ r & = \underline{\underline{7}} \text{ mit } r > 0 & \end{array}$$

6 **Quadratzahl**

AUFGABE

1. Isolieren Sie x.

a) $x \cdot 8 = 140$

b) $x \cdot 21{,}5 = 58{,}05$

c) $x : 7 = 3{,}5$

d) $x : 4{,}3 = 14$

e) $\frac{x}{5} = 20{,}5$

2. Drei Jugendliche tragen gemeinsam Prospekte aus. Wie viele Prospekte werden verteilt, wenn jeder 57 Stück übernimmt?

Lösen Sie die Aufgabe mithilfe einer Gleichung.

3. Formulieren und lösen Sie selbst Gleichungen mit Multiplikation und Division.

Negative Platzhalter

In einer Gleichung kann sich ein negativer Platzhalter befinden 5.

Durch Addieren des Platzhalters auf beiden Seiten wird er positiv. Dann kann wie gewohnt weitergerechnet werden.

Quadratzahlen

In einer Gleichung können sich Quadratzahlen befinden 6.

Durch Wurzelziehen auf beiden Seiten verliert der Platzhalter die Hochzahl. Dann kann wie gewohnt weitergerechnet werden.

ZUSAMMENFASSUNG

Platzhalter isolieren und Änderungen auf beiden Seiten der Gleichung durchführen

Gleichungen

- mit Addition: + wird → −
- mit Subtraktion: − wird → +
- mit Multiplikation: · wird → :
  - Zähler wird → Nenner
- mit Division: : wird → ·
  - Nenner wird → Zähler

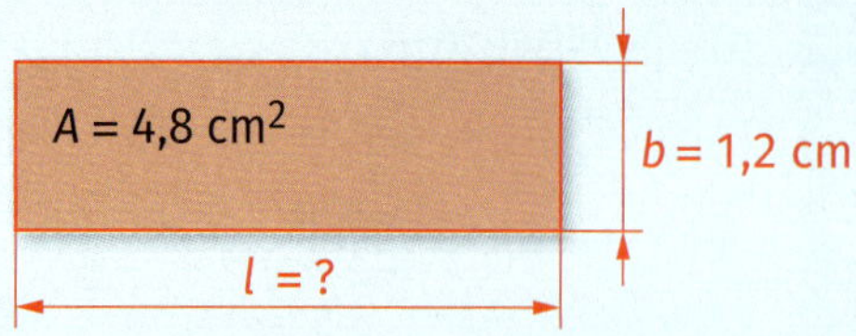

geg.: $A = 4{,}8\ \text{cm}^2$, $b = 1{,}2\ \text{cm}$ ges.: l

Rechnung:

$$\begin{aligned} A &= l \cdot b \qquad |:b \\ A:b &= l \\ 4{,}8\ \text{cm}^2 : 1{,}2\ \text{cm} &= l \\ 4\ \text{cm} &= l \\ l &= \underline{\underline{4\ \text{cm}}} \end{aligned}$$

Antwort: Das Rechteck ist 4 cm lang.

1 Berechnen der Länge eines Rechtecks

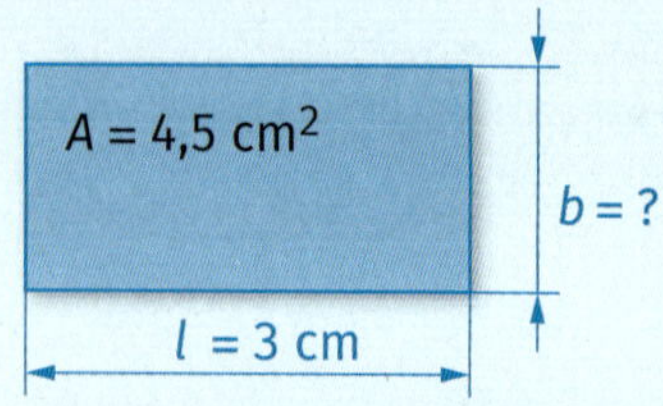

geg.: $A = 4{,}5\ \text{cm}^2$, $l = 3\ \text{cm}$ ges.: b

Rechnung:

$$\begin{aligned} A &= l \cdot b \qquad |:l \\ A:l &= b \\ 4{,}5\ \text{cm}^2 : 3\ \text{cm} &= b \\ 1{,}5\ \text{cm} &= b \\ b &= \underline{\underline{1{,}5\ \text{cm}}} \end{aligned}$$

Antwort: Das Rechteck ist 1,5 cm breit.

2 Berechnen der Breite eines Rechtecks

4.2 Umstellen von Formeln

Formeln beschreiben den mathematischen Zusammenhang bestimmter Größen. Stellvertretend für die Größen werden Platzhalter verwendet. Formeln sind meistens Gleichungen.

Der Zusammenhang von Flächeninhalt, Länge und Breite eines Rechtecks wird mit einer Formel beschrieben:

$$A = l \cdot b$$

Die Platzhalter haben folgende Bedeutung:

A = Flächeninhalt l = Länge b = Breite

Sind Flächeninhalt und Breite bekannt, kann die Länge berechnet werden. Durch Umstellen wird die gesuchte Größe l isoliert 1.

Sind Flächeninhalt und Länge bekannt, kann die Breite berechnet werden. Durch Umstellen wird die gesuchte Größe b isoliert 2.

Formeln können auch andere Grundrechenarten enthalten.

Der Zusammenhang von Geschwindigkeit, Weg und Zeit wird mit einer Formel beschrieben:

$$v = s : t$$

Die Platzhalter haben folgende Bedeutung:

v = Geschwindigkeit s = Weg t = Zeit

Sind Geschwindigkeit und benötigte Zeit bekannt, kann der Weg berechnet werden. Durch Umstellen der Formel wird die gesuchte Größe s isoliert 3.

Auf die gleiche Weise können andere Formeln, wie der Satz des Pythagoras, umgestellt werden 4.

Formeln sind meistens Gleichungen.
Die gesuchte Größe kann durch Isolieren berechnet werden.

Geschwindigkeit 60 km/h, benötigte Zeit 2 h

geg.: $v = 60\ \text{km/h}$ ges.: s

$t = 2\ \text{h}$

Rechnung:

$$\begin{aligned} v &= s : t \quad | \cdot t \\ v \cdot t &= s \\ 60\ \text{km/h} \cdot 2\ \text{h} &= s \\ 120\ \text{km} &= s \\ s &= \underline{\underline{120\ \text{km}}} \end{aligned}$$

Antwort: Der zurückgelegte Weg beträgt 120 km.

3 Berechnen des Weges

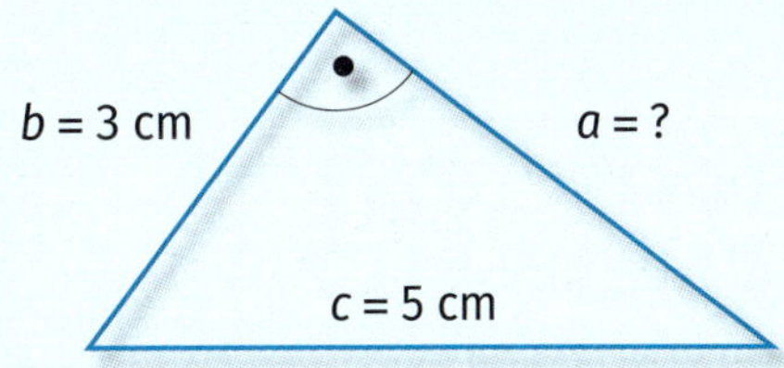

geg.: $c = 5\ \text{cm}$ ges.: a

$b = 3\ \text{cm}$

Rechnung:

$$\begin{aligned} a^2 + b^2 &= c^2 \quad | - b^2 \\ a^2 &= c^2 - b^2 \quad | \sqrt{\ } \\ a &= \sqrt{c^2 - b^2} \\ a &= \sqrt{25\ \text{cm}^2 - 9\ \text{cm}^2} \\ a &= \sqrt{16\ \text{cm}^2} \\ a &= \underline{\underline{4\ \text{cm}}} \end{aligned}$$

Antwort: Die Seite a ist 4 cm lang.

4 Berechnen einer Seite im rechtwinkligen Dreieck durch Umstellen des Satzes des Pythagoras

AUFGABE

1. Stellen Sie die Formeln so um, dass jeder Platzhalter einmal isoliert ist.

a) $U = 4 \cdot l$ (Umfang beim Quadrat)

b) $M = F \cdot l$ (Drehmoment)

c) $V = l \cdot b \cdot h$ (Volumen beim Quader)

d) $U = 2 \cdot \pi \cdot r$ (Umfang beim Kreis)

e) $V = \frac{\pi \cdot d \cdot n}{1000}$ (Schnittgeschwindigkeit)

f) $Pw = \frac{Gw \cdot ps}{100}$ (Prozentrechnen)

g) $A = \pi \cdot r^2$ (Flächeninhalt beim Kreis)

h) $A = \frac{\pi \cdot r^2 \cdot \alpha}{360}$ (Fläche vom Kreisausschnitt)

i) $Z = \frac{K \cdot p \cdot t}{100 \cdot 360}$ (Kaufmännische Zinsformel)

2. Suchen Sie selbst nach mathematischen Formeln und stellen Sie diese so um, dass jeder Platzhalter einmal isoliert ist.

➔

ZUSAMMENFASSUNG

- **Gegebene und gesuchte Größen ermitteln:** geg.: ...
  ges.: ...
- **Die Formel aufschreiben.**
- **Durch Umstellen der Formel die gesuchte Größe isolieren.**
- **Die Zahlen in die Formel einsetzen und ausrechnen.**

$$4 + 3 + x = 5 \cdot 6$$
$$7 + x = 30$$

1 Zahlen zusammenfassen

$$5x - 2x = 6 + x$$
$$3x = 6 + x \quad |-x$$
$$3x - x = 6 + x - x$$
$$2x = 6$$

2 Platzhalter auf eine Seite bringen

3 Gefliester Boden

4.3 Vereinfachen von Gleichungen

Bevor der Platzhalter isoliert wird, soll die Gleichung möglichst vereinfacht werden. Dazu wird geprüft, ob Zahlen zusammengefasst werden können 1. Anschließend kann die Gleichung gelöst werden:

$$7 + x = 30 \quad | -7$$
$$x = \underline{\underline{23}}$$

Sind mehrere gleiche Platzhalter in der Gleichung, müssen sie auf eine Seite gebracht und zusammengefasst werden 2.

Dann lässt sich die Gleichung lösen:

$$2x = 6 \quad | : 2$$
$$x = \underline{\underline{3}}$$

Zum Vereinfachen von Gleichungen: Zahlen zusammenfassen. Platzhalter auf eine Seite bringen und zusammenfassen.

AUFGABE

1. Vereinfachen Sie die Gleichungen und isolieren Sie den Platzhalter.

a) $28 : 7 + x = 15 - 8$

b) $15x + 3x = 15 + 9 - 12x$

c) $\frac{x}{3} = 3 \cdot 8 + 14$

d) $3x \cdot 5 - 4 \cdot 8 = 16 - x$

e) $16x : 2 = 2x + 5x + 56 : 8$

2. Lösen Sie die Aufgaben mithilfe von Gleichungen.

In einer Wohnung sollen 3 Räume mit jeweils 14 m^2 Fläche gefliest werden 3.

Wie viele Kartons Fliesen werden benötigt, wenn 1 Karton für 1,2 m^2 ausreicht?

3. Erstellen Sie selbst Gleichungen, die sich vereinfachen lassen.

4 Bäckerei

5 Tischlerei

4.4 Anwenden von Gleichungen

1. Isolieren Sie den Platzhalter.

a) $132 + x = 151$

b) $287 + y = 313$

c) $a - 58 = 29$

d) $f - 91{,}4 = 14$

e) $24{,}8 - x = 16$

f) $e \cdot 12 = 64{,}8$

g) $x \cdot 2{,}7 = 21{,}6$

h) $x : 9 = 11$

i) $\frac{z}{2{,}8} = 2{,}5$

j) $\frac{x}{7} = 10 - 5{,}2$

k) $2 \cdot 24 = \frac{x}{2} + 21$

l) $3 \cdot 8x = 300 : 2 - x$

m) $\frac{36}{x} = 23{,}2 : 5{,}8$

n) $y^2 = 100 - 19$

o) $3 \cdot 21 - x = 4 \cdot 3 + 2x$

2. In einer Bäckerei 4 werden vormittags 120 Brötchen gebacken, nachmittags noch weitere 50. Am Abend sind noch 7 Brötchen da.
Wie viele Brötchen wurden verkauft?

3. Ein Auszubildender erhält im zweiten Ausbildungsjahr 80 € mehr als im ersten. Im dritten Jahr erhält er 57 € mehr als im zweiten. Die Vergütung im dritten Jahr beträgt 518 €.

4. Ein Produkt wird zunächst im Preis halbiert. Der neue Preis wird dann um 10 € reduziert. Das Produkt kostet jetzt 14 €.

5. In einer Tischlerei werden in 8 Stunden 45 Werkstücke gefertigt und geölt 5. Wie lange dauert das Fertigen eines Werkstücks, wenn für das Einölen aller Werkstücke insgesamt 210 Minuten benötigt werden?

6. Erfinden Sie selbst Textaufgaben, die sich mithilfe von Gleichungen lösen lassen.

ZUSAMMENFASSUNG GLEICHUNGEN

Aufgaben als Gleichungen darstellen

unbekannte Größen durch Platzhalter ersetzen

↓

Gleichungen, wenn möglich, vereinfachen

Zahlen zusammenfassen
Platzhalter zusammenfassen

↓

Gleichungen umformen

Platzhalter isolieren
und
Änderungen auf beiden Seiten der Gleichung durchführen

Gleichungen

mit Addition

+ wird −

mit Subtraktion

− wird +

mit Multiplikation

· wird :

Zähler wird Nenner

mit Division

: wird ·

Nenner wird Zähler

Rechnen mit dem Dreisatz 5

5.1 Einfacher Dreisatz

Das Universalwerkzeug für viele Alltagsaufgaben.

5.2 Zusammengesetzter Dreisatz

Was aber, wenn mehrere Alltagsprobleme zu lösen sind?

5.3 Anwenden des Dreisatzes

So wird's gemacht!

1 Packungen im Baumarkt

2 Pizza-Rezept

3 Tankstelle

Auch wenn es nicht direkt sichtbar ist, müssen im alltäglichen Leben ständig mathematische Entscheidungen getroffen werden.

Im Baumarkt gibt es Packungen unterschiedlicher Größe 1. Es muss entschieden werden, ob die kleine oder die große Packung preiswerter ist.

Kochbücher machen das Kochen leicht. Die Rezeptangaben sind normalerweise für 2 oder 4 Personen beschrieben 2. Welche Mengen werden aber benötigt, wenn für weniger oder mehr Personen gekocht werden soll? Das lässt sich berechnen.

An Tankstellen wird der Preis für einen Liter Benzin angezeigt 3. Aber wie lässt sich ermitteln, wie viel Geld die Fahrt für eine bestimmte Strecke kostet? Wie wird errechnet, ob die getankte Kraftstoffmenge ausreicht?

Solche Fragen nach der passenden Menge stellen sich oft. Mit einem einfachen Rechenverfahren lassen sie sich beantworten.

5.1 Einfacher Dreisatz

Grundlagen der Dreisatzrechnung

Der Dreisatz ist ein Rechenverfahren, das in drei Sätzen (Rechenschritten) zum Ergebnis führt.

1. Satz:
Ermitteln der bekannten Größen aus der Aufgabenstellung

↓

2. Satz:
Schließen auf die Einheit „1“

↓

3. Satz:
Berechnen der gesuchten Größe

Es gibt den geraden und den ungeraden Dreisatz.

1. Satz: 200 km ≙ 16 l

:200   :200

2. Satz: 1 km ≙ 0,08 l

·350   ·350

3. Satz: 350 km ≙ 28 l

Antwort: Für 350 km werden 28 l Benzin benötigt.

4 **Lösung in drei Sätzen**

geg.: 200 km ≙ 16 l

ges.: 350 km ≙ x l

Rechnung: $x = \frac{350\text{ km} \cdot 16\text{ l}}{200\text{ km}}$

$x = 28\text{ l}$

Die Größen werden in der Reihenfolge des Pfeils in den Bruch geschrieben.

Gerader Dreisatz – **G**egenuhrzeigersinn

5 **Kurzform**

Zuordnungstabelle:

	Benzinverbrauch
für km	in l
200	16
1	16 : 200 = 0,08
350	0,08 · 350 = 28,00
weitere Werte:	
100	0,08 · 100 = 8,00
50	0,08 · 50 = 4,00
500	0,08 · 500 = 40,00

6 **Zuordnungstabelle**

Gerader Dreisatz

Wird beim Größerwerden der bekannten Größe der gesuchte Wert auch größer, liegt ein **gerader Dreisatz** vor.

Für 200 km Weg verbraucht ein Auto 16 l Benzin. Wie viel Liter werden für 350 km benötigt?

Diese Aufgabe lässt sich in 3 Sätzen lösen 4.

Der 1. Satz enthält die bekannten Größen. Die gesuchte Einheit (l) steht rechts:

200 km ≙ 16 l

Im 2. Satz wird 1 Einheit berechnet. Dazu werden beide Seiten durch 200 geteilt.

1 km ≙ 0,08 l

Um die gesuchte Größe zu berechnen, wird mit 350 multipliziert.

350 km ≙ 28 l

Es kann auch eine verkürzte Schreibweise – die **Kurzform** – verwendet werden 5.

In der ersten Zeile stehen die bekannten Größen. Die gesuchte Größe steht rechts.

200 km ≙ 16 l

In der zweiten Zeile steht die Angabe für die gesuchte Größe. Sie wird mit x bezeichnet.

350 km ≙ x l

Der eingezeichnete Pfeil zeigt, dass die Größen im Gegenuhrzeigersinn in den Bruch geschrieben werden.

Die **Zuordnungstabelle** 6 ist eine dritte Möglichkeit zur Berechnung. Mit ihrer Hilfe lassen sich schnell weitere Werte der gesuchten Größe ermitteln.

Für den geraden Dreisatz gilt:
Je mehr, desto mehr ↑↑
Je weniger, desto weniger ↓↓

1 Praktikantin

2 Wand- und Deckenfarbe

3 Handy mit Guthaben

Anwenden des geraden Dreisatzes

1. Eine Praktikantin erhält nach einer 5-Tage-Woche von ihrer Chefin 20 € 1.

a) Mit wie viel Geld kann sie am Ende ihres Praktikums rechnen, wenn es sich insgesamt über 13 Tage erstreckt?

b) Mit wie viel Geld könnte sie rechnen, wenn sie nach der 1. Woche 30 € erhalten hätte?

2. Dem Besitzer eines Handys 3 reicht eine Aufladung von 20 € für 60 Tage.

a) Wie lange reichen ihm 10 €?

b) Wie lange reichen ihm 30 €?

c) Wie viel Euro verbraucht er am Tag?

3. Auf einem Eimer mit Wand- und Deckenfarbe steht: 10 l reichen für eine Fläche von 60 m^2 2.

a) Wie viel Farbe wird für 78 m^2 benötigt?

b) Wie viel Farbe wird benötigt, wenn 10 l nur für 50 m^2 reichen?

c) Wenn 10 l für 60 m^2 reichen, für wie viel m^2 reichen dann 2,5 l Farbe?

4. Um Pizza für 4 Personen zu backen, benötigt man 21 g Hefe, 450 g Mehl, 5 Esslöffel Öl, 250 g passierte Tomaten, 150 g Käse und 20 Oliven.

a) Berechnen Sie die Mengen für 7 Personen.

b) Berechnen Sie die Mengen für 9 Personen.

c) Berechnen Sie die Mengen für 3 Personen.

5. Ein Päckchen Nudeln mit 500 g Inhalt reicht für 4 Personen.

a) Für wie viele Personen reichen 750 g Nudeln?

b) Wie viel g werden für 15 Personen benötigt?

c) Im Sonderangebot gibt es Nudelpackungen mit 1 kg Inhalt. Wie viele Packungen werden für 15 Personen benötigt?

6. Für eine Hecke mit einer Länge von 18 m werden 54 Pflanzen benötigt.
Wie viele Pflanzen werden für eine 13 m lange Hecke gebraucht?

7. Formulieren Sie selbst Aufgaben für den geraden Dreisatz.

1. Satz: 7 Maschinen ≙ 9 Tage

$:7$ $\cdot 7$

2. Satz: 1 Maschine ≙ 63 Tage

$\cdot 5$ $:5$

3. Satz: 5 Maschinen ≙ 12,6 Tage

Antwort: Der Kraftstoff reicht für 12,6 Tage

4 Lösung in drei Sätzen

geg.: 7 Maschinen ≙ 9 Tage

ges.: 5 Maschinen ≙= x Tage

Rechnung:

$$x = \frac{7 \text{ Maschinen} \cdot 9 \text{ Tage}}{5 \text{ Maschinen}}$$

$$x = 12{,}6 \text{ Tage}$$

Die Größen werden in der Reihenfolge des Pfeils in den Bruch geschrieben.

Ungerader Dreisatz – **U**hrzeigersinn

5 Kurzform

Zuordnungstabelle:

Dieselverbrauch

Maschinen	Tage
7	9
1	9 · 7 = 63
5	63 : 5 = 12,6

weitere Werte:

2	63 : 2 = 31,5
10	63 : 10 = 6,30
20	63 : 20 = 3,15

6 Zuordnungstabelle

Ungerader Dreisatz

Wird beim Größerwerden der bekannten Größe der gesuchte Wert kleiner, liegt ein **ungerader Dreisatz** vor.

Auf einer Baustelle laufen 7 Maschinen 9 Tage mit einer bestimmten Menge Diesel. Zwei Maschinen fallen aus.
Wie lange reicht der Diesel?

Die Aufgabe lässt sich in 3 Sätzen lösen 4.

Der 1. Satz enthält die bekannten Größen.
Die gesuchte Größe (Tage) steht rechts.

7 Maschinen ≙ 9 Tage

Im 2. Satz wird 1 Einheit berechnet.
Links wird durch 7 geteilt.
Da der Treibstoff für 1 Maschine länger reicht als für 7 Maschinen, muss rechts mit 7 multipliziert werden.

1 Maschine ≙ 63 Tage

Im 3. Satz wird die gesuchte Größe berechnet. Links wird mit 5 multipliziert. Da der Treibstoff für 5 Maschinen kürzere Zeit reicht als für 1 Maschine, muss rechts durch 5 geteilt werden.

5 Maschinen ≙ 12,6 Tage

Auch hier kann wieder die Kurzform angewendet werden 5.

Der eingezeichnete Pfeil zeigt, dass beim ungeraden Dreisatz die Größen im Uhrzeigersinn in den Bruch geschrieben werden.

Die **Zuordnungstabelle** 6 ist eine dritte Möglichkeit zur Berechnung.

Beim ungeraden Dreisatz verhalten sich bekannte Größe und gesuchter Wert immer entgegengesetzt. Für weniger Maschinen reicht der Treibstoff mehr Tage und umgekehrt.

Für den ungeraden Dreisatz gilt:
Je mehr, desto weniger ↑↓
Je weniger, desto mehr ↓↑

1 Praktikanten

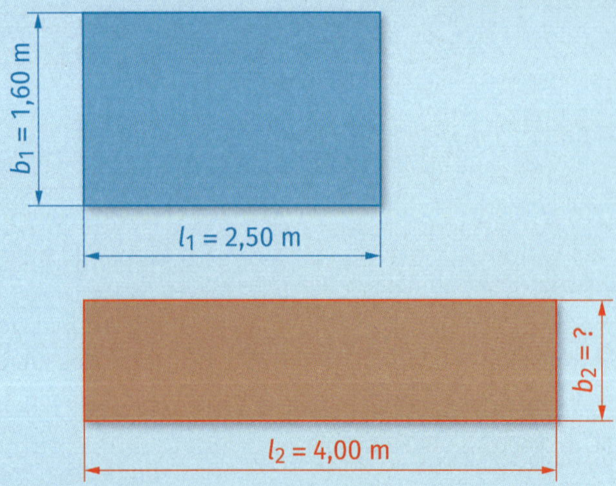

2 Rechtecke

Anwenden des ungeraden Dreisatzes

1. Zwei Praktikanten benötigen 3 Stunden zum Bestücken von Regalen 1.
Wie lange brauchen 3 Praktikanten?

2. Der Inhalt einer kleinen Farbdose reicht, um die Fläche eines Rechtecks mit der Länge 2,50 m und der Breite 1,60 m zu lackieren 2. Welche Breite darf ein Rechteck mit der Länge 4 m haben, wenn die gleiche Menge Farbe ausreichen soll?

3. Bei einem Preis von 1,50 € je Liter Benzin reicht das Taschengeld eines Rollerfahrers, um 300 km weit zu fahren.

a) Wie weit reicht es bei einem Preis von 1,60 € je Liter?

b) Wie weit reicht es bei einem Preis von 1,44 € je Liter?

c) Wie weit reicht es bei einem Preis von 2 € je Liter?

4. Formulieren Sie selbst Aufgaben zum ungeraden Dreisatz.

ZUSAMMENFASSUNG

Die gesuchte Größe steht rechts.
Gleiche Einheiten stehen untereinander.

gerader Dreisatz		ungerader Dreisatz	
• je mehr, desto mehr	↑ ↑	• je mehr, desto weniger	↑ ↓
• je weniger, desto weniger	↓ ↓	• je weniger, desto mehr	↓ ↑

3 Arbeiter fertigen Werkstücke

geg.:	3 Arbeiter –	18 Werkstücke –	6 Tage
ges.:	2 Arbeiter –	10 Werkstücke –	x Tage

4 Aufschreiben der Einheiten

1. Dreisatz

: 3	3 Arbeiter –	18 Werkstücke –	6 Tage	· 3
· 2	1 Arbeiter –	18 Werkstücke –	18 Tage	: 2
	2 Arbeiter –	18 Werkstücke –	9 Tage	

2. Dreisatz

2 Arbeiter –	: 18	18 Werkstücke –	9 Tage	: 18
2 Arbeiter –	· 10	1 Werkstück –	0,5 Tage	· 10
2 Arbeiter –		10 Werkstücke –	5 Tage	

5 Berechnen in einzelnen Dreisätzen

5.2 Zusammengesetzter Dreisatz

Auflisten der Größen

Ist bei einer Dreisatzaufgabe das Ergebnis von mehreren Größen abhängig, handelt es sich um den **zusammengesetzten Dreisatz**. Er kann durch Berechnen mehrerer nacheinander ausgeführter Dreisätze gelöst werden.

In einer Firma benötigen 3 Arbeiter für 18 Werkstücke 6 Tage. Wie lange brauchen 2 Arbeiter für 10 Werkstücke 3?

Gegebene Größen werden so aufgeschrieben, dass die gesuchte Größe rechts und gleiche Einheiten jeweils untereinander stehen 4.

geg.: Einheit 1 – Einheit 2 – Einheit 3
ges.: Einheit 1 – Einheit 2 – gesuchte Größe x

- **Die gesuchte Größe steht rechts.**
- **Gleiche Einheiten stehen untereinander.**

Berechnen in einzelnen Dreisätzen

Bei der Berechnung in einzelnen Dreisätzen werden bestimmte Spalten betrachtet und das jeweilige Verhältnis ermittelt (gerade oder ungerade) 5.

1. Dreisatz

- **erste** und **letzte** Spalte betrachten
- Verhältnis ermitteln (gerade, ungerade)

↓

2. Dreisatz

- beginnt mit letzter Zeile des 1. Dreisatzes
- **zweite** und **letzte** Spalte betrachten
- Verhältnis ermitteln (gerade, ungerade)

Da weniger Arbeiter mehr Tage benötigen, ist der 1. Dreisatz ein **ungerader Dreisatz**.

Da für weniger Werkstücke weniger Tage benötigt werden, ist der 2. Dreisatz ein **gerader Dreisatz**.

geg.:	3 Arbeiter –	18 Werkstücke –	8 Stunden/Tag –	6 Tage	
ges.:	2 Arbeiter –	10 Werkstücke –	10 Stunden/Tag –	x Tage	

1. Dreisatz

: 3	3 Arbeiter –	18 Werkstücke –	8 Stunden/Tag –	6 Tage	· 3
· 2	1 Arbeiter –	18 Werkstücke –	8 Stunden/Tag –	18 Tage	: 2
	2 Arbeiter –	18 Werkstücke –	8 Stunden/Tag –	9 Tage	

2. Dreisatz

2 Arbeiter –	: 18	18 Werkstücke –	8 Stunden/Tag –	9 Tage	· 18
2 Arbeiter –	· 10	1 Werkstück –	8 Stunden/Tag –	0,5 Tage	· 10
2 Arbeiter –		10 Werkstücke –	8 Stunden/Tag –	5 Tage	

1 Aufgabe bis zum zweiten Dreisatz

2 Arbeiter –	10 Werkstücke –	: 8	8 Stunden/Tag –	5 Tage	· 8
2 Arbeiter –	10 Werkstücke –	· 10	1 Stunde/Tag –	40 Tage	: 10
2 Arbeiter –	10 Werkstücke –		10 Stunden/Tag –	4 Tage	

2 Dritter Dreisatz

In einem zusammengesetzten Dreisatz kann das Ergebnis von weiteren, beliebig vielen Größen abhängig sein.

Für jede weitere Größe wird ein weiterer Dreisatz angehängt.

1. Dreisatz
↓
2. Dreisatz
↓
3. Dreisatz
↓
4. Dreisatz
↓
und so weiter

So könnte das letzte Beispiel von einer weiteren Größe abhängig sein, etwa von der täglichen Arbeitszeit.

3 Arbeiter brauchen für 18 Teile bei einer täglichen Arbeitszeit von 8 Stunden 6 Tage. Wie lange benötigen 2 Arbeiter für 10 Teile bei täglich 10 Stunden Arbeit?

Bis zum 2. Dreisatz ist die Aufgabe fast identisch 1. Die zusätzliche Einheit Stunden/Tag wird aufgeführt, aber noch nicht berechnet.

Daran anschließend wird die zusätzliche Einheit in einem 3. Dreisatz berechnet 2.

3. Dreisatz

- beginnt mit letzter Zeile des 2. Dreisatzes
- **dritte** und **letzte** Spalte betrachten
- Verhältnis ermitteln (gerade – ungerade)

Da bei weniger Stunden täglicher Arbeitszeit mehr Tage benötigt werden, ist der 3. Dreisatz ein **ungerader Dreisatz**.

Für jede Größe im zusammengesetzten Dreisatz wird ein Dreisatz berechnet.

3 Smartphone

4 Baustelle Neubausiedlung

AUFGABE

1. Auf ein Smartphone mit einem Speicher von 2 GB passen 600 Lieder mit einer Länge von jeweils 3 Minuten 3 .

a) Wie viele Lieder mit einer Länge von 4 Minuten passen auf ein Smartphone mit 4 GB Speicher?

b) Wie viele Lieder mit einer Länge von 5 Minuten passen auf ein Smartphone mit 1 GB Speicher?

2. Drei Tischler bauen in einer Neubau-Siedlung in 10 Tagen 240 Türen ein 4 .

Wie lange brauchen 5 Tischler für 300 Türen?

3. Formulieren Sie selbst Aufgaben für den zusammengesetzten Dreisatz.

ZUSAMMENFASSUNG

geg.: Einheit 1 – Einheit 2 – Einheit 3 – ... – Einheit x
ges.: Einheit 1 – Einheit 2 – Einheit 3 – ... – gesuchte Größe x

Gegebene und gesuchte Größen so auflisten, dass die gesuchte Größe rechts und gleiche Größen untereinander stehen.

1. Dreisatz

2. Dreisatz

Für jede Größe wird ein Dreisatz berechnet.

3. Dreisatz

Jeder weitere Dreisatz beginnt mit der etzten Zeile des vorherigen Dreisatzes.

4. Dreisatz

In jedem Dreisatz wird nur eine Spalte mit der letzten Spalte betrachtet.

und so weiter

Für jeden Dreisatz wird das Verhältnis ermittelt (gerader oder ungerader Dreisatz).

1 Angebot Gemüsehändler

3 Fräsen von Getriebegehäusen

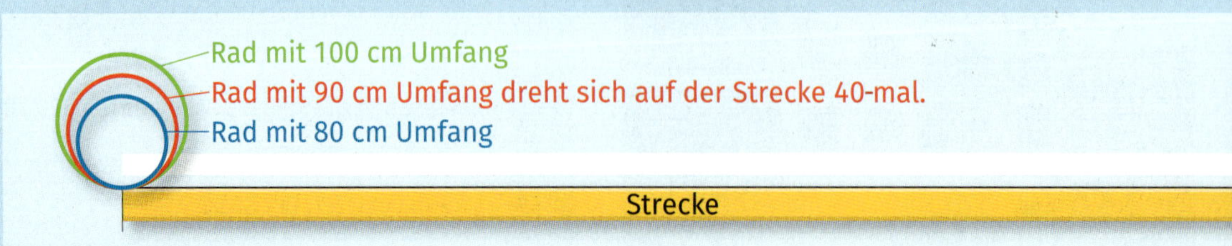

2 Umdrehungen von Rädern

5.3 Anwenden des Dreisatzes

1. Bei einer Durchschnittsgeschwindigkeit von 90 km/h wird nach 40 Minuten Autofahrt das Ziel erreicht.

a) Wie lange dauert die Fahrt bei einer durchschnittlichen Geschwindigkeit von 80 km/h?

b) Wie lange dauert die Fahrt bei einer durchschnittlichen Geschwindigkeit von 100 km/h?

2. Für 4 Personen werden laut Rezept 800 g Fleisch, 1000 g Kartoffeln und 750 g Gemüse benötigt.

a) Welche Mengen werden für 10 Personen benötigt?

b) Welche Mengen werden für 5 Personen benötigt?

3. Ein Gemüsehändler bietet Preisnachlass bei der Abnahme von größeren Mengen 1. Wie viel lässt sich gegenüber dem Preis für 1 kg sparen?

4. Ein Rad hat einen Umfang von 90 cm. Es dreht sich auf einer bestimmten Strecke 40-mal 2.

a) Wie oft dreht sich ein Rad mit einem Umfang von 80 cm?

b) Wie oft dreht sich ein Rad mit einem Umfang von 100 cm?

5. Eine bestimmte Anzahl Arbeiter benötigt für 3 verschiedene Arbeiten unterschiedlich viel Zeit. Vervollständigen Sie die Tabelle.

Benötigte Zeit / Anzahl Arbeiter	Arbeit 1	Arbeit 2	Arbeit 3
1	?	?	?
2	4 Std.	?	?
5	?	2,4 Std.	?
8	?		2,5 Std.

6. 100 g Aufschnitt kosten 1,20 €.

a) Wie viel kosten 180 g Aufschnitt?

b) Wie viel Aufschnitt erhält man für 3 €?

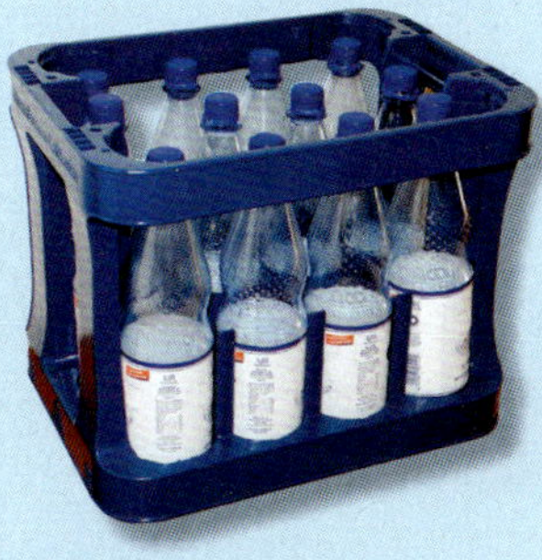

4 Mineralwasserkasten

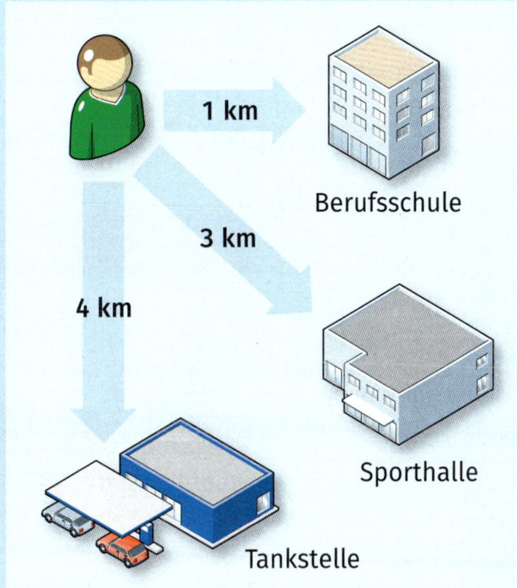

5 Strecken eines Berufsschülers

7. In einer Metallwerkstatt werden Getriebegehäuse gefräst 3.
Mit 4 Fräsmaschinen werden in 5 Tagen 2500 Gehäuse bearbeitet.

a) Wie viele Gehäuse werden auf 6 Maschinen in 8 Tagen bearbeitet?
b) Wie viele Gehäuse werden auf 2 Maschinen in 3 Tagen bearbeitet?

8. Bei einem Verbrauch von 1,5 Flaschen am Tag reicht eine Kiste Wasser 8 Tage 4.
Wie lange reicht sie bei einem täglichen Verbrauch von 2 Flaschen?

9. Eine 4-köpfige Familie verbraucht in 10 Tagen eine Flasche Shampoo mit einem Inhalt von 200 ml.

a) Wie lange reicht eine Flasche mit einem Inhalt von 300 ml einer 5-köpfigen Familie?
b) Wie lange reicht eine Flasche mit einem Inhalt von 150 ml für 2 Personen?
c) Wie lange reicht eine Flasche mit 300 ml Inhalt einer 5-köpfigen Familie, wenn sie durch häufigeres Waschen die doppelte Menge verbraucht?

10. Mit einem Motorroller wird im Monat eine Gesamtstrecke von 400 km gefahren. Der Roller verbraucht 3 l je 100 km. Für die Fahrten entstehen im Monat 21,00 € Kraftstoffkosten. Wie viel betragen die monatlichen Kraftstoffkosten, wenn 500 km gefahren werden und der Motorroller 3,6 l je 100 km verbraucht?

11. Ein Berufsschüler legt verschiedene Strecken zurück 5. Zu Fuß benötigt er 12 min zur 1 km entfernten Berufsschule.

a) Wie lange braucht er mit dem Fahrrad bis zur 3 km entfernten Sporthalle, wenn seine Geschwindigkeit doppelt so hoch wie zu Fuß ist?
b) Wie viel Zeit benötigt er bis zur 4 km entfernten Tankstelle, wenn er mit seinem Motorroller fünfmal so schnell wie zu Fuß ist?

12. Formulieren Sie weitere Aufgaben für den

a) geraden Dreisatz,
b) ungeraden Dreisatz und
c) zusammengesetzten Dreisatz.

ZUSAMMENFASSUNG DREISATZ

Einfacher Dreisatz

möglich über

Lösung in drei Sätzen | Kurzform | Zuordnungstabelle

Gesuchte Größe steht rechts.
Gleiche Größen stehen untereinander.

gerader Dreisatz		ungerader Dreisatz	
• je mehr, desto mehr	↑ ↑	• je mehr, desto weniger	↑ ↓
• je weniger, desto weniger	↓ ↓	• je weniger, desto mehr	↓ ↑

Zusammengesetzter Dreisatz

geg.: Einheit 1 – Einheit 2 – Einheit 3 – ... – Einheit x
ges.: Einheit 1 – Einheit 2 – Einheit 3 – ... – gesuchte Größe x

↓

1. Dreisatz

↓

2. Dreisatz

↓

3. Dreisatz

↓

4. Dreisatz

↓

und so weiter

Gegebene und gesuchte Größen so auf-listen, dass die gesuchte Größe rechts und gleiche Größen untereinander stehen.

Für jede Größe wird ein Dreisatz berechnet.

Jeder folgende Dreisatz beginnt mit der letzten Zeile des vorherigen Dreisatzes.

In jedem Dreisatz wird nur eine Spalte mit der letzten Spalte betrachtet.

Für jeden Dreisatz wird das Verhältnis ermittelt (gerader oder ungerader Dreisatz).

Rechnen mit Prozenten 6

6.1 Erkennen der Größen

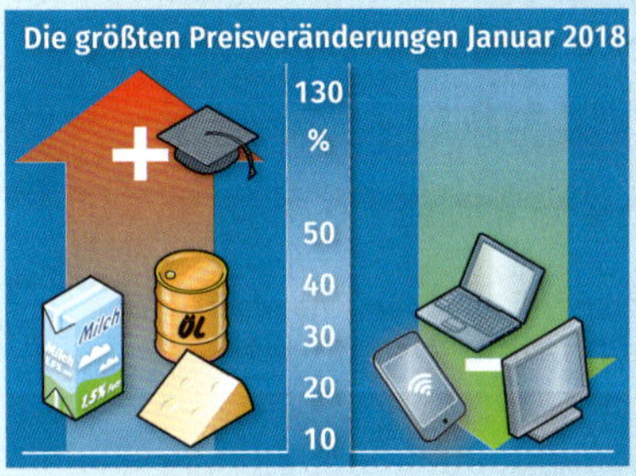

Die Größe von Anteilen ermitteln. Mit Prozentrechnen ist das kein Problem.

6.2 Berechnen der Größen

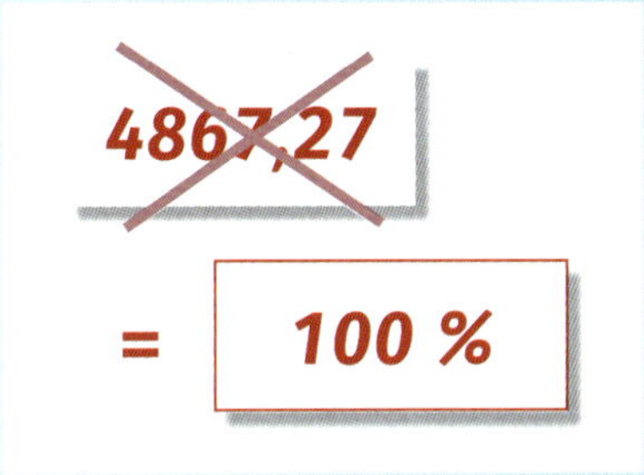

Manche Zahlen sind unübersichtlich. Prozentrechnen arbeitet mit einem Trick.

6.3 Arbeiten mit Diagrammen

Noch anschaulicher wird es durch grafische Darstellungen.

6.4 Anwenden der Prozentrechnung

Prozentrechnen im Alltag: Anteile lassen sich schnell berechnen und Angebote sind leicht durchschaubar.

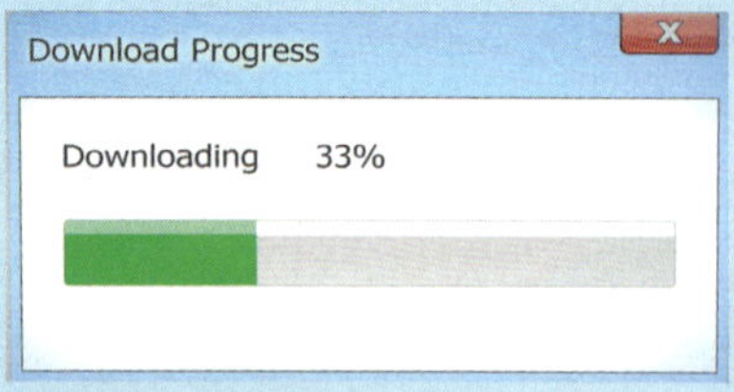

1 Downloadbalken

2 Fettgehalt in Milch

3 Sonderangebote

„Prozent" heißt „pro 100" oder „Hundertstel".
Symbol: %

4 Bedeutung „Prozent"

Ein Anteil einer Menge wird gern in Prozent ausgedrückt. Das kann der Teil einer Datenmenge sein, die schon heruntergeladen wurde 1, der Fettgehalt in der Milch 2 oder die Höhe einer Preisermäßigung 3.

Beim Berechnen von Prozenten wird immer ein Anteil einer Menge im Verhältnis zu der gesamten Menge betrachtet.

Das Besondere dabei ist, dass so getan wird, als sei das Ganze genau 100. Egal, ob 4,3 MB, 1 Liter oder 30 €, die Gesamtmenge wird einfach gleich 100 gesetzt 4.

Dadurch lässt sich das Verhältnis eines Anteils zur Gesamtmenge gut verdeutlichen. Das gilt vor allem, wenn dies durch einen Balken oder eine Grafik noch zusätzlich veranschaulicht wird 1. Sind 58 Prozent der Daten runtergeladen, fehlen noch 42 Prozent, um die Gesamtmenge komplett zu machen. Über die Hälfte wurde schon erreicht, deshalb hat auch der Balken etwas mehr als die Hälfte der Gesamtlänge überschritten.

6.1 Erkennen der Größen

Grundwert

Der **Grundwert** ist der Wert des Ganzen. Er bezeichnet eine Gesamtmenge, von der später ein bestimmter Anteil betrachtet werden soll. Der Grundwert wird abgekürzt mit den Buchstaben *Gw*.

Kostet eine Jacke regulär 30 € 5, beträgt der Grundwert 30 € oder kurz:

$Gw = 30$ €

Dieser Grundwert wird immer gleich 100 Prozent gesetzt, egal wie groß er tatsächlich ist. Zum Kennzeichnen wird das Prozentzeichen % verwendet:

30 € ≙ 100 %

Die gesamte Menge, ausgedrückt als Wert, heißt Grundwert und wird bezeichnet mit *Gw*.

5 Angebot Jeansjacke

6 Preisermäßigung als Prozentsatz

7 Preisermäßigung als Prozentwert

Prozentsatz

Die zweite Größe beim Prozentrechnen ist der **Prozentsatz**. Er gibt die Größe des Anteils in Prozent an und wird gekennzeichnet mit den Buchstaben *ps*.

Wird ein Preis um 20 % ermäßigt 6 , so beträgt der Prozentsatz 20 % oder kurz:

ps = 20 %

Der Prozentsatz darf nicht mit dem tatsächlichen Wert verwechselt werden, denn er verdeutlicht nur das Verhältnis des Anteils zur Gesamtmenge. Beträgt die Gesamtmenge 100 %, dann beträgt der Anteil 20 %.

Um zu verdeutlichen, dass es sich um einen prozentualen Anteil handelt, wird das Prozentzeichen % verwendet.

Die Größe des Anteils, ausgedrückt in Prozent, heißt Prozentsatz und wird bezeichnet mit *ps*.

Prozentwert

Die letzte Größe beim Prozentrechnen ist der **Prozentwert**. Wie der Prozentsatz gibt er die Größe des Anteils an, allerdings nicht in Prozent, sondern als Wert. Er wird gekennzeichnet mit den Buchstaben *Pw*.

Entspricht die Preisermäßigung von 20 % dem Wert 6 € 7 , so beträgt der Prozentwert 6 € oder kurz:

Pw = 6 €

Der Prozentwert darf nicht mit dem Prozentsatz verwechselt werden, denn er beschreibt den tatsächlichen Wert des Anteils. Dieser Wert hat dieselbe Einheit wie der Grundwert *Gw*. Steht bei dem Grundwert die Einheit €, dann muss beim Prozentwert *Pw* auch die Einheit € stehen.

Die Größe des Anteils, ausgedrückt als Wert, heißt Prozentwert und wird bezeichnet mit *Pw*.

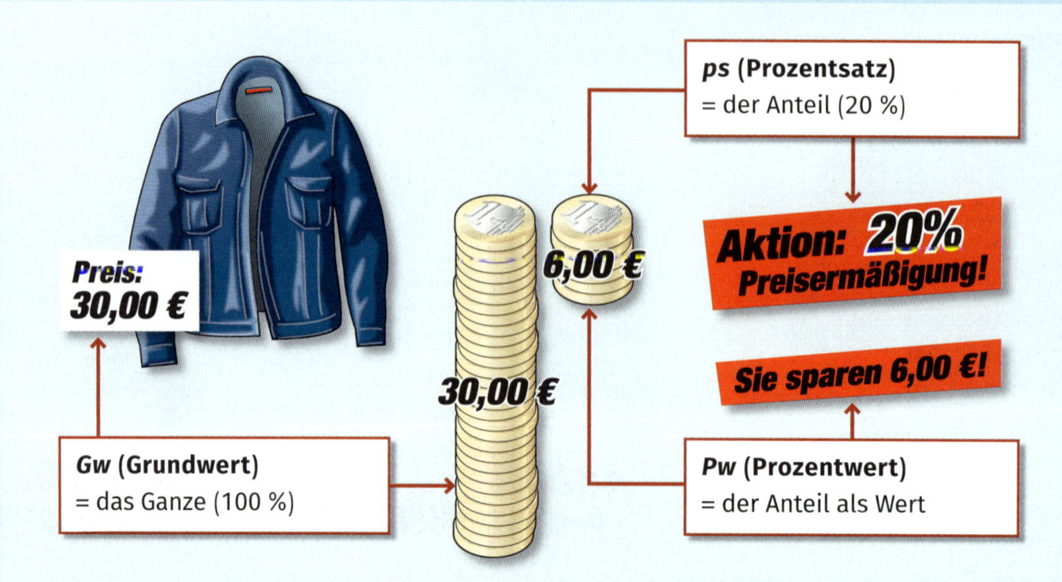

1 Größen beim Prozentrechnen

2 Angebot

AUFGABE

1. Beschreiben Sie die einzelnen Größen beim Prozentrechnen und geben Sie dazu ein Beispiel.
2. Ermitteln Sie im Angebot 2 die Größen *Gw*, *ps* und *Pw*.
3. Was bedeutet der Ausdruck „Prozent“?
4. Beim Prozentrechnen wird eine Menge einfach gleich 100 gesetzt. Welche Vorteile hat das?
5. Erklären Sie die Bedeutung des Ausdrucks „fifty-fifty“.

ZUSAMMENFASSUNG

Größen beim Prozentrechnen 1

Gw = Grundwert = die gesamte Menge (100 %), ausgedrückt als Wert
ps = Prozentsatz = die Größe des Anteils, ausgedrückt in Prozent
Pw = Prozentwert = die Größe des Anteils, ausgedrückt als Wert

Berechnung mit Formeln

$$Pw = \frac{Gw \cdot ps}{100\ \%}$$

$$ps = \frac{Pw \cdot 100\ \%}{Gw}$$

$$Gw = \frac{Pw \cdot 100\ \%}{ps}$$

3 **Formeln**

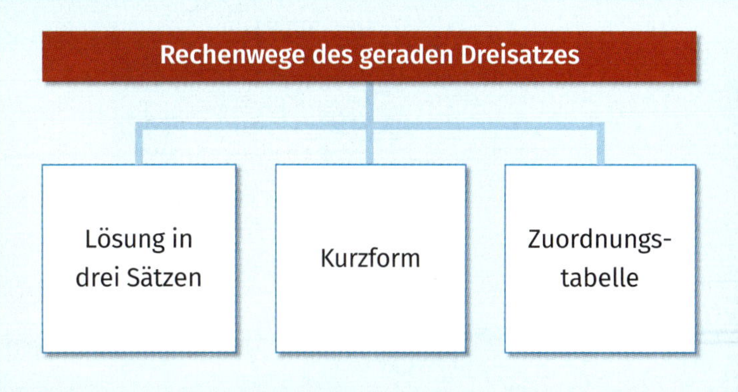

4 **Rechenwege**

6.2 Berechnen der Größen

Die Größen des Prozentrechnens können durch die Anwendung von Formeln 3 ermittelt werden.

Die Formel zum Berechnen des Prozentwertes lautet:

$$Pw = \frac{Gw \cdot ps}{100\ \%}$$

Um die beiden anderen Größen zu erhalten, wird die Formel umgestellt.

$$ps = \frac{Pw \cdot 100\ \%}{Gw}$$

$$Gw = \frac{Pw \cdot 100\ \%}{ps}$$

Für die Berechnung der Größen des Prozentrechnens auf diese Weise muss die Anwendung und Umstellung von Formeln beherrscht werden.

Prozentaufgaben können auch auf eine andere Art gerechnet werden.

Da sie besondere Anwendungen des geraden Dreisatzes sind, können statt Formeln auch die Rechenwege des geraden Dreisatzes angewendet werden 4 :

- Lösung in drei Sätzen,
- Kurzform,
- Zuordnungstabelle.

Die Größen verhalten sich immer nach folgendem Prinzip:

- je mehr, desto mehr ↑↑,
- je weniger, desto weniger ↓↓.

Aus diesem Grund kommt beim Prozentrechnen immer der gerade Dreisatz zur Anwendung und niemals der ungerade.

Die Größen des Prozentrechnens können mit Formeln oder mit den Rechenwegen des geraden Dreisatzes ermittelt werden.

1 Arbeitsentgelterhöhung

Berechnung des Prozentwertes

Das Arbeitsentgelt eines Angestellten beträgt 1200 €. Es wird um 2,8 % erhöht 1 . Welchem Prozentwert entspricht diese Erhöhung?

Lösen mit dem geraden Dreisatz:

Lösung in drei Sätzen:

	100 %	≙	1200,00 €	
:100				:100
	1 %	≙	12,00 €	
· 2,8				· 2,8
	2,8 %	≙	<u>33,60 €</u>	

Kurzform:

geg.: 100 % ≙ 1200,00 €

ges.: 2,8 % ≙ x €

$$\text{Rechnung: } x = \frac{2{,}8\ \% \cdot 1200{,}00\ €}{100\ \%}$$

$$x = \underline{\underline{33{,}60\ €}}$$

Zuordnungstabelle:

Arbeitsentgelt in %	in €
100	1200,00
1	1200,00 : 100 = 12,00
2,8	12,00 · 2,8 = 33,60

Antwort: Bei einem Arbeitsentgelt von 1200 € entspricht eine Erhöhung um 2,8 % dem Wert von 33,60 €. Das neue Arbeitsentgelt beträgt also 1233,60 €.

AUFGABE

1. Wie viel Euro hätte bei demselben Arbeitsentgelt eine Erhöhung um 5,6 % ausgemacht?

2. Wie viel Euro beträgt eine Erhöhung von 2,8 % für einen Angestellten, der bisher 600 € verdient hat?

3. Wie hoch ist das neue Arbeitsentgelt bei einer Erhöhung um 3,2 %, wenn es bisher 1100 € betrug?

2 Mieterhöhung

Berechnung des Prozentsatzes

Die Miete für eine Wohnung beträgt 400 €. Sie wird um 14 € erhöht 2. Welchem Prozentsatz entspricht diese Erhöhung?

Die gesuchte Größe (%) steht rechts.

Lösung in drei Sätzen:

:400	400,00 €	≙	100 %	:400
· 14	1,00 €	≙	0,25 %	· 14
	14,00 €	≙	3,5 %	

Kurzform:

geg.: 400,00 € ≙ 100 %

ges.: 14,00 € ≙ x %

Rechnung: $x = \frac{14{,}00\ € \cdot 100\ \%}{400{,}00\ €}$

$x = \underline{\underline{3{,}5\ \%}}$

Zuordnungstabelle:

Miete in €	Miete in %
400,00	100
1,00	100 : 400,00 = 0,25
14,00	0,25 · 14,00 = 3,5

Antwort: Bei einer Miete von 400 € entspricht eine Erhöhung um 14 € einem Prozentsatz von 3,5 %.

AUFGABE

1. Welchem Prozentsatz entspricht bei derselben Miete eine Erhöhung um 28 €?
2. Welchem Prozentsatz entspricht eine Erhöhung um 14 € bei einer bisherigen Miete von 800 €?
3. Die bisherige Miete beträgt 500 € und wird auf 479 € gesenkt. Welchem Prozentsatz entspricht die Senkung?

1 Reifendruck und Benzinverbrauch

Berechnung des Grundwertes

Falscher Reifendruck kann den Benzinverbrauch um bis zu 10 % erhöhen 1 . Das entspricht ½ l auf 100 km. Wie hoch ist der Verbrauch auf 100 km bei korrektem Luftdruck?

Lösung in drei Sätzen:

: 10	10 %	≙	0,5 l	: 10
·100	1 %	≙	0,05 l	·100
	100 %	≙	5 l	

Kurzform:

geg.: 10 % ≙ 0,5 l

ges.: 100 % ≙ x l

Rechnung: $x = \frac{100\,\% \cdot 0{,}5\,l}{10\,\%}$

$x = \underline{\underline{5\,l}}$

Zuordnungstabelle:

Spritverbrauch in %	in l
10	0,5
1	0,5 : 10 = 0,05
100	0,05 · 100 = 5

Antwort: Wenn 10 % ½ l auf 100 km entsprechen, wird von einem Durchschnittsverbrauch von 5 l auf 100 km ausgegangen.

AUFGABE

1. Wie hoch wäre der Durchschnittsverbrauch, wenn 10 % 0,4 Litern entsprächen?
2. Wie hoch wäre der Durchschnittsverbrauch, wenn 20 % 0,4 Litern entsprächen?
3. Durch ein Loch im Tank hat ein Motorrad 5 % seines Benzins verloren. Es waren 0,6 Liter.

2 Praktikum

3 Jogging-Strecke

AUFGABE

1. Ergänzen Sie folgende Tabelle:

	Gw	*ps*	*Pw*
a)	1500 €	60 %	?
b)	24 Pers.	?	6 Pers.
c)	?	8 %	2,4 l
d)	48 kg	15 %	?
e)	8 h	?	1,5 h
f)	?	45 %	2475 g

2. Eine Schülerin macht ein 5-tägiges Praktikum 2 . 2 Tage arbeitet sie in der Küche, 3 Tage im Service. Wie war die prozentuale Verteilung der Arbeit im Praktikum?

3. Ein Sportler joggte täglich 4,5 km durch den Wald 3 . Jetzt möchte er sich um 20 % steigern. Wie lang muss die neue Strecke sein?

ZUSAMMENFASSUNG

Berechnung der Größen beim Prozentrechnen

Berechnung mit Formeln

$Pw = \frac{Gw \cdot ps}{100\ \%}$

$ps = \frac{Pw \cdot 100\ \%}{Gw}$

$Gw = \frac{Pw \cdot 100\ \%}{ps}$

Rechenwege des geraden Dreisatzes

- Lösung in drei Sätzen
- Kurzform
- Zuordnungstabelle

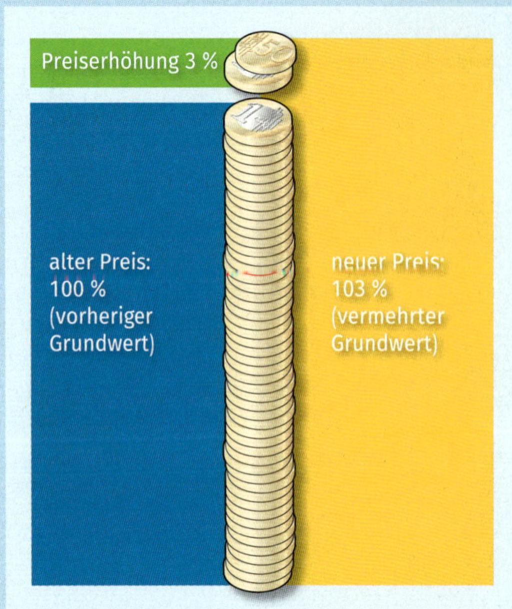

1 **Vorheriger und vermehrter Grundwert**

2 **Preis und Mehrwertsteuer**

Vermehrter Grundwert

Wurde zu einem Grundwert etwas hinzugefügt, beträgt er nicht mehr 100 %, sondern er wurde vermehrt. Der **vermehrte Grundwert** entspricht dann 100 % plus die Erhöhung 1.

Vermehrter Gw = 100 % + Erhöhung

Ein Händler muss den Verkaufspreis um die Mehrwertsteuer von 19 % erhöhen 2.
Ein Artikel kostet mit Mehrwertsteuer 5,95 €.
Wie hoch wäre der Preis ohne die Steuer?

Mit den Methoden des einfachen Dreisatzes kann der vorherige Grundwert ermittelt werden.

Lösung in drei Sätzen:

	119 %	≙	5,95 €	
:119				:119
	1 %	≙	0,05 €	
·100				·100
	100 %	≙	<u>5,00 €</u>	

Kurzform:

geg.: 119 % ≙ 5,95 €

ges.: 100 % ≙ x €

Rechnung: $x = \frac{100\,\% \cdot 5{,}95\,€}{119\,\%}$

$x = \underline{\underline{5{,}00\,€}}$

Zuordnungstabelle:

Preis in %	Preis in €
119	5,95
1	5,95 : 119 = 0,05
100	0,05 · 100 = 5,00

Antwort: Ohne Mehrwertsteuer würde der Artikel 5 € kosten.

3 **Vorheriger und verminderter Grundwert**

Verminderter Grundwert

Wurde von einem Grundwert etwas abgezogen, beträgt er nicht mehr 100 %, sondern er wurde vermindert. Der **verminderte Grundwert** entspricht dann 100 % minus Abzug 3 .

Verminderter Gw = 100 % – Abzug

Ein Kaufhaus gewährt seinen Angestellten einen Rabatt in Höhe von 10 % . Eine Kaffeemaschine kostet für Mitarbeiter 27 €. Da der Rabatt von dem vorherigen Grundwert abgezogen wurde, entspricht der Grundwert jetzt nicht mehr 100 %, sondern 90 %.

Mit den Methoden des Dreisatzes kann der vorherige Grundwert ermittelt werden:

Lösung in drei Sätzen:

	90 %	≙	27,00 €	
:90				:90
	1 %	≙	0,30 €	
·100				·100
	100 %	≙	30,00 €	

AUFGABE

1. Ein Brot kostet mit Mehrwertsteuer 2,14 €. Wie viel würde es ohne die Steuer kosten? (Mehrwertsteuer bei Lebensmitteln: 7 %)
2. Nach einem Preisnachlass von 3 % kostet ein Fernsehgerät noch 289,06 €. Wie hoch war der ursprüngliche Preis und wie hoch ist der Preisnachlass in Euro?
3. Nach einer Erhöhung von 4,5 % beträgt die Miete 355,30 €. Wie hoch war die Miete früher?
4. Ein MP3-Player kostet mit 19 % Mehrwertsteuer 29,75 €. Wie hoch ist die Mehrwertsteuer?
5. Nach einer Gehaltskürzung in Höhe von 5 % verdient ein Angestellter noch 1330 €. Wie hoch war sein Verdienst vor der Kürzung?

Kurzform:

geg.: 90 % ≙ 27,00 €

ges.: 100 % ≙ x €

Rechnung: $x = \frac{100\,\% \cdot 27{,}00\,€}{90\,\%}$

$x = \underline{\underline{30{,}00\,€}}$

Zuordnungstabelle:

Preis in %	in €
90	27,00
1	27,00 : 90 = 0,30
100	0,30 · 100 = 30,00

Antwort: Die Maschine würde 30 € kosten.

„Promille“ heißt
„pro 1000“ oder „Tausendstel“.
Symbol: ‰

1 Bedeutung „Promille“

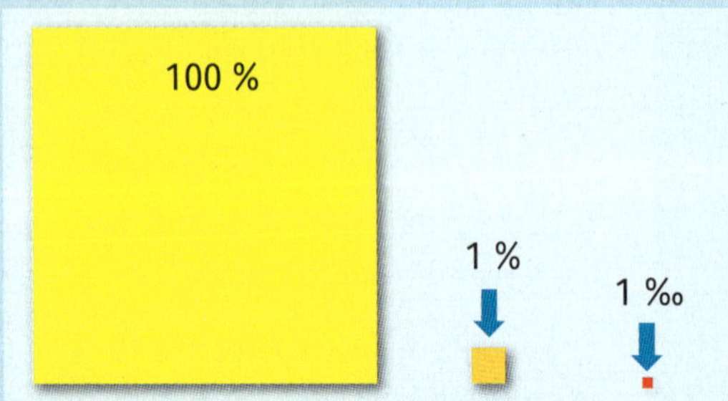

2 Grafische Darstellung 1 Prozent und 1 Promille

3 Alkohol und Straßenverkehr

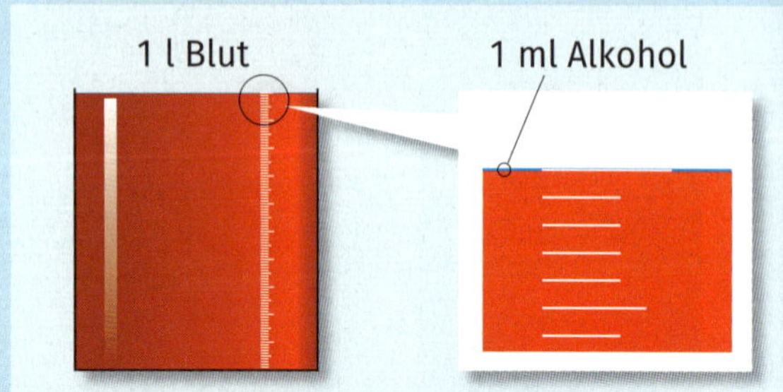

4 Alkoholkonzentration im Blut

Rechnen mit Promille

Statt in Prozent kann der Anteil einer Menge auch in **Promille** ausgedrückt werden. In diesem Fall wird so getan, als sei das Ganze nicht 100, sondern 1000 1 .

Beim Promillerechnen wird der Grundwert gleich 1000 gesetzt.

Da nun nicht Hundertstel, sondern Tausendstel betrachtet werden, lässt sich speziell das Verhältnis eines sehr kleinen Anteils zu einer Gesamtmenge gut verdeutlichen 2 .

Außer dem Unterschied, dass der Grundwert 1000 statt 100 beträgt, stimmen Promillerechnen und Prozentrechnen überein (Tab. 1).

Alle Rechenwege des Prozentrechnens lassen sich prinzipiell auf das Promillerechnen übertragen.

Am häufigsten angewendet wird das Promillerechnen wohl im Zusammenhang mit Alkohol im Straßenverkehr 3 . Dabei wird die Blutalkoholkonzentration, also die Menge von Alkohol, die ins Blut gelangt ist, als Grundlage für Fahrtüchtigkeit herangezogen 4 .

Tab. 1: Vergleich Prozentrechnen – Promillerechnen

	Prozentrechnen	Promillerechnen
Zeichen	%	‰
Gw	Grundwert entspricht 100 %	Grundwert entspricht 1000 ‰
ps	Prozentsatz	Promillesatz
Pw	Prozentwert	Promillewert

5 **Schadenshäufigkeit bei Unfällen**

AUFGABE

1. Versicherungen berechnen die Schadenshäufigkeit 5 oft in Promille. Wie hoch ist der Promillesatz, wenn von 20 000 versicherten Personen 50 einen Unfall erleiden?
2. Wie viele Unfälle wären es, wenn von 20 000 versicherten Personen 3 ‰ ein Unfall geschieht?
3. Wie viele Personen sind 3 ‰ von 30 000 Menschen?
4. Wie verhalten sich Prozent und Promille zueinander?
5. Welchem Prozentsatz entspricht der Promillesatz 0,8 ‰?
6. Welchem Promillesatz entspricht der Prozentsatz 10 %?

Bei einem Menschen, der insgesamt 5 l = 5000 ml Blut besitzt, wird ein Blut-Alkoholgehalt von 0,8 ‰ festgestellt. Wie viel ml Alkohol befindet sich in seinem Blut?

Lösung in drei Sätzen:

	1000 ‰	≙	5000 ml	
:1000	1 ‰	≙	5 ml	:1000
· 0,8	0,8 ‰	≙	<u>4 ml</u>	· 0,8

Zuordnungstabelle:

Alkoholmenge

in ‰	in ml
1000	5000
1	5000 : 1000 = 5
0,8	5 · 0,8 = 4

Kurzform:

geg.: 1000 ‰ ≙ 5000 ml

ges.: 0,8 ‰ ≙ x ml

Rechnung: $x = \frac{0{,}8\text{ ‰} \cdot 5000\text{ ml}}{1000\text{ ‰}}$

$x = \underline{\underline{4\text{ ml}}}$

Antwort: Bei einer Blutmenge von 5000 ml entsprechen 0,8 ‰ der Menge von 4 ml.

→ **ZUSAMMENFASSUNG**

Rechnen mit Promille ‰:
- Grundwert *Gw* ≙ 1000 ‰
- Rechenwege wie beim Prozentrechnen

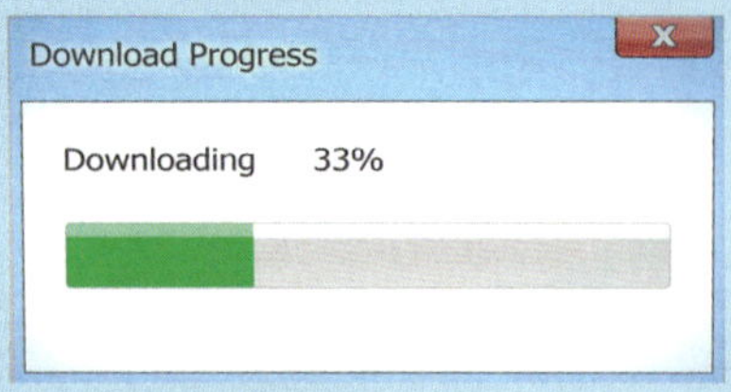

1 **Downloadbalken**

2 **Schüler mit Handys**

Balkendiagramme sind leicht anzufertigen:

1. Ein günstiges Maß für die höchste Größe wählen.

60 % ≙ 6 cm

2. Weitere Größen entsprechend zeichnen.

40 % ≙ 4 cm

3 **Balkendiagramm**

6.3 Arbeiten mit Diagrammen

Prozent- und Promilleangaben eignen sich, um die Verhältnisse von Mengen zu veranschaulichen. Durch **Diagramme**, also grafische Darstellungen, wird es noch deutlicher.

Der Downloadbalken 1 informiert auf einen Blick über den aktuellen Stand der heruntergeladenen oder installierten Datenmenge.

Mehrere Balken verdeutlichen das Verhältnis mehrerer Mengen. So kann beispielsweise dargestellt werden, welcher Anteil Schüler einer Schule Handys mit Vertrag und welcher Anteil Handys ohne Vertrag verwendet 2 :

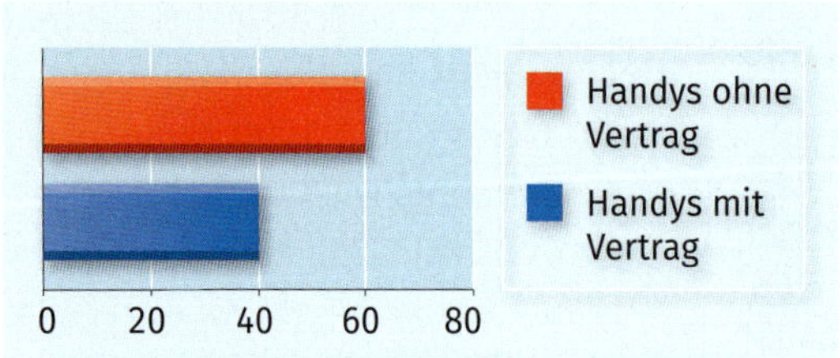

Eine solche Darstellung heißt **Balkendiagramm** 3 .

Werden die Balken senkrecht aufgestellt, erhält man ein **Säulendiagramm**.

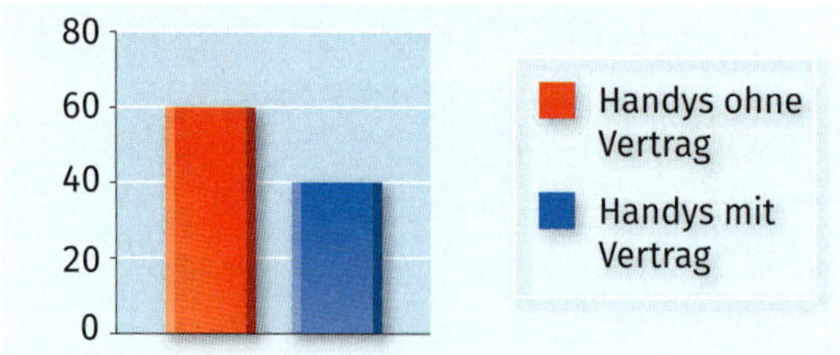

Diese können auch dreidimensional dargestellt sein.

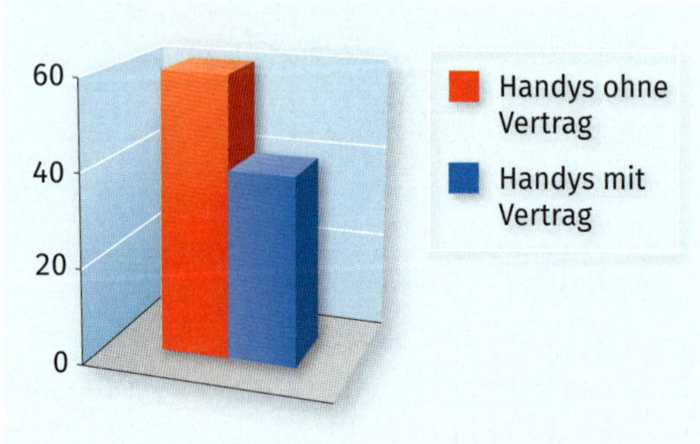

Um ein Kreisdiagramm zu zeichnen, muss der Winkel des Kreisausschnittes berechnet werden.

- Kreis
  ≙ 100 %
  ≙ 360°

- Kreisausschnitt
  ≙ prozentualer
  Anteil von 360°

4 Kreisdiagramm

Prozentsatz	Winkel des Kreisausschnittes
100 %	360 °
1 %	3,6 °
25 %	90 °
50 %	180 °

5 Auszubildende und ihre Ausgaben

AUFGABE

1. Eine Auszubildende gibt ihre Einnahmen folgendermaßen aus 5 :
- Kleidung 20 %,
- Nahrung 30 %,
- Miete 25 %,
- Sonstiges 20 %.

Den Rest zahlt sie auf ein Sparbuch ein. Erstellen Sie ein Balken- und ein Kreisdiagramm der Ausgaben.

2. Nach einem Jahr haben sich die Anteile verändert:
- Kleidung 15 %,
- Nahrung 35 %,
- Miete 40 %,
- Sonstiges 7,5 %.

Den Rest zahlt sie auf ein Sparbuch ein. Erstellen Sie neue Diagramme und vergleichen Sie.

In **Torten- und Kreisdiagrammen** 4 wird die Gesamtmenge als Vollkreis symbolisiert.

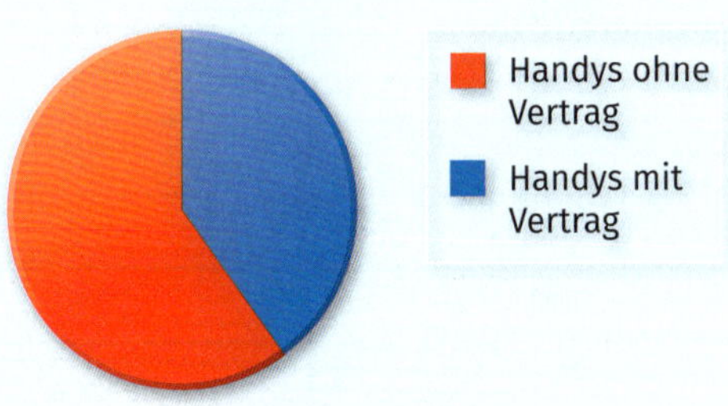

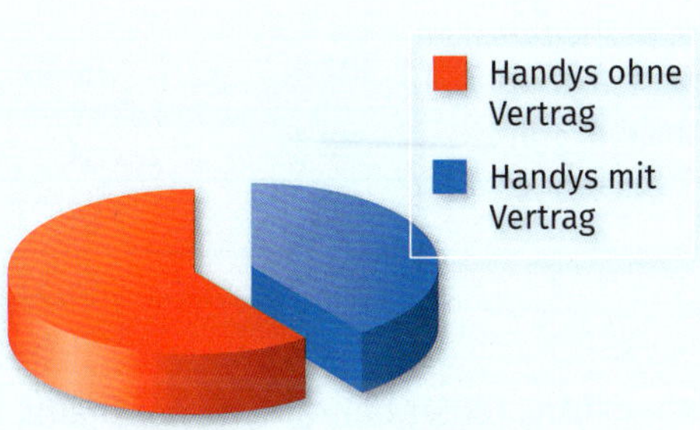

Diagramme sind grafische Darstellungen. Sie können die Verhältnisse von Mengen zueinander verdeutlichen.

→ **ZUSAMMENFASSUNG**

Diagramme
- Balken-, Säulendiagramme
- Kreis-, Tortendiagramme

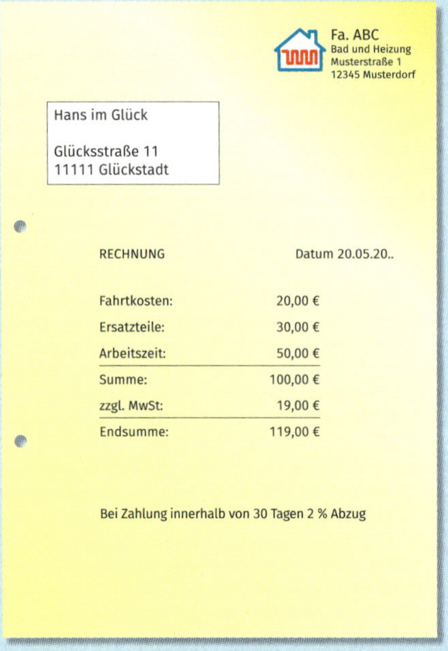
Fa. ABC
Bad und Heizung
Musterstraße 1
12345 Musterdorf

Hans im Glück

Glücksstraße 11
11111 Glückstadt

RECHNUNG Datum 20.05.20..

Fahrtkosten:	20,00 €
Ersatzteile:	30,00 €
Arbeitszeit:	50,00 €
Summe:	100,00 €
zzgl. MwSt:	19,00 €
Endsumme:	119,00 €

Bei Zahlung innerhalb von 30 Tagen 2 % Abzug

1 Handwerker-Rechnung

2 Preis-Reduzierung

6.4 Anwenden der Prozentrechnung

1. Berechnen Sie den Prozentwert.

a) $Gw = 2000$ €, $ps = 3$ %
b) $Gw = 40$ km, $ps = 25$ %
c) $Gw = 250$ Tage, $ps = 110$ %
d) $Gw = 800$ Jugendliche, $ps = 41$ %
e) $Gw = 68$ kg, $ps = 5{,}5$ %

2. Berechnen Sie den Prozentsatz.

a) $Gw = 1500$ €, $Pw = 30$ €
b) $Gw = 140$ mm, $Pw = 42$ mm
c) $Gw = 1{,}5$ t, $Pw = 2{,}1$ t
d) $Gw = 90\ m^2$, $Pw = 67{,}5\ m^2$
e) $Gw = 640$ g, $Pw = 72$ g

3. Berechnen Sie den Grundwert.

a) $Pw = 12$ Personen, $ps = 15$ %
b) $Pw = 1640$ €, $ps = 102{,}5$ %
c) $Pw = 2{,}1$ l, $ps = 6$ %
d) $Pw = 500$ Autos, $ps = 1{,}6$ %
e) $Pw = 4$ Monate, $ps = 12{,}5$ %

4. Ergänzen Sie die gesuchten Größen:

	Gw	*ps*	*Pw*
a)	800	7,2 %	?
b)	600	?	75
c)	?	55 %	88
d)	1400	132,6 %	?
e)	900	?	288
f)	?	3,5 %	52,5
g)	32	37,5 %	?
h)	55	?	49,5
i)	?	107 %	89,88
j)	2200	62 %	?
k)	140	?	154
l)	?	78 %	18,33

5. Eine Firma bietet bei Zahlung innerhalb von 30 Tagen einen Abzug von 2 % an 1.

a) Wie viel darf von der Rechnung abgezogen werden, wenn rechtzeitig bezahlt wird?
b) Wie hoch ist dann der Betrag, der bezahlt werden muss?

3 Konfitüre mit 70 % Fruchtanteil

4 Metallstange

5 Schälen von Kartoffeln

6. Eine Klasse mit 16 Berufsschülern stimmt über die Abschlussfeier ab:
- 7 wollen eine Grillparty feiern,
- 5 sind für einen Ausflug,
- 4 möchten in eine Pizzeria.

a) Berechnen Sie die Prozentsätze.
b) Erstellen Sie ein Kreisdiagramm.

7. Ein Elektronik-Geschäft bietet Artikel an, die teilweise bis zu 80 % reduziert sind 2.
a) Wie viel kostet ein Monitor, der um 80 % reduziert wurde und zuvor 499 € gekostet hat?
b) Ein um 70 % reduzierter DVD-Spieler kostet jetzt nur noch 26,70 €. Wie hoch war der Preis vor der Reduzierung?

8. Auf einem Glas mit 250 g Konfitüre steht „Fruchtanteil 70 %" 3.
Wie viel Gramm beträgt der Fruchtanteil im Glas?

9. Nach einer Tariferhöhung von 1,9 % verdient eine Angestellte 1446,98 €. Wie hoch war ihr Einkommen davor?

10. Eine Umfrage zur Art der Anreise von 300 Berufsschülern ergab:
- 96 kommen mit dem Omnibus,
- 81 kommen mit dem Fahrrad,
- 75 kommen mit dem Motorroller,
- 39 kommen zu Fuß,
- 9 kommen mit dem Auto.

Berechnen Sie die Prozentsätze und erstellen Sie ein Säulendiagramm.

11. Metalle werden beim Erwärmen länger, beim Abkühlen kürzer 4. Eine 950 mm lange Metallstange verkürzt sich beim Abkühlen um 4 ‰.
Wie viel mm sind das?

12. Eine Großküche möchte Kartoffeln kaufen. Beim Schälen gehen ungefähr 20 % verloren 5.
a) Wie viel kg Kartoffeln müssen eingelagert werden, wenn 340 kg für die Zubereitung übrig bleiben sollen?
b) Im letzten Jahr wurden 420 kg Kartoffeln gekauft. Wie viel kg verzehrfertige Kartoffeln konnten zubereitet werden?

ZUSAMMENFASSUNG PROZENTRECHNEN

Erkennen der Größen

Gw	=	Grundwert	=	die gesamte Menge (100 %), ausgedrückt als Wert
ps	=	Prozentsatz	=	die Größe des Anteils, ausgedrückt in Prozent
Pw	=	Prozentwert	=	die Größe des Anteils, ausgedrückt als Wert

Berechnen der Größen

Gegebene und gesuchte Größen darstellen:

geg.: ...

ges.: ...

↓

Gesuchte Größe nach einem der folgenden Rechenwege ermitteln:

- Formel
- gerader Dreisatz
  - Lösung in drei Sätzen
  - Kurzform
  - Zuordnungstabelle

Vermehrter und verminderter Grundwert

vermehrter Grundwert: 100 % + Erhöhung

verminderter Grundwert: 100 % – Abzug

Rechnen mit Promille ‰

Grundwert *Gw* entspricht 1000 ‰

Rechenwege wie beim Prozentrechnen

Diagramme

- Balken-, Säulendiagramme
- Kreis-, Tortendiagramme

Berechnen von Zinsen 7

7.1 Erkennen der Größen

Sparen wird belohnt, Geld ausleihen kann teuer sein.

7.2 Berechnen der Größen

Zinsen zu berechnen ist nicht schwer. Noch leichter wird es mit der vereinfachten Zinsformel.

7.3 Anwenden der Zinsrechnung

Günstiges Angebot oder Schuldenfalle?

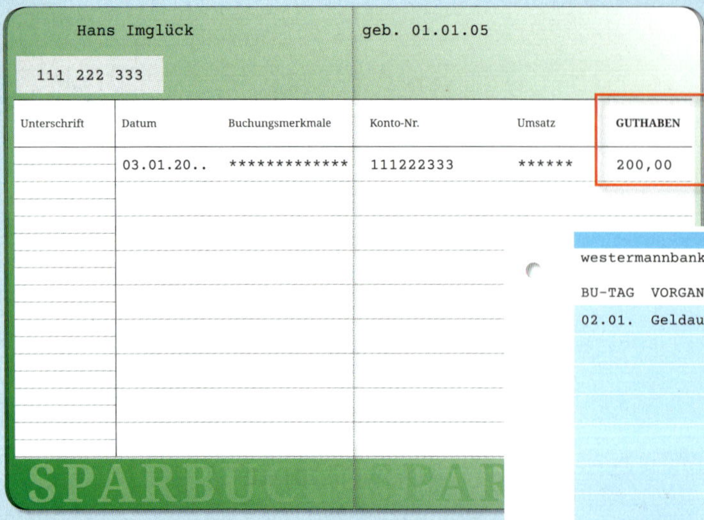

1 **Sparbuch mit Guthaben**

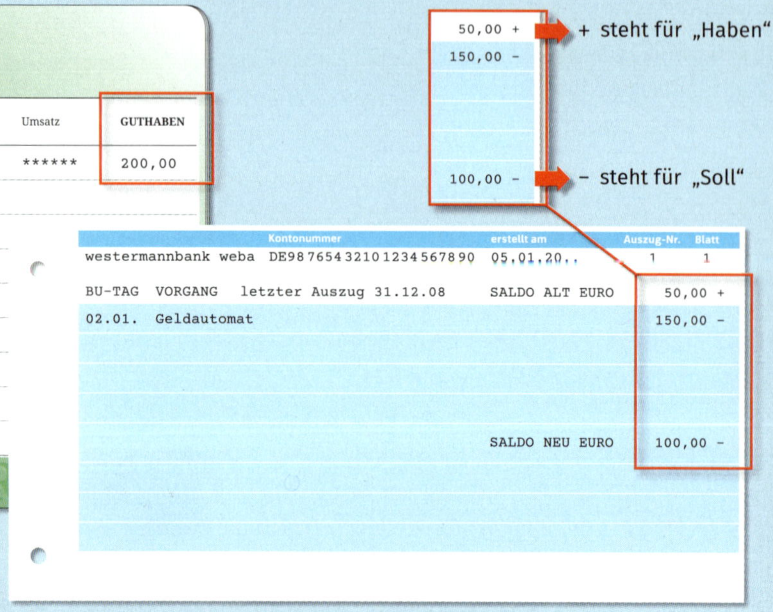

2 **Kontoauszug mit Betrag im Soll**

Geld ausleihen kann richtig teuer sein, besonders bei einer Bank.

Banken verleihen Geld. Sie vergeben Kredite, die in bestimmten Raten zurückgezahlt werden müssen. Auch beim Überziehen des Girokontos leiht die Bank dem Kunden Geld. Dafür verlangt sie Zinsen.

Die Banken leihen sich aber auch selbst Geld aus. Das ist der Fall, wenn ein Kunde Geld auf sein Sparbuch einzahlt, denn dieses Geld steht der Bank für einen gewissen Zeitraum zur Verfügung. Dafür zahlt die Bank dem Kunden Zinsen.

Zinsen, die für einen Kredit an die Bank bezahlt werden müssen, sind höher als Zinsen, die der Kunde von der Bank für sein Sparguthaben erhält.

Wie lassen sich die Zinsen berechnen?
Was zunächst kompliziert erscheint, entpuppt sich als ganz einfach: Es gibt vier Größen und eine Zinsformel.

7.1 Erkennen der Größen

Kapital

Die erste Größe ist das **Kapital**, abgekürzt mit dem Großbuchstaben K.

Befindet sich auf einem Sparbuch ein Guthaben von 200 € 1 , so beträgt das Kapital 200 € oder kurz:

$K = 200$ €

Hat ein Kunde sein Girokonto überzogen, also Schulden bei der Bank, befindet sich sein Kontostand nicht im „**Haben**“, sondern im „**Soll**“. Der Betrag, mit dem das Konto im Soll steht, wird ebenfalls als Kapital bezeichnet.

Wurde das Konto um 100 € überzogen 2 , beträgt das Kapital 100 € oder kurz:

$K = 100$ €

Der Betrag von Haben oder Soll heißt Kapital, bezeichnet mit K.

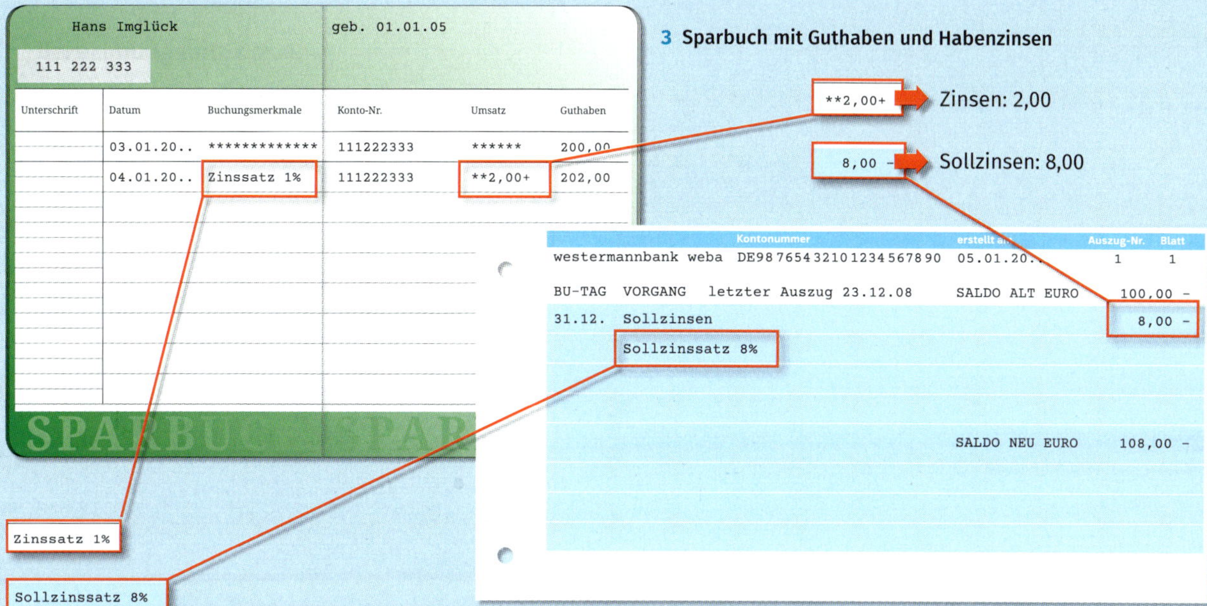

3 **Sparbuch mit Guthaben und Habenzinsen**

4 **Kontoauszug mit Kontostand im Soll und Sollzinsen**

Zinsen

Die zweite Größe beim Zinsrechnen sind die **Zinsen**. Sie sind der Preis für das Entleihen von Geld. Zinsen werden abgekürzt mit dem großen Buchstaben *Z*.

Befindet sich auf einem Sparbuch ein Guthaben, schreibt die Bank dem Eigentümer dafür Zinsen gut. Zinsen für ein Guthaben werden auch „**Habenzinsen**" genannt. Im Beispiel 3 betragen diese Zinsen 2,00 € oder kurz:

$Z = 2{,}00$ €

Wenn ein Konto überzogen wird, belastet die Bank das Konto mit den entsprechenden Zinsen. Zinsen für einen Kontostand im Soll werden auch „**Sollzinsen**" genannt. Diese betragen im Beispiel 4 8,00 € oder kurz:

$Z = 8{,}00$ €

Der Betrag, der für das Entleihen von Kapital anfällt, heißt Zinsen, bezeichnet mit *Z*.

Zinssatz

Eine weitere Größe beim Zinsrechnen ist der **Zinssatz**. Durch ihn wird die Höhe der Zinsen bestimmt. Er ist ein prozentualer Anteil des Kapitals und wird mit dem kleinen Buchstaben *p* gekennzeichnet.

Durch die Zinssätze legen die Banken fest, wie viel sie für ein Guthaben vergüten. Beim Sparbuch des Beispiels 3 sind es 1 % oder kurz:

$p = 1$ %

Wie bereits in der Einleitung erwähnt, sind die Zinsen, die für einen Kredit verlangt werden, höher als die Zinsen, die für ein Sparguthaben vergütet werden. Beim Girokonto des Beispiels 4 sind es 8 % oder kurz:

$p = 8$ %

Der Zinssatz bestimmt die Höhe der Zinsen. Er ist ein Prozentsatz des Kapitals, bezeichnet mit *p*.

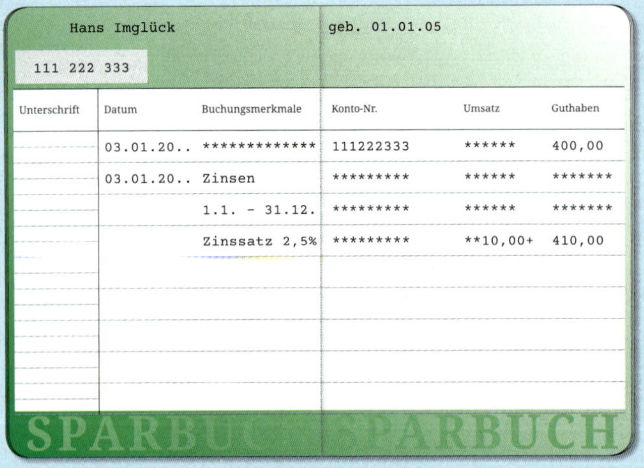

Hans Imglück | geb. 01.01.05

111 222 333

Unterschrift	Datum	Buchungsmerkmale	Konto-Nr.	Umsatz	Guthaben
	03.01.20..	*************	111222333	******	400,00
	03.01.20..	Zinsen	*********	******	*******
		1.1. - 31.12.	*********	******	*******
		Zinssatz 2,5%	*********	**10,00+	410,00

SPARBUCH SPARBUCH

2 Sparbuch

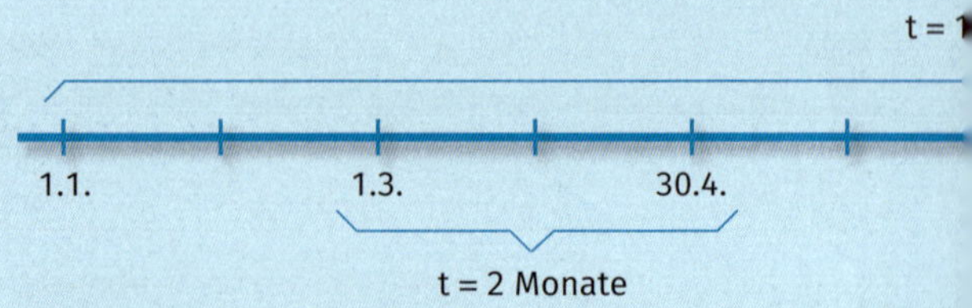

1 Verschiedene Beispiele von Zeiträumen, für die Kapital geliehen werden kann

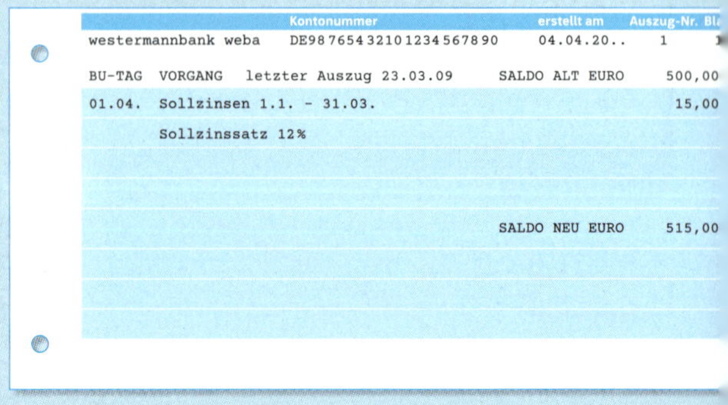

Kontonummer		erstellt am	Auszug-Nr. Bl.
westermannbank weba	DE98 7654 3210 1234 5678 90	04.04.20..	1

BU-TAG	VORGANG		
BU-TAG	VORGANG letzter Auszug 23.03.09	SALDO ALT EURO	500,00
01.04.	Sollzinsen 1.1. - 31.03.		15,00
	Sollzinssatz 12%		
		SALDO NEU EURO	515,00

3 Kontoauszug Girokonto

Zeit

Schließlich spielt die **Zeit** eine Rolle bei der Zinsrechnung. Abgekürzt wird diese Größe mit dem kleinen Buchstaben *t*.

Der Zinssatz *p* bezieht sich auf die Dauer von einem Jahr. Das Kapital kann auch für andere Zeiträume entliehen werden 1. Es können Jahre, Monate oder Tage sein:

t = 1 Jahr   *t* = 15 Tage   *t* = 2 Monate

Die Zeit, für die das Kapital geliehen wird, beeinflusst die Höhe der Zinsen. Diese Größe wird mit *t* bezeichnet.

AUFGABE

1. Beschreiben Sie die einzelnen Größen beim Zinsrechnen und geben Sie dazu Beispiele!
2. Ermitteln Sie aus 2, 3 und 4 die Größen *K*, *Z*, *p* und *t*.
3. Zinsen, die an die Bank für einen Kredit bezahlt werden müssen, sind höher als Zinsen, die der Kunde von der Bank für ein Guthaben erhält. Warum machen die Banken diesen Unterschied?

ZUSAMMENFASSUNG

K = Kapital = Betrag aus Soll oder Haben
Z = Zinsen = Betrag, der für das Entleihen des Kapitals gezahlt wird
p = Zinssatz = Prozentgröße, mit der Zinsen festgelegt werden
t = Zeit = Tage, Monate oder Jahre, die das Kapital geliehen wird

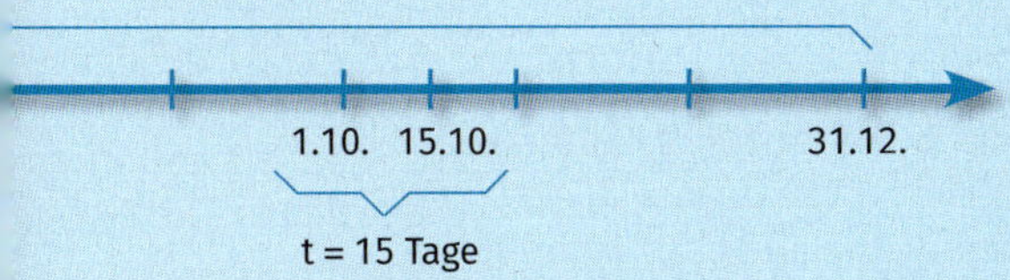

4 Angebot Fahrrad

$$Z = \frac{K \cdot p \cdot t}{100\,\% \cdot 365\ \text{Tage}}$$ Zinsformel

↓

$$Z = \frac{K \cdot p \cdot t}{100\,\% \cdot 360\ \text{Tage}}$$ vereinfachte Zinsformel

Monate statt Tage

$$Z = \frac{K \cdot p \cdot M}{100\,\% \cdot 12\ \text{Monate}}$$ Zinsformel zur Berechnung ganzer Monate

Vereinfachung: 1 Jahr wird mit 360 Tagen gerechnet
1 Monat wird mit 30 Tagen gerechnet

5 Zinsformeln

7.2 Berechnen der Größen

Die Zinsformel

Alle Größen der Zinsrechnung lassen sich mit der **Zinsformel** berechnen:

$$Z = \frac{K \cdot p \cdot t}{100\,\% \cdot 365\ \text{Tage}}$$

Um mit der Zinsformel auf einen Tag herunterzurechnen, müsste eigentlich durch 365 geteilt werden. Der Einfachheit halber wird aber häufig durch 360 geteilt 5. Somit lautet die vereinfachte Formel:

$$Z = \frac{K \cdot p \cdot t}{100\,\% \cdot 360\ \text{Tage}}$$

Beträgt die Dauer, für die das Kapital entliehen wurde, ganze Monate, verändert sich die Zinsformel in folgende Form:

$$Z = \frac{K \cdot p \cdot M}{100\,\% \cdot 12\ \text{Monate}}$$

Berechnen der Zinsen Z

Auf dem Sparbuch befinden sich 201 Tage lang 1000 €. Die Bank bietet einen Zinssatz von 3 %.

Zunächst muss ermittelt werden, welche Größen gegeben sind und welche gesucht ist:

geg.: $K = 1000$ € $t = 201$ Tage $p = 3\,\%$

ges.: $Z = ?$

Sind die Zinsen gesucht, wird die Zinsformel in ihrer ursprünglichen Form angewendet:

$$Z = \frac{K \cdot p \cdot t}{100\,\% \cdot 360\ \text{Tage}}$$

Die gegebenen Größen werden eingesetzt und die Höhe der Zinsen berechnet:

$$Z = \frac{1000{,}00\ € \cdot 3\,\% \cdot 201\ \text{Tage}}{100\,\% \cdot 360\ \text{Tage}}$$

$$Z = \underline{\underline{16{,}75\ €}}$$

Antwort: Die Zinsen betragen 16,75 €.

$$Z = \frac{K \cdot p \cdot t}{100\,\% \cdot 360\ \text{Tage}}$$

$$Z \cdot 100\,\% \cdot 360\ \text{Tage} = K \cdot p \cdot t$$

$$\frac{Z \cdot 100\,\% \cdot 360\ \text{Tage}}{p \cdot t} = K$$

$$K = \frac{Z \cdot 100\,\% \cdot 360\ \text{Tage}}{p \cdot t}$$

1 Zinsformel umgeformt nach *K*

$$Z = \frac{K \cdot p \cdot t}{100\,\% \cdot 360\ \text{Tage}}$$

$$Z \cdot 100\,\% \cdot 360\ \text{Tage} = K \cdot p \cdot t$$

$$\frac{Z \cdot 100\,\% \cdot 360\ \text{Tage}}{K \cdot t} = p$$

$$p = \frac{Z \cdot 100\,\% \cdot 360\ \text{Tage}}{K \cdot t}$$

2 Zinsformel umgeformt nach *p*

Berechnen des Kapitals *K*

Wie viel Geld muss angelegt werden, damit bei einem Zinssatz von 4 % monatliche Zinserträge in Höhe von 50 € erzielt werden?

Gegebene und gesuchte Größen darstellen:

geg.: $p = 4\,\%$ $Z = 50\,€$ $t = 30$ Tage

ges.: $K = ?$

Ist das Kapital gesucht, muss die Zinsformel nach *K* umgestellt werden 1:

$$K = \frac{Z \cdot 100\,\% \cdot 360\ \text{Tage}}{p \cdot t}$$

Die gegebenen Größen werden eingesetzt und die Höhe des Kapitals berechnet:

$$K = \frac{50{,}00\,€ \cdot 100\,\% \cdot 360\ \text{Tage}}{4\,\% \cdot 30\ \text{Tage}}$$

$$K = 15\,000{,}00\,€$$

Antwort: 15 000 € müssen angelegt werden.

Berechnen des Zinssatzes *p*

Ein Girokonto wird um 1000 € überzogen. Die Bank berechnet dafür alle 90 Tage 35 €. Welchen Zinssatz legt die Bank zugrunde?

Gegebene und gesuchte Größen darstellen:

geg.: $K = 1000\,€$ $Z = 35\,€$ $t = 90$ Tage

ges.: $p = ?$

Ist der Zinssatz gesucht, muss die Zinsformel nach *p* umgestellt werden 2:

$$p = \frac{Z \cdot 100\,\% \cdot 360\ \text{Tage}}{K \cdot t}$$

Die gegebenen Größen werden eingesetzt und die Höhe des Zinssatzes berechnet:

$$p = \frac{35{,}00\,€ \cdot 100\,\% \cdot 360\ \text{Tage}}{1000{,}00\,€ \cdot 90\ \text{Tage}}$$

$$p = 14\,\%$$

Antwort: Die Bank verlangt 14 %.

$$Z = \frac{K \cdot p \cdot t}{100\,\% \cdot 360 \text{ Tage}}$$

$$Z \cdot 100\,\% \cdot 360 \text{ Tage} = K \cdot p \cdot t$$

$$\frac{Z \cdot 100\,\% \cdot 360 \text{ Tage}}{K \cdot p} = t$$

$$t = \frac{Z \cdot 100\,\% \cdot 360 \text{ Tage}}{K \cdot p}$$

3 Zinsformel umgeformt nach *t*

AUFGABE

1. Erklären Sie, was mit „vereinfachter Zinsformel" gemeint ist.
2. Nehmen Sie bei der Zinsformel zur Berechnung ganzer Monate alle möglichen Umformungen vor.
3. Prüfen Sie, ob die Beispielaufgaben auch mit der Zinsformel zur Berechnung ganzer Monate lösbar sind.
4. Halten Sie die Vereinfachung der Zinsrechnung heute, im Zeitalter der Taschenrechner und Computer noch für sinnvoll?

Berechnen der Zeit *t*

Wie lange hat ein Sparer 2000 € angelegt, wenn er 60 € an Zinsen erhält? Der Zinssatz beträgt 4,5 %.

Gegebene und gesuchte Größen darstellen:

geg.: $K = 2000$ € $Z = 60$ € $p = 4{,}5$ %
ges.: $t = ?$

Ist die Zeit gesucht, muss die Formel nach t umgestellt werden 3:

$$t = \frac{Z \cdot 100\,\% \cdot 360 \text{ Tage}}{K \cdot p}$$

Die gegebenen Größen werden eingesetzt und die Dauer berechnet:

$$t = \frac{60{,}00 \text{ €} \cdot 100\,\% \cdot 360 \text{ Tage}}{2000{,}00 \text{ €} \cdot 4{,}5\,\%}$$

$$t = \underline{\underline{240 \text{ Tage bzw. } 8 \text{ Monate}}}$$

Antwort: Der Sparer hatte das Geld 240 Tage lang angelegt. Das entspricht 8 Monaten.

ZUSAMMENFASSUNG

Gesuchte Größe

→ **Zinsen *Z***

$$Z = \frac{K \cdot p \cdot t}{100\,\% \cdot 360 \text{ Tage}}$$

→ **Kapital *K***

$$K = \frac{Z \cdot 100\,\% \cdot 360 \text{ Tage}}{p \cdot t}$$

→ **Zinssatz *p***

$$p = \frac{Z \cdot 100\,\% \cdot 360 \text{ Tage}}{K \cdot t}$$

→ **Zeit *t***

$$t = \frac{Z \cdot 100\,\% \cdot 360 \text{ Tage}}{K \cdot p}$$

1 Annonce eines Kreditinstitutes

2 Kaufhauswerbung

7.3 Anwenden der Zinsrechnung

1. Berechnen Sie die Zinsen:

a) $K = 5000$ €, $p = 4{,}5$ %, $t = 160$ Tage
b) $K = 840$ €, $p = 2{,}8$ %, $t = 5$ Monate
c) $K = 400$ €, $p = 3{,}6$ %, $t = 200$ Tage
d) $K = 1200$ €, $p = 3{,}3$ %, $t = 9$ Monate
e) $K = 500$ €, $p = 2{,}8$ %, $t = 315$ Tage

2. Berechnen Sie das Kapital:

a) $p = 1{,}5$ %, $t = 200$ Tage, $Z = 8$ €
b) $p = 4$ %, $t = 10$ Monate, $Z = 38{,}40$ €
c) $p = 11$ %, $t = 315$ Tage, $Z = 77$ €
d) $p = 6$ %, $t = 8$ Monate, $Z = 18$ €
e) $p = 2{,}7$ %, $t = 200$ Tage, $Z = 21$ €

3. Berechnen Sie die Zinssätze:

a) $K = 3600$ €, $t = 141$ Tage, $Z = 40{,}89$ €
b) $K = 800$ €, $t = 7$ Monate, $Z = 42$ €
c) $K = 540$ €, $t = 208$ Tage, $Z = 28{,}08$ €
d) $K = 845$ €, $t = 2$ Monate, $Z = 16{,}90$ €
e) $K = 1640$ €, $t = 80$ Tage, $Z = 26{,}24$ €

4. Berechnen Sie die Zeit:

a) $K = 810$ €, $p = 3$ %, $Z = 10{,}80$ €
b) $K = 4200$ €, $p = 2{,}7$ %, $Z = 31{,}50$ €
c) $K = 2070$ €, $p = 4$ %, $Z = 46$ €
d) $K = 800$ €, $p = 10{,}8$ %, $Z = 42$ €
e) $K = 600$ €, $p = 9$ %, $Z = 21{,}45$ €

5. Ergänzen Sie die gesuchten Größen:

	K	p	t	Z
a)	1000 €	12,9 %	1 Monat	?
b)	?	12 %	11 Monate	82,50 €
c)	1080 €	?	200 Tage	28,05 €
d)	1500 €	6 %	?	45 €
e)	800 €	9 %	186 Tage	?
f)	?	3 %	80 Tage	12 €
g)	4200 €	?	164 Tage	57,40 €
h)	1520 €	12,6 %	?	79,80 €
i)	2460 €	7,6 %	3 Monate	?
j)	?	9,6 %	5 Monate	150 €
k)	1500 €	?	6 Monate	68,40 €
l)	900 €	2,7 %	?	13,50 €

3 Sonderangebot einer Bank

4 Schrankwand

6. Ein Kreditinstitut wirbt in einer Annonce 1.

a) Kann es sinnvoll sein, einen Kredit aufzunehmen, um ein überzogenes Girokonto auszugleichen?

b) Wie hoch wäre die jährliche Belastung für einen Kredit in Höhe von 10 000 € bei diesem Unternehmen?

c) Wie lange kann ein Kredit über 20 000 € in Anspruch genommen werden, wenn höchstens 100 € Zinsen anfallen dürfen?

d) Würden Sie einen Kredit dieses Unternehmens für einen Autokauf verwenden, so wie es in der Annonce vorgeschlagen wird?

7. Wie lange darf ein Giro-Konto um 400 € überzogen werden, damit bei einem Zinssatz von 12 % höchstens 20 € Zinsen bezahlt werden müssen?

8. Ein Kaufhaus wirbt mit einer Verzinsung von 0 % 2 bei Ratenkäufen.

a) Was könnte der Grund sein, dass ein Kaufhaus so ein Angebot macht?

b) Welche Vorteile und welche Nachteile hat ein solcher Ratenkauf für den Kunden?

9. Eine Bank inseriert mit folgendem Sonderangebot: 4,5 % für 15 Monate 3.

a) Welcher Betrag muss angelegt werden, wenn dafür 90 € Zinsen ausgezahlt werden sollen?

b) Wie viel Zinsen würden in dem Angebot für 2000 € anfallen?

10. Ein Möbelhaus bietet eine gebrauchte Schrankwand an 4. Der Sofortpreis beträgt 280,00 €. Wenn erst in einem halben Jahr gezahlt werden soll, kostet die Schrankwand 292,46 €.
Wie hoch ist der Zinssatz?

11. Wie hoch müsste ein Lottogewinn sein, wenn allein die Zinsen ein monatliches Taschengeld von 100 € ergeben sollen? Gehen Sie von einem Zinssatz von 5 % aus.

12. Um welchen Betrag erhöhen sich jährlich Schulden in Höhe von 2000 €, wenn 6 % Zinsen anfallen und nichts getilgt (zurückgezahlt) wird?

ZUSAMMENFASSUNG ZINSRECHNEN

Die Größen ermitteln

K = Kapital	=	Betrag aus Soll oder Haben
Z = Zinsen	=	Betrag, der für das Entleihen des Kapitals gezahlt wird
p = Zinssatz	=	Prozentgröße, mit der Zinsen festgelegt werden
t = Zeit	=	Tage, Monate oder Jahre, die das Kapital geliehen wird

Gegebene und gesuchte Größen ermitteln

geg.: ...

ges.: ...

Zinsformel in der richtigen Umstellung anwenden

Gesuchte Größe

→ **Zinsen *Z***

$$Z = \frac{K \cdot p \cdot t}{100\,\% \cdot 360\text{ Tage}}$$

→ **Kapital *K***

$$K = \frac{Z \cdot 100\,\% \cdot 360\text{ Tage}}{p \cdot t}$$

→ **Zinssatz *p***

$$p = \frac{Z \cdot 100\,\% \cdot 360\text{ Tage}}{K \cdot t}$$

→ **Zeit *t***

$$t = \frac{Z \cdot 100\,\% \cdot 360\text{ Tage}}{K \cdot p}$$

Zusammengesetzte Flächen und Körper

8

8.1 Erkennen zusammengesetzter Flächen

Was steckt hier drin?

8.2 Berechnen zusammengesetzter Flächen

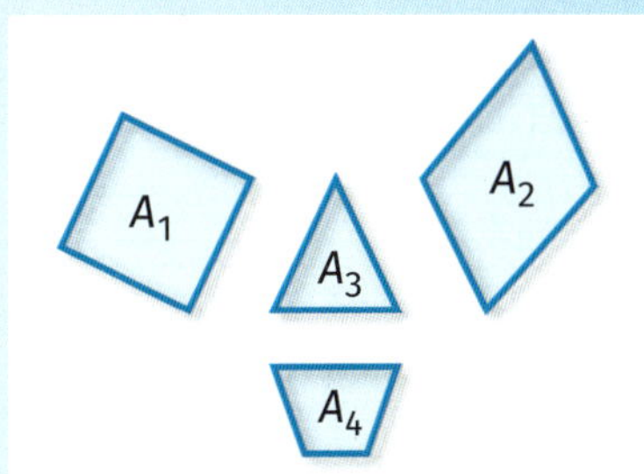

Aufgeteilt wird's lösbar.

8.3 Erkennen zusammengesetzter Körper

Vieles, was kompliziert scheint, lässt sich vereinfachen.

8.4 Berechnen zusammengesetzter Körper

Einfache Körper – einfache Berechnung.

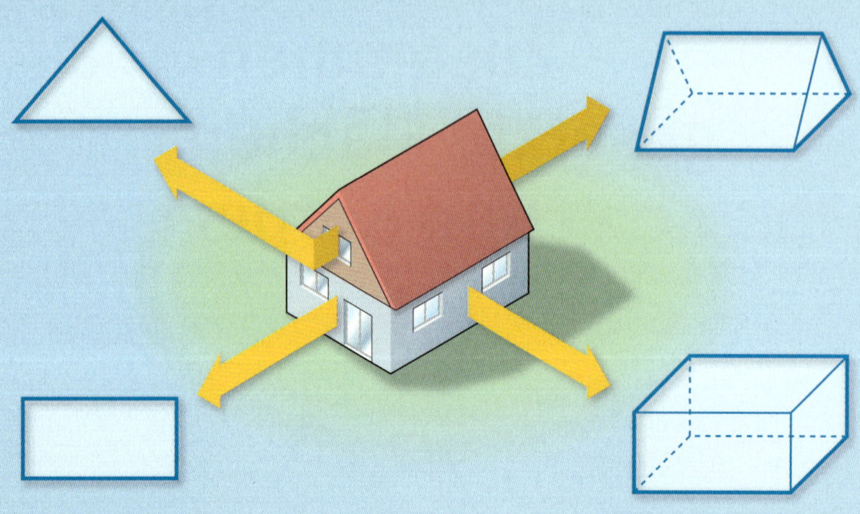

1 Flächen und Körper am Haus

Der sichere Umgang mit einfachen Flächen und Körpern kann bei der Lösung von Alltagsproblemen helfen.

Was aber, wenn mehrere Flächen und Körper zusammenkommen?

Ein typisches Beispiel ist ein Wohnhaus 1.

Soll das Haus komplett gestrichen werden, ist für den Kauf der Farbe zuerst die Gesamtfläche zu ermitteln. Dazu müssen die vorhandenen Teilflächen, wie Rechtecke oder Dreiecke, erkannt und berechnet werden.

Für das Feststellen der notwendigen Heizungsleistung ist das Gesamtvolumen des Hauses wichtig. Es wird durch das Addieren aller Teilvolumen errechnet. Vorher muss aber erkannt werden, welche Körperformen sich im Haus befinden.

Ein genaues Betrachten und geschicktes Zerteilen erleichtert den Umgang mit zusammengesetzten Flächen und Körpern.

8.1 Erkennen zusammengesetzter Flächen

Einfache Flächen teilen

Bei jeder **einfachen Fläche** entstehen durch geschickte Teilung neue Flächen.

Diese können die Form von bekannten einfachen Flächen wie Rechteck, Dreieck, Parallelogramm oder Trapez haben 2.

Es können aber auch neue unbekannte Flächen entstehen. Solche Flächen sind oft durch weitere geschickte Teilung wieder in einfache Flächen zerlegbar.

Der Kreis bildet hierbei eine Ausnahme. Wird er über den Mittelpunkt zerteilt, entstehen neue Formen, die einen bestimmten Anteil des ganzen Kreises darstellen.

So entstehen Flächen wie Halbkreise, Viertelkreise oder Kreisausschnitte.

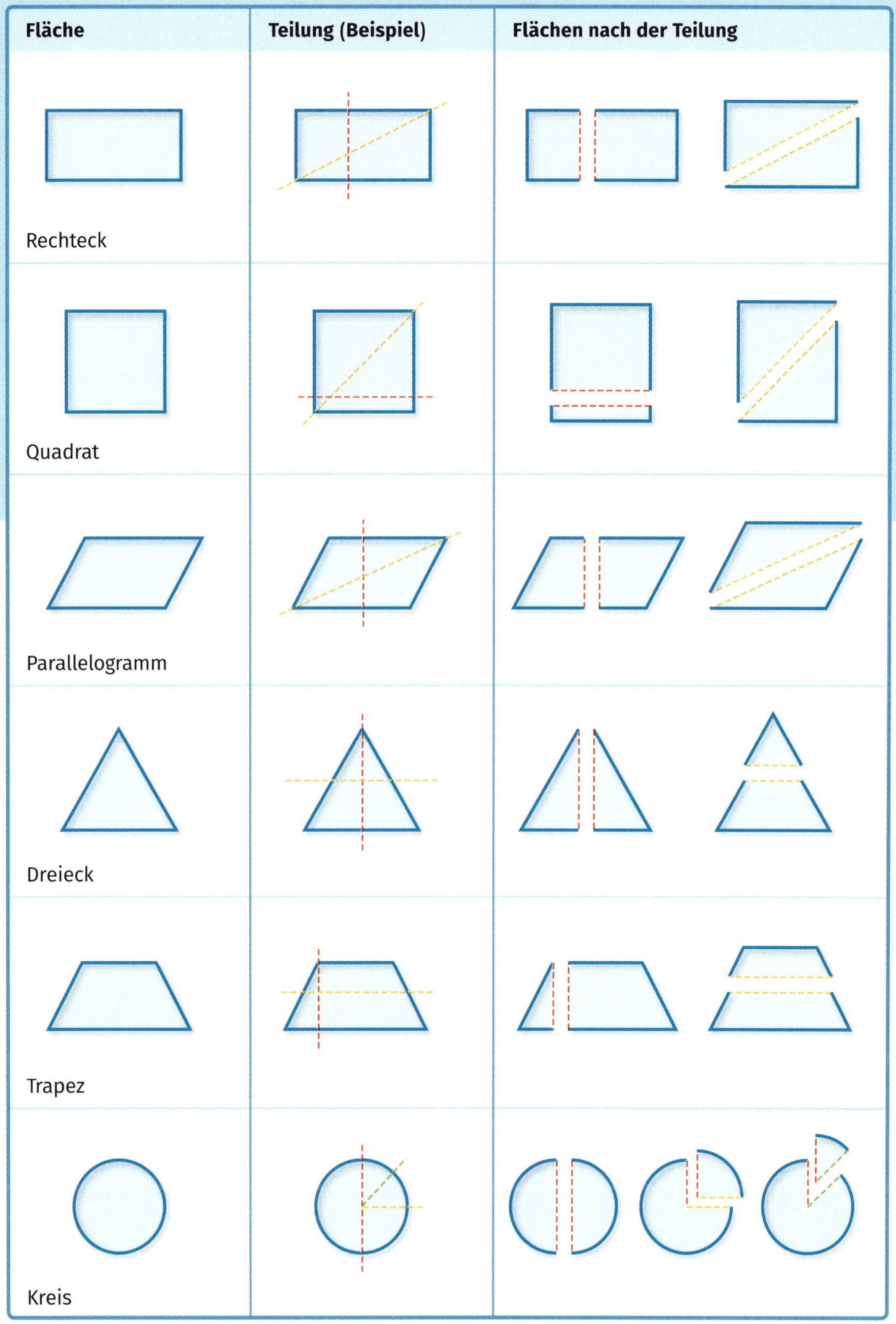

2 **Einfache Flächen teilen (Beispiele)**

1 Zusammengesetzte Fläche 1

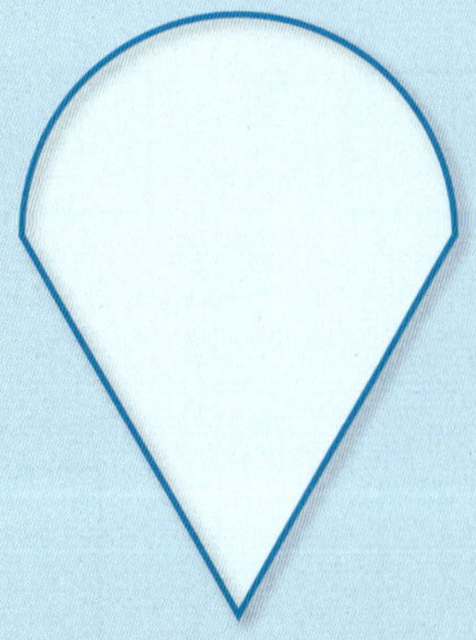

2 Zusammengesetzte Fläche 2

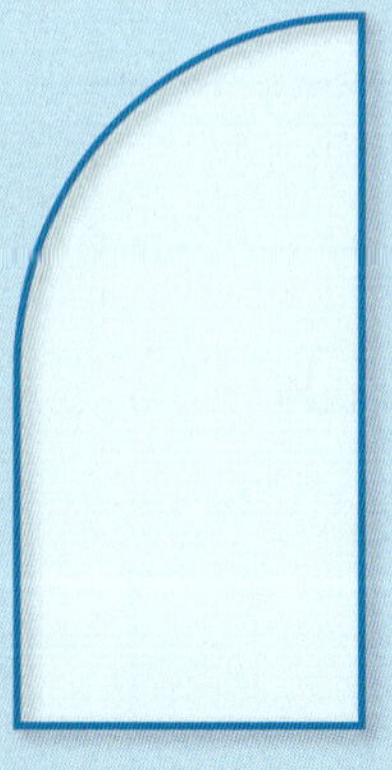

3 Zusammengesetzte Fläche 3

Zusammengesetzte Flächen teilen

Zusammengesetzte Flächen bestehen meist aus mehreren einfachen bekannten Flächen.

Um den gesamten Flächeninhalt bestimmen zu können, muss zunächst eine geeignete Art der Teilung gefunden werden.

Dabei sollen einfachen Flächen entstehen, die mit den bekannten Formeln berechenbar sind.

Eine Fläche gleicht einem großen „L“ 1. Mit einem „Schnitt“ an der richtigen Stelle kann eine Teilung der Gesamtfläche in zwei einfache Rechtecke erfolgen:

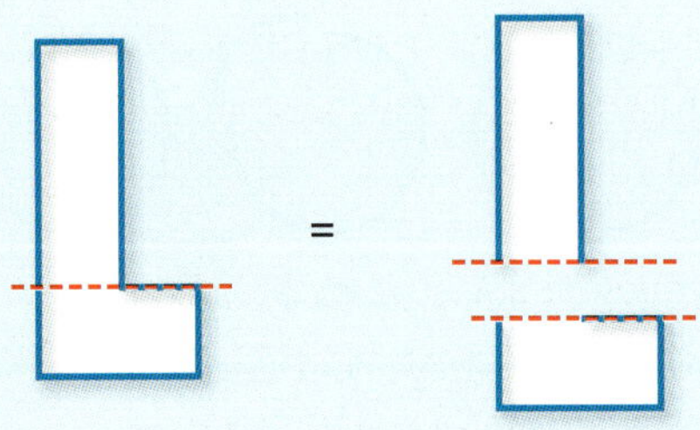

Eine weitere zusammengesetzte Fläche 2 muss zunächst in bekannte einfache Flächen zerlegt werden.

Durch geschicktes Teilen entstehen zwei bekannte Flächen:

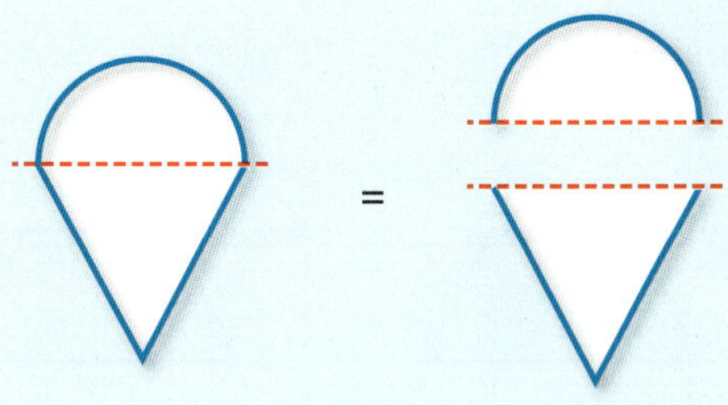

Der untere Teil der zusammengesetzten Fläche ist ein Dreieck. Der obere Teil stellt die Teilfläche eines Kreises dar. Es ist in diesem Fall ein Halbkreis.

Mit dieser Teilung ist eine spätere Berechnung der Gesamtfläche möglich.

4 **Zusammengesetzte Fläche 4**

AUFGABE

Zerlegen Sie die drei zusammengesetzten Flächen in einfache Teilflächen.

Einer Fläche, die auf den ersten Blick einem Rechteck gleicht, fehlt die linke obere Ecke. An dieser Stelle ist eine Rundung zu finden 3 .

Auch in diesem Fall handelt es sich um eine zusammengesetzte Fläche. Deshalb muss sie wieder in einfache Flächen geteilt werden:

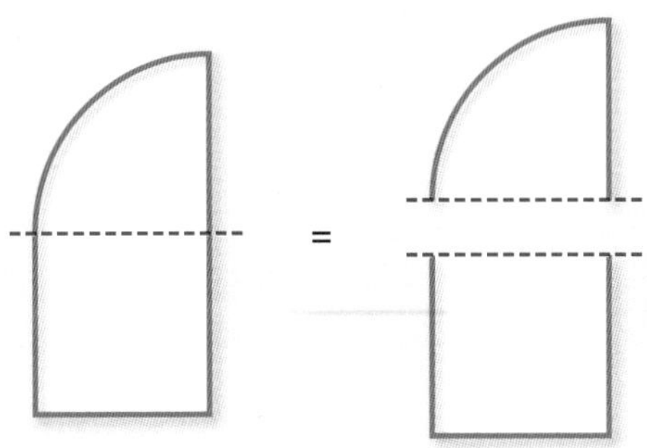

Durch geschicktes Teilen entstehen ein Rechteck und ein Viertelkreis.

Mit dieser Teilung ist eine spätere Berechnung der Gesamtfläche möglich.

Flächen können aus mehr als zwei einfachen Flächen zusammengesetzt sein 4 .

Auch in diesem Fall wird die zusammengesetzte Fläche in bekannte einfache Flächen geteilt:

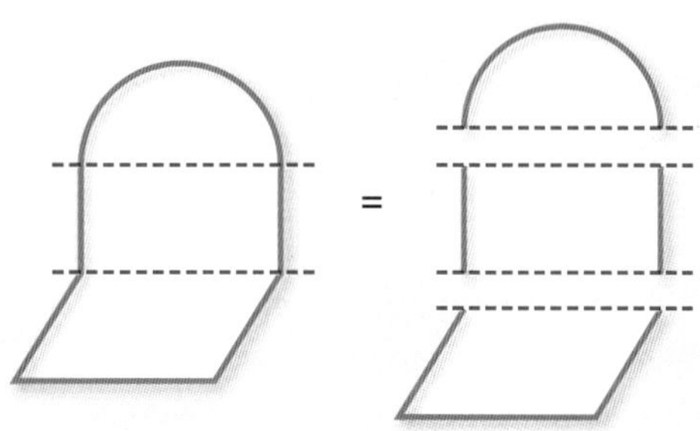

Diese Gesamtfläche kann in ein Parallelogramm, ein Rechteck und einen Halbkreis geteilt werden.

Zusammengesetzte Flächen werden berechenbar, wenn die darin enthaltenen Flächen richtig erkannt werden.

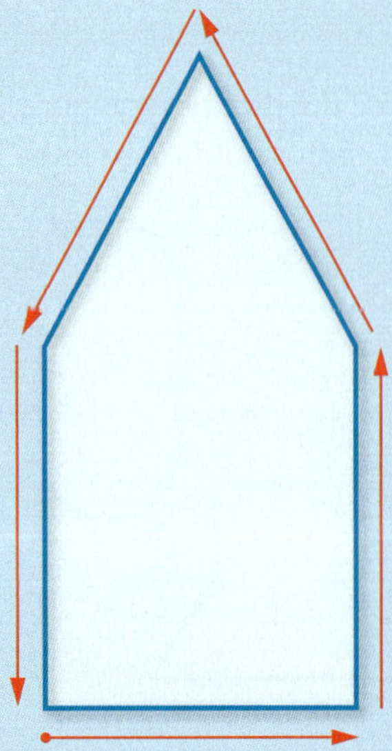

1 Umfang einer zusammengesetzten Fläche

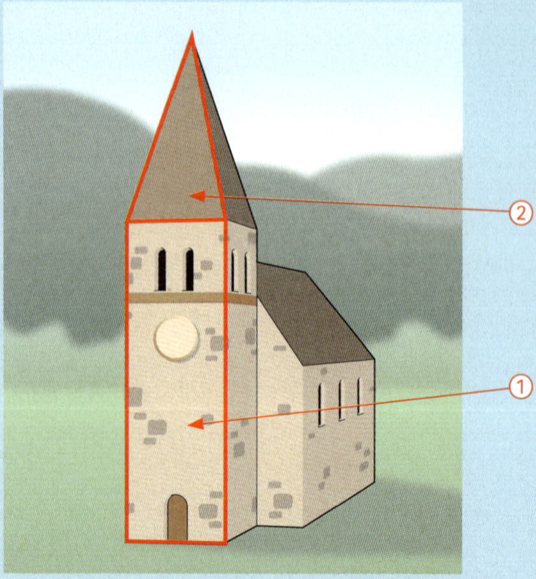

2 Flächeninhalt einer zusammengesetzten Fläche

8.2 Berechnen zusammengesetzter Flächen

Umfang und Flächeninhalt

Eine **zusammengesetzte Fläche** ist ein ebener, von einem Rand begrenzter Bereich.
Sie besitzt einen Umfang und einen Flächeninhalt.

Der **Umfang** wird durch die Länge des gesamten Randes der Fläche gebildet. Er entspricht der Summe aller Seitenlängen 1.

Die jeweilige Berechnungsformel für den Umfang von zusammengesetzten Flächen hängt von der Form der Fläche ab.

Für den Umfang einer Fläche gilt:
***U* = Gesamtlänge des Flächenrandes**

Wenn die zusammengesetzte Fläche Kreisteile oder Kreisausschnitte aufweist, muss deren Umfang gesondert berechnet werden.

Der **Flächeninhalt** ist der Inhalt der Flächenbegrenzung. Bei zusammengesetzten Flächen muss die Gesamtfläche zuerst in einfache Flächen zerlegt werden.

Die Gesamtfläche der Westseite eines Kirchturms soll ermittelt werden 2. Dazu wird sie in einfache Flächen geteilt. Es entsteht ein Rechteck ① und ein Dreieck ②:

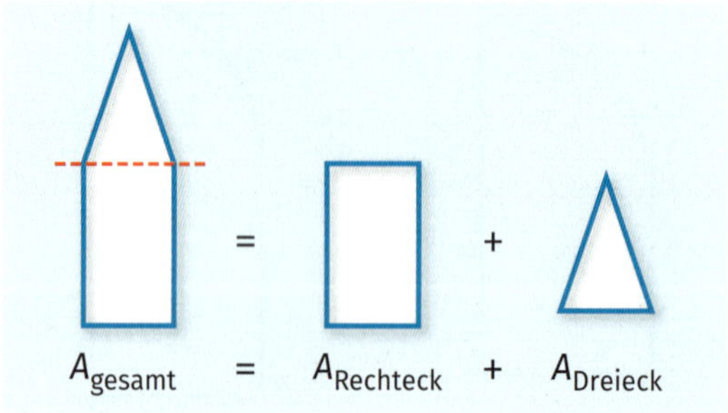

Der Gesamtflächeninhalt der Westseite des Kirchturms ergibt sich aus dem Flächeninhalt der beiden Teilflächen Rechteck und Dreieck.

Für den Flächeninhalt gilt:
$A_{gesamt} = A_1 + A_2 + A_3 + ...$

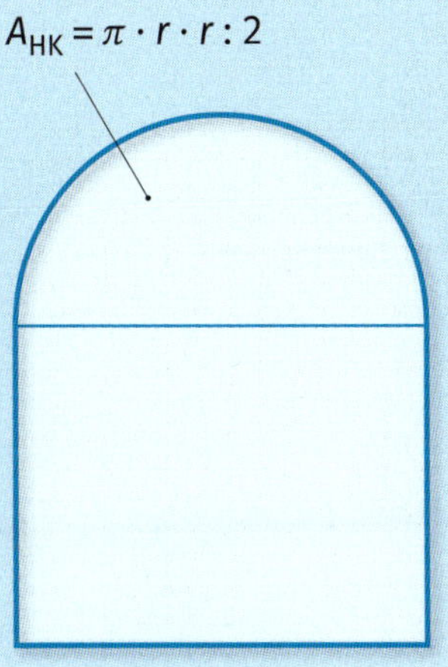

3 **Fläche mit Halbkreis**

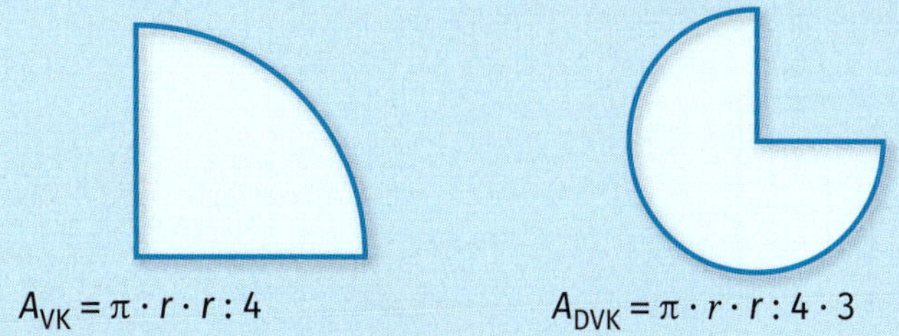

4 **Viertelkreis und Dreiviertelkreis**

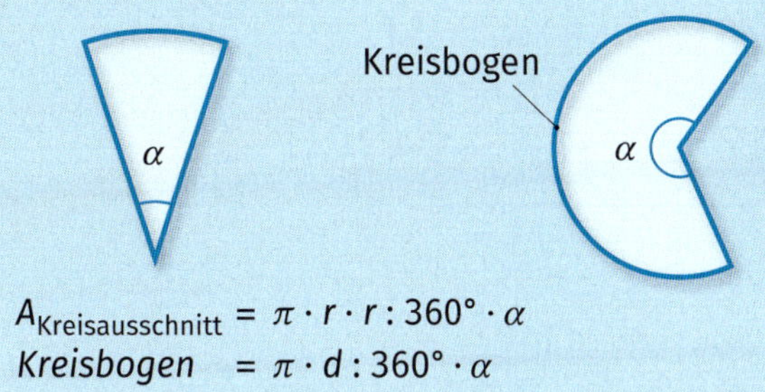

5 **Verschiedene Kreisausschnitte**

Kreisteile und Kreisausschnitte

Kreise kommen in einer zusammengesetzten Fläche nicht als ganzer Kreis vor, sondern immer nur als Kreisteile oder Kreisausschnitte 3 .

Es gibt **Kreisteile** wie **Halbkreise**, **Viertelkreise** und **Dreiviertelkreise**. Für die Berechnung ihres Flächeninhalts muss die Formel des ganzen Kreises erweitert werden:

$A_{Kreis} = \pi \cdot r \cdot r$

Da der Halbkreis nur halb so groß ist, wird die Formel durch 2 geteilt:

$A_{Halbkreis} = \pi \cdot r \cdot r : 2$

Für die Flächenberechnung eines Viertelkreises wird die Kreisformel durch 4 geteilt 4 :

$A_{Viertelkreis} = \pi \cdot r \cdot r : 4$

Im Dreiviertelkreis wird die Formel des Viertelkreises dann mit 3 malgenommen 4 :

$A_{Dreiviertelkreis} = \pi \cdot r \cdot r : 4 \cdot 3$

Soll der Flächeninhalt für einen **Kreisausschnitt** berechnet werden, ist der Winkel entscheidend. Mit seiner Größe ändert sich auch die Größe des Kreisausschnittes 5 .

Für die Berechnungen von Kreisausschnitten muss die Kreisformel erweitert werden.

Zuerst ist durch 360° zu teilen. Somit ergibt sich die Größe von einem Kreisausschnitt mit 1°. Anschließend wird mit dem Winkel α multipliziert, um den Flächeninhalt für den konkreten Kreisausschnitt zu ermitteln:

$A_{Kreisausschnitt} = \pi \cdot r \cdot r : 360° \cdot \alpha$

Der Umfang von Kreisteilen und Kreisausschnitten in zusammengesetzten Flächen wird über den sogenannten **Kreisbogen** bestimmt.

Dazu wird die Formel für den Kreisumfang entsprechend angepasst und anschließend die Länge des Kreisbogens ermittelt 5 .

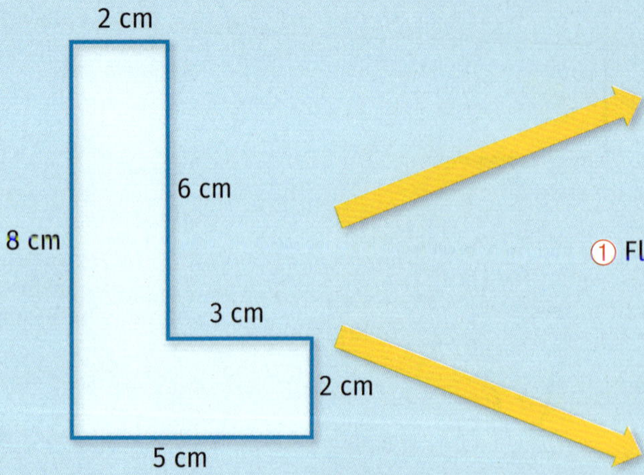

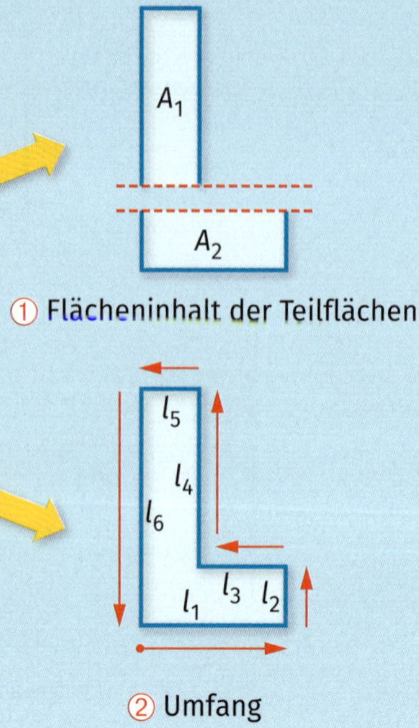

1 **Zusammengesetzte Fläche 1**

Zusammengesetzte Fläche 1

Vor dem Berechnen der Fläche 1 wird sie sinnvoll geteilt. Es entstehen zwei Rechtecke (A_1 und A_2) ①. Ihre Maße sind aus der Zeichnung ermittelbar. Das Berechnen ihrer Flächeninhalte erfolgt über die Formel:

$A = l \cdot b$

Für die Teilfläche A_1 gilt:

geg.: $l = l_5 = 2\text{ cm}$ ges.: A_1
$b = l_4 = 6\text{ cm}$

$A_1 = 2\text{ cm} \cdot 6\text{ cm}$
$A_1 = \underline{\underline{12\text{ cm}^2}}$

Für die Teilfläche A_2 gilt:

geg.: $l = l_1 = 5\text{ cm}$ ges.: A_2
$b = l_2 = 2\text{ cm}$

$A_2 = 5\text{ cm} \cdot 2\text{ cm}$
$A_2 = \underline{\underline{10\text{ cm}^2}}$

Für die zusammengesetzte Fläche 1 gilt:

$A_{ges} = A_1 + A_2$
$A_{ges} = 12\text{ cm}^2 + 10\text{ cm}^2$
$A_{ges} = \underline{\underline{22\text{ cm}^2}}$

Antwort: Die Gesamtfläche beträgt 22 cm².

Um den Umfang berechnen zu können, muss die gesamte Fläche einmal umrundet und anschließend die Teillängen addiert werden ②:

$U_{ges} = l_1 + l_2 + l_3 + l_4 + l_5 + l_6$

geg.: $l_1 = 5\text{ cm}$ $l_4 = 6\text{ cm}$ ges.: U_{ges}
$l_2 = 2\text{ cm}$ $l_5 = 2\text{ cm}$
$l_3 = 3\text{ cm}$ $l_6 = 8\text{ cm}$

$U_{ges} = l_1 + l_2 + l_3 + l_4 + l_5 + l_6$
$U_{ges} = 5\text{ cm} + 2\text{ cm} + 3\text{ cm} + 6\text{ cm} + 2\text{ cm} + 8\text{ cm}$
$U_{ges} = \underline{\underline{26\text{ cm}}}$

Antwort: Der Umfang beträgt 26 cm².

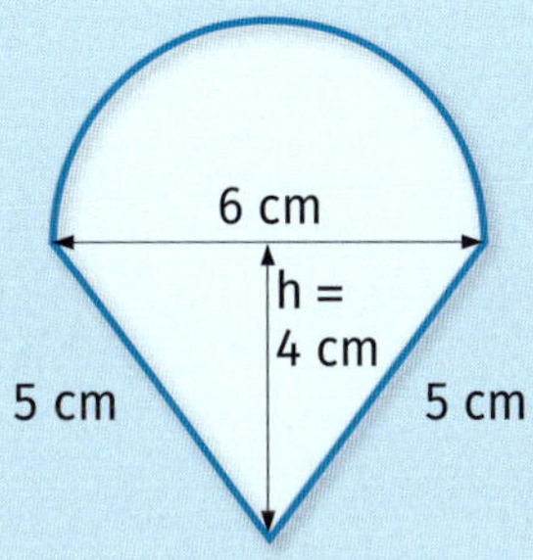

2 **Zusammengesetzte Fläche 2**

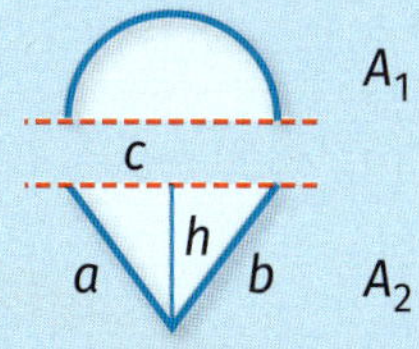

③ Flächeninhalt der Teilflächen

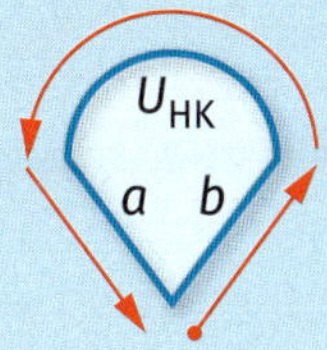

④ Umfang

Zusammengesetzte Fläche 2

Wird die Fläche 2 geschickt geteilt, entsteht ein Halbkreis A_1 und ein Dreieck A_2 ③. Die Flächeninhalte können berechnet werden:

$A_{Halbkreis} = \pi \cdot r \cdot r : 2$ und

$A_{Dreieck} = l \cdot h : 2$

Für die Teilfläche A_1 gilt:

geg.: $\pi \approx 3{,}14$ cm ges.: A_1

$r = c/2 = 3\,\text{cm}$

$A_1 = \pi \cdot r \cdot r : 2$

$A_1 \approx 3{,}14\text{ cm} \cdot 3\text{ cm} \cdot 3\text{ cm} : 2$

$A_1 \approx \underline{\underline{14{,}13\text{ cm}^2}}$

Für die Teilfläche A_2 gilt:

geg.: $c = 6$ cm ges.: A_2

$h = 4$ cm

$A_2 = c \cdot h : 2$

$A_2 = 6\text{ cm} \cdot 4\text{ cm} : 2$

$A_2 = \underline{\underline{12\text{ cm}^2}}$

Für die zusammengesetzte Fläche 2 gilt:

$A_{ges} = A_1 + A_2$

$A_{ges} = 14{,}13\text{ cm}^2 + 12\text{ cm}^2$

$A_{ges} = \underline{\underline{26{,}13\text{ cm}^2}}$

Antwort: Die Gesamtfläche beträgt 26,13 cm².

Zum Berechnen des Umfangs wird die gesamte Fläche umrundet und anschließend die Teillängen addiert ④. Vorher muss der Kreisbogen des Halbkreises berechnet werden:

geg.: $\pi \approx 3{,}14$ cm $r = 3$ cm $a = b = 5$ cm

ges.: $U_{Halbkreis}$, U_{ges}

$U_{Halbkreis} = \pi \cdot d : 2$

$U_{Halbkreis} \approx 3{,}14\text{ cm} \cdot 6\text{ cm} : 2$

$U_{Halbkreis} \approx \underline{\underline{9{,}42\text{ cm}}}$

$U_{ges} = b + U_{Halbkreis} + a$

$U_{ges} = 5\text{ cm} + 9{,}42\text{ cm} + 5\text{ cm}$

$U_{ges} = \underline{\underline{19{,}42\text{ cm}}}$

Antwort: Der Umfang beträgt 19,42 cm.

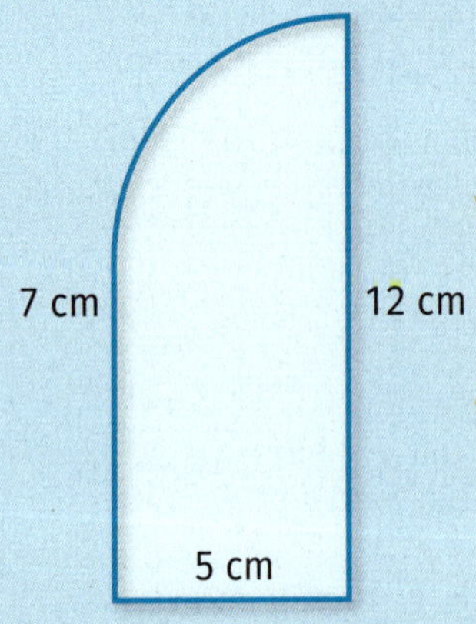

1 Zusammengesetzte Fläche 3

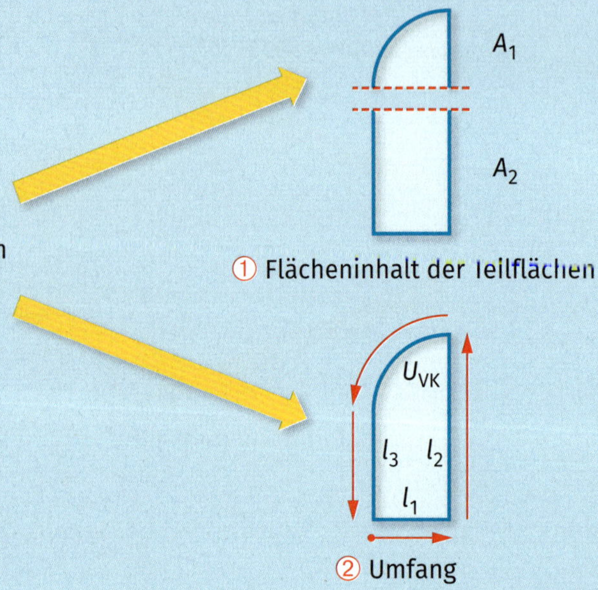

Zusammengesetzte Fläche 3

Die Fläche 1 wird in einen Viertelkreis und ein Rechteck geteilt (A_1 und A_2) ①. Nun können die Flächeninhalte berechnet werden:
$A_{Viertelkreis} = \pi \cdot r \cdot r : 4$ und
$A_{Rechteck} = l \cdot b$

Für die Teilfläche A_1 gilt:
geg.: $\pi \approx 3{,}14$ cm ges.: A_1
$l_1 = 5$ cm

$$A_1 = \pi \cdot l_1 \cdot l_1 : 4$$
$$A_1 \approx 3{,}14 \text{ cm} \cdot 5 \text{ cm} \cdot 5 \text{ cm} : 4$$
$$A_1 \approx \underline{\underline{19{,}625 \text{ cm}^2}}$$

Für die Teilfläche A_2 gilt:
geg.: $l_1 = 5$ cm $l_3 = 7$ cm
ges.: A_2

$$A_2 = l_1 \cdot l_3$$
$$A_2 = 5 \text{ cm} \cdot 7 \text{ cm}$$
$$A_2 = \underline{\underline{35 \text{ cm}^2}}$$

Für die zusammengesetzte Fläche 3 gilt:

$$A_{ges} = A_1 + A_2$$
$$A_{ges} = 19{,}625 \text{ cm}^2 + 35 \text{ cm}^2$$
$$A_{ges} = \underline{\underline{54{,}625 \text{ cm}^2}}$$

Antwort: Die Gesamtfläche beträgt 54,625 cm^2.

Zur Umfangsberechnung wird die gesamte Fläche umrundet und die Teillängen addiert ②. Vorher wird der Viertelkreis berechnet:

geg.: $\pi \approx 3{,}14$ cm $d = 10$ cm
$l_1 = 5$ cm $l_2 = 12$ cm $l_3 = 7$ cm
ges.: $U_{Viertelkreis}$ U_{ges}

$$U_{Viertelkreis} = \pi \cdot d : 4$$
$$U_{Viertelkreis} \approx 3{,}14 \text{ cm} \cdot 10 \text{ cm} : 4$$
$$U_{Viertelkreis} \approx \underline{\underline{7{,}85 \text{ cm}}}$$

$$U_{ges} = l_1 + l_2 + U_{VK} + l_3$$
$$U_{ges} = 5 \text{ cm} + 12 \text{ cm} + 7{,}85 \text{ cm} + 7 \text{ cm}$$
$$U_{ges} = \underline{\underline{31{,}85 \text{ cm}}}$$

Antwort: Der Umfang beträgt 31,85 cm.

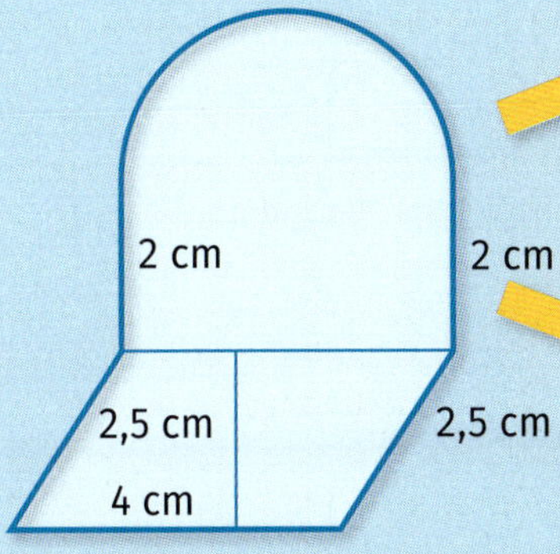

2 Zusammengesetzte Fläche 4

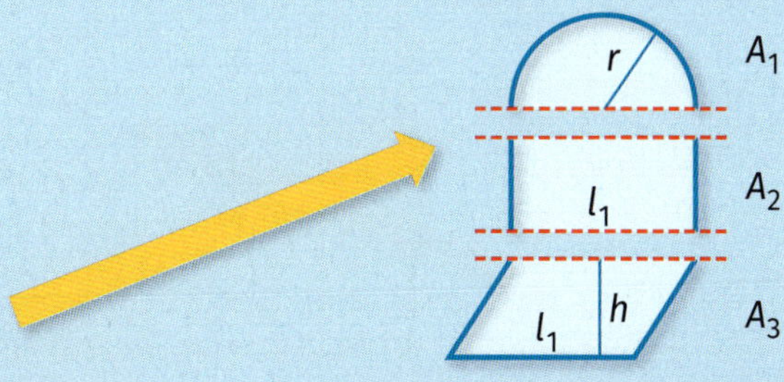

③ Flächeninhalt der Teilflächen

④ Umfang

Zusammengesetzte Fläche 4

Diese Fläche 2 kann vor der Berechnung in einen Halbkreis, ein Rechteck und ein Parallelogramm geteilt werden (A_1, A_2, A_3) ③.

Die Flächeninhalte können nun berechnet werden:

Für die Teilfläche A_1 gilt:
$A_1 = \pi \cdot r \cdot r : 2$

Für die Teilfläche A_2 gilt:
$A_2 = l_1 \cdot l_4$

Für die Teilfläche A_3 gilt:
$A_3 = l_1 \cdot h$

Die zusammengesetzte Fläche lässt sich somit folgendermaßen berechnen:

geg.: $\pi \approx 3{,}14$ cm $l_4 = 2$ cm $r = l_1/2$
$l_1 = 4$ cm $h = 2$ cm
ges.: A_{ges}

$A_{ges} = A_1 + A_2 + A_3$
$A_{ges} = \pi \cdot l_1/2 \cdot l_1/2 : 2 + l_1 \cdot l_4 + l_1 \cdot h$
$A_{ges} \approx 3{,}14 \cdot 2\text{ cm} \cdot 2\text{ cm} : 2 + 4\text{ cm} \cdot 2\text{ cm} + 4\text{ cm} \cdot 2\text{ cm}$
$A_{ges} \approx \underline{\underline{22{,}28\text{ cm}^2}}$

Antwort: Die Gesamtfläche beträgt 22,28 cm².

Zum Berechnen des Umfangs wird die gesamte Fläche umrundet und anschließend die Teillängen addiert ④.
$U_{ges} = l_1 + l_2 + l_3 + U_{HK} + l_4 + l_5$

geg.: $\pi \approx 3{,}14$ cm $l_2 = l_5 = 2{,}5$ cm
$l_1 = 4$ cm $l_3 = l_4 = 2$ cm
ges.: U_{ges}

$U_{ges} \approx 4\text{ cm} + 2 \cdot 2{,}5\text{ cm} + 2 \cdot 2\text{ cm} + \pi \cdot l_1 : 2$
$U_{ges} \approx 13\text{ cm} + 3{,}14 \cdot 4\text{ cm} : 2$
$U_{ges} \approx \underline{\underline{19{,}28\text{ cm}}}$

Antwort: Der Umfang der Fläche beträgt 19,28 cm.

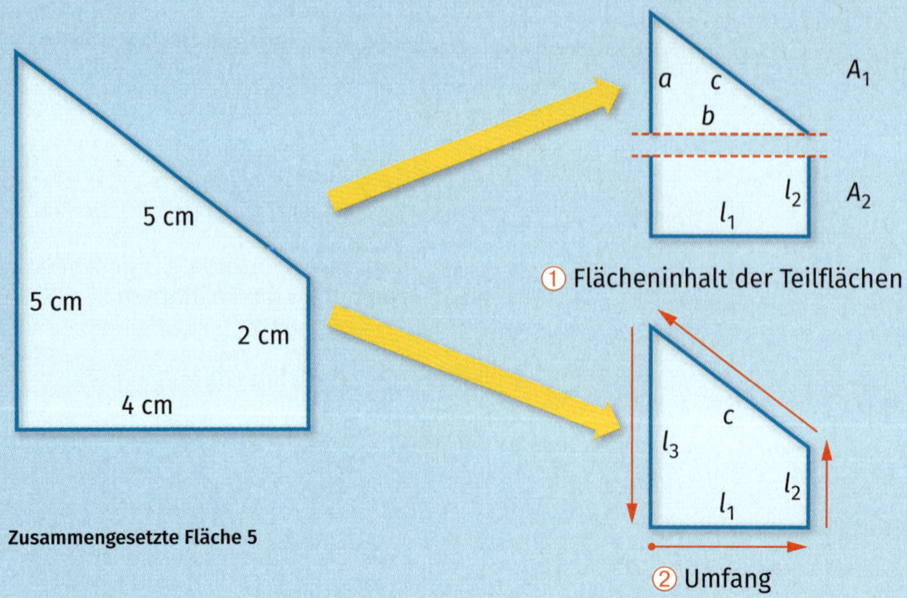

1 Zusammengesetzte Fläche 5

Zusammengesetzte Fläche 5

Manchmal müssen zusammengesetzte Flächen berechnet werden, bei denen eine notwendige Länge nicht angegeben ist 1.

Nach dem Aufteilen in ein rechtwinkliges Dreieck A_1 und ein Rechteck A_2 fehlt die Länge der Seite a ①.

Bei genauerem Betrachten lässt sich erkennen, dass die fehlende Angabe aus den gegebenen Längen berechnet werden kann ②:

$$a = l_3 - l_2$$
$$a = 5\text{ cm} - 2\text{ cm}$$
$$a = \underline{\underline{3\text{ cm}}}$$

Die zusammengesetzte Fläche kann nun als Summe der Teilflächen berechnet werden:

geg.: $l_1 = b = 4$ cm $c = 5$ cm
$l_2 = 2$ cm $a = 3$ cm

ges.: A_{ges}

$$A_{ges} = A_{Dreieck} + A_{Rechteck}$$
$$A_{ges} = b \cdot a : 2 + l_1 \cdot l_2$$
$$A_{ges} = 4\text{ cm} \cdot 3\text{ cm} : 2 + 4\text{ cm} \cdot 2\text{ cm}$$
$$A_{ges} = \underline{\underline{14\text{ cm}^2}}$$

Antwort: Die Gesamtfläche beträgt 14 cm^2.

Um den Umfang berechnen zu können, müssen die gesamte Fläche einmal umrundet und die Teillängen addiert werden ②:

$U_{ges} = l_1 + l_2 + c + l_3$

geg.: $l_1 = 4$ cm $c = 5$ cm
$l_2 = 2$ cm $l_3 = 5$ cm

ges.: U_{ges}

$$U_{ges} = l_1 + l_2 + c + l_3$$
$$U_{ges} = 4\text{ cm} + 2\text{ cm} + 5\text{ cm} + 5\text{ cm}$$
$$U_{ges} = \underline{\underline{16\text{ cm}}}$$

Antwort: Der Umfang beträgt 16 cm.

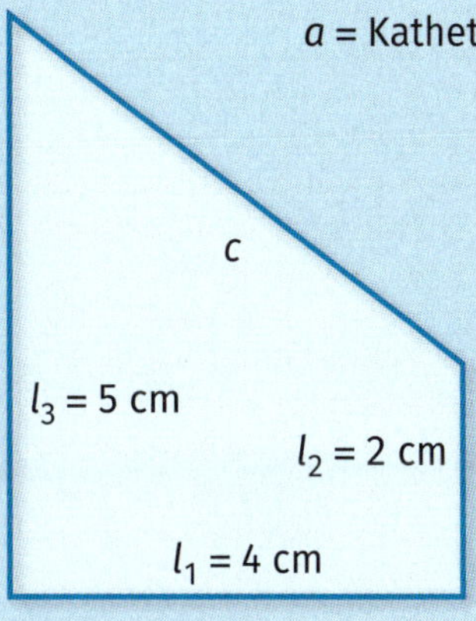

2 **Zusammengesetzte Fläche 6**

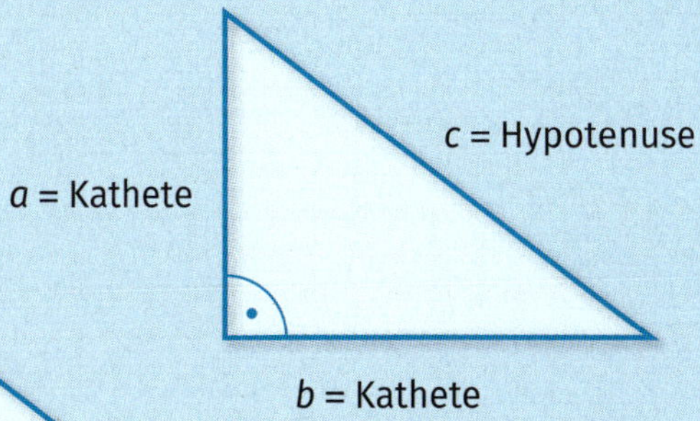

3 **Rechtwinkliges Dreieck**

$$c^2 = a^2 + b^2$$

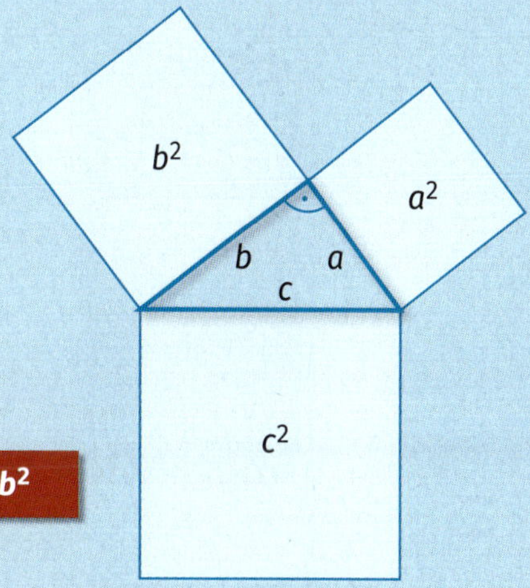

4 **Satz des Pythagoras**

Zusammengesetzte Fläche 6

Bei zusammengesetzten Flächen können auch zwei oder mehrere Angaben fehlen 2.

Nach der Aufteilung der Flächen ist erkennbar, dass zur Berechnung des Dreiecks die Werte für die Seiten a und c fehlen.

Aus l_3 und l_2 lässt sich a berechnen:

$$a = l_3 - l_2$$
$$a = 5\text{ cm} - 2\text{ cm}$$
$$a = \underline{\underline{3\text{ cm}}}$$

Die Seite c kann nicht direkt aus den angegebenen Werten berechnet werden.

Da es sich hierbei aber um ein rechtwinkliges Dreieck handelt und die Seiten a und b bereits bekannt sind, kann über den **Satz des Pythagoras** 4 die Seite c berechnet werden. Die Formel zur Berechnung lautet:
$c^2 = a^2 + b^2$

Die Seiten a und b werden **Katheten** genannt. Sie liegen links und rechts vom rechten Winkel. Die Seite c heißt **Hypotenuse** und liegt gegenüber dem rechten Winkel 3.

Die Länge der Seite c kann berechnet werden:

geg.: $a = 3\text{ cm}$ $b = 4\text{ cm}$ ges.: c

$$c^2 = (3\text{ cm})^2 + (4\text{ cm})^2$$
$$c^2 = 9\text{ cm}^2 + 16\text{ cm}^2$$
$$c^2 = 25\text{ cm}^2$$
$$c = \sqrt{25\text{ cm}^2}$$
$$c = \underline{\underline{5\text{ cm}}}$$

Antwort: Die Seite c ist 5 cm lang.

Mit diesem Verfahren kann in jedem **rechtwinkligen Dreieck** die Länge einer beliebigen Seite berechnet werden, sofern die Längen der beiden anderen bekannt sind.

Sind in einem rechtwinkligen Dreieck zwei Seiten bekannt, lässt sich die dritte Seite mit dem Satz des Pythagoras berechnen.

1 Display eines Mobiltelefons

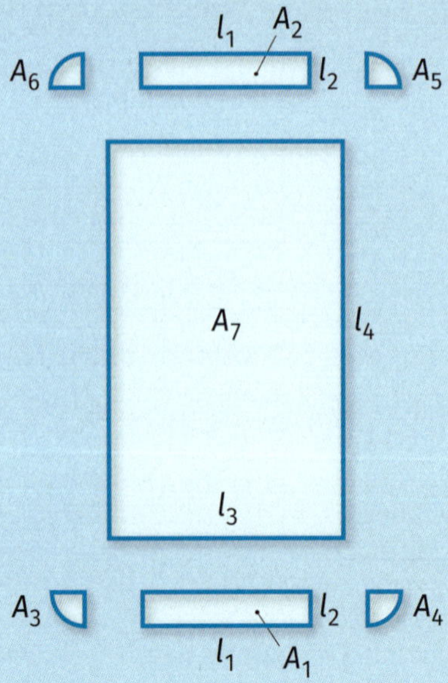

2 Teilflächen Display

Zusammengesetzte Fläche Display

Die Fläche des Displays eines Mobiltelefons soll berechnet werden 1. Dazu muss die Fläche in mehrere Teilflächen zerlegt werden 2.

Der Flächeninhalt der gesamten Fläche ergibt sich dann aus der Summe der Teilflächen:

$$A_{ges} = A_1 + A_2 + A_3 + A_4 + A_5 + A_6 + A_7$$

Bei Betrachtung der Teilflächen wird deutlich, dass sich diese Rechnung vereinfachen lässt.

Die beiden Rechtecke A_1 und A_2 sind flächengleich. Die vier Teilflächen A_3, A_4, A_5 und A_6 sind jeweils gleichgroße Viertelkreise. Sie ergeben zusammen einen ganzen Kreis. Damit ergibt sich folgende Rechnung:

$$A_{ges} = 2 \cdot A_1 + A_{Kreis} + A_7$$

geg.: $l_1 = 45$ mm $l_2 = 8$ mm
$l_3 = 61$ mm $l_4 = 99$ mm
$\pi \approx 3{,}14$

ges.: A_{ges}

$$A_{ges} = 2 \cdot l_1 \cdot l_2 + \pi \cdot l_2 \cdot l_2 + l_3 \cdot l_4$$
$$A_{ges} \approx 2 \cdot 45\text{ mm} \cdot 8\text{ mm} + 3{,}14 \cdot 8\text{ mm} \cdot 8\text{ mm} + 61\text{ mm} \cdot 99\text{ mm}$$
$$A_{ges} \approx 720\text{ mm} + 200{,}96\text{ mm} + 6039\text{ mm}$$
$$A_{ges} \approx \underline{\underline{6959{,}96\text{ mm}^2}}$$

Antwort: Die Displayfläche hat 6959,96 mm².

Auch beim Berechnen des Umfangs kann durch das Zusammenlegen der Viertelkreise zu einem ganzen Kreis die Rechnung vereinfacht werden:

geg.: $\pi \approx 3{,}14$ $l_1 = 45$ mm $l_4 = 99$ mm
$d = 2 \cdot l_2 = 16$ mm

ges.: U_{ges}

$$U_{ges} = 2 \cdot l_1 + U_{Kreis} + 2 \cdot l_4$$
$$U_{ges} \approx 2 \cdot 45\text{ mm} + \pi \cdot d + 2 \cdot 99\text{ mm}$$
$$U_{ges} \approx 90\text{ mm} + 3{,}14 \cdot 16\text{ mm} + 198\text{ mm}$$
$$U_{ges} \approx \underline{\underline{338{,}24\text{ mm}}}$$

Antwort: Der Displayumfang ist 338,24 mm.

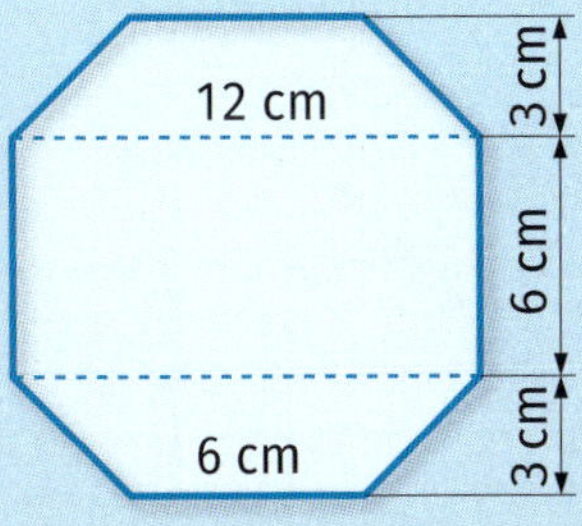

3 Achteck

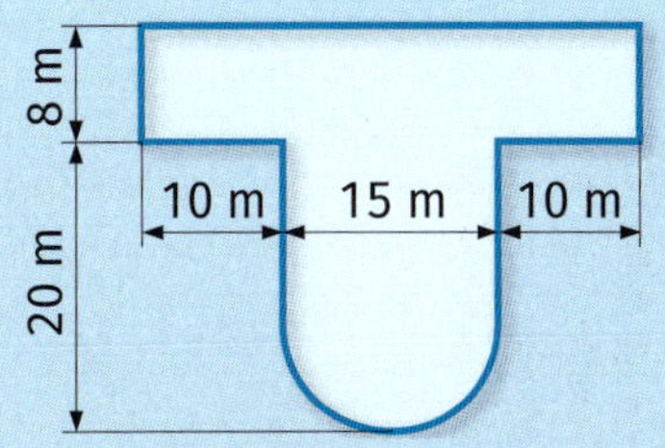

5 Terrassenboden

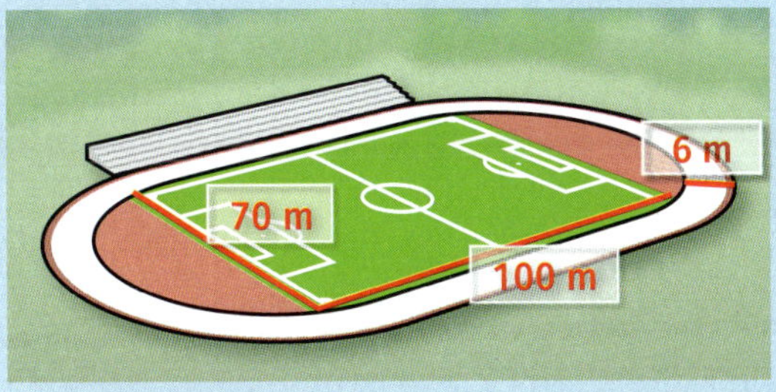

4 Stadion

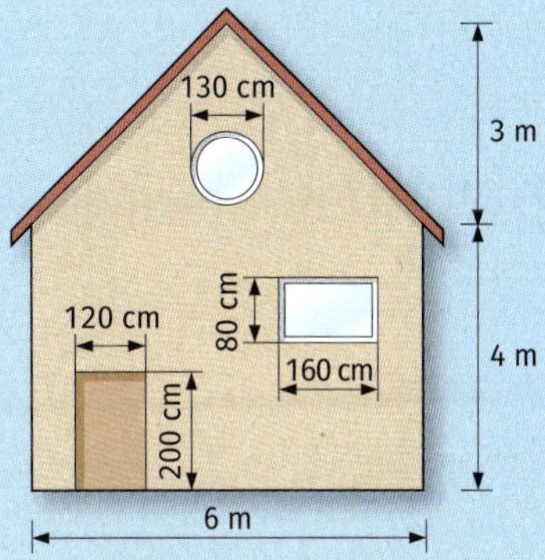

6 Hausfassade

AUFGABE

1. Berechnen Sie die Fläche des Achteckes 3.

2. Die Tartanbahn eines Stadions muss erneuert werden 4.

Um die anfallenden Kosten abschätzen zu können, muss die Baufirma die zu erneuernde Gesamtfläche ermitteln.

Wie groß ist die Tartanlaufbahn?

3. Eine Terrasse soll gefliest werden 5.

a) Wie viel Quadratmeter Fliesen werden ohne Verschnitt benötigt?

b) Wie hoch sind die Kosten für die Fliesen, wenn ein Quadratmeter 45 € kostet?

4. Eine Fassade eines Hauses soll neu gestrichen werden 6.

Für wie viel m^2 wird Farbe benötigt?

→

ZUSAMMENFASSUNG

Flächen erkennen

- einfache Flächen
- zusammengesetzte Flächen

Zusammengesetzte Flächen sinnvoll teilen

- Gesamtfläche in berechenbare einfache Flächen teilen

Flächen und Umfang berechnen

- Flächeninhalt der Teilflächen berechnen
- Gesamtfläche und Umfang berechnen

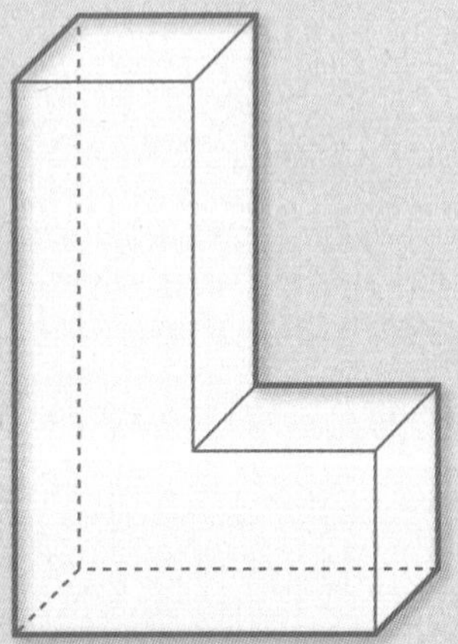

1 Zusammengesetzter Körper 1

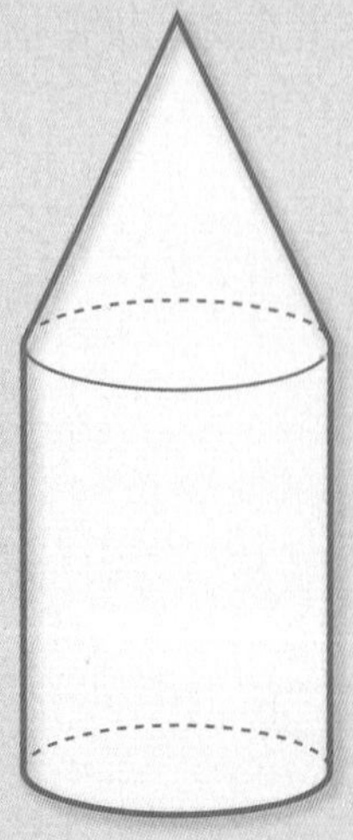

2 Zusammengesetzter Körper 2

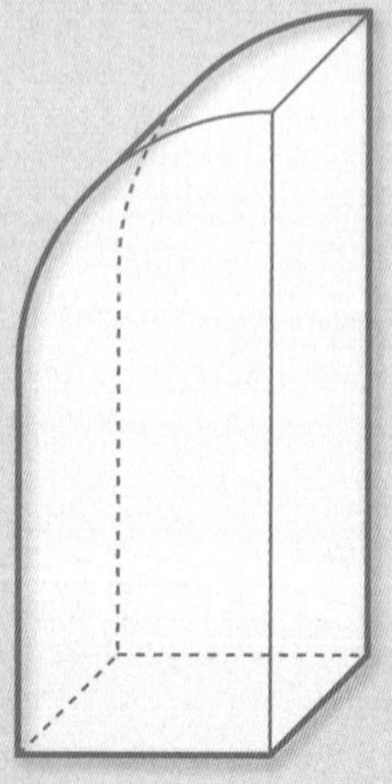

3 Zusammengesetzter Körper 3

8.3 Erkennen zusammengesetzter Körper

Zusammengesetzte Körper teilen

Zusammengesetzte Körper bestehen meist aus mehreren einfachen bekannten Körpern.

Um das Gesamtvolumen bestimmen zu kön-nen, muss der Körper zunächst geteilt werden. Dabei sollen **einfache Körper** entstehen, die mit den bekannten Formeln berechenbar sind.

Ein Körper 1 kann mit einem „Schnitt" an der richtigen Stelle in zwei Quader geteilt werden:

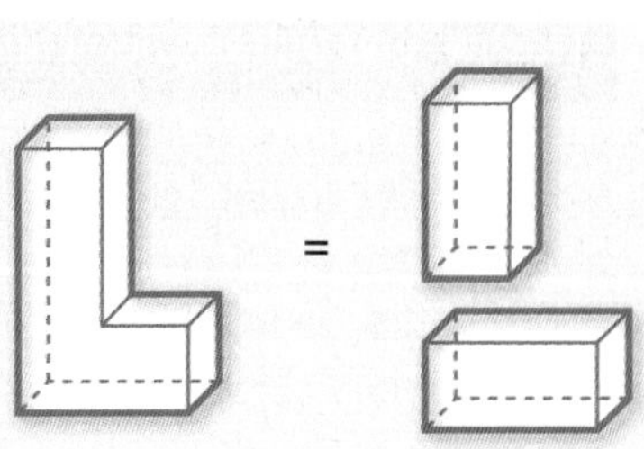

Ein weiterer zusammengesetzter Körper muss ebenfalls für eine Berechnung des Gesamtvolumens zerlegt werden 2.

Durch geschicktes Teilen entstehen zwei bekannte Körper:

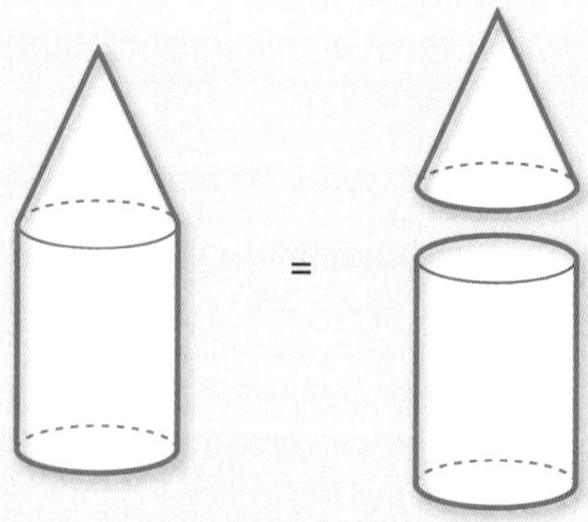

Der untere Teil des zusammengesetzten Körpers ist ein Zylinder, der obere Teil ein Kegel.

Mit dieser Teilung wird eine spätere Berechnung des Gesamtvolumens möglich.

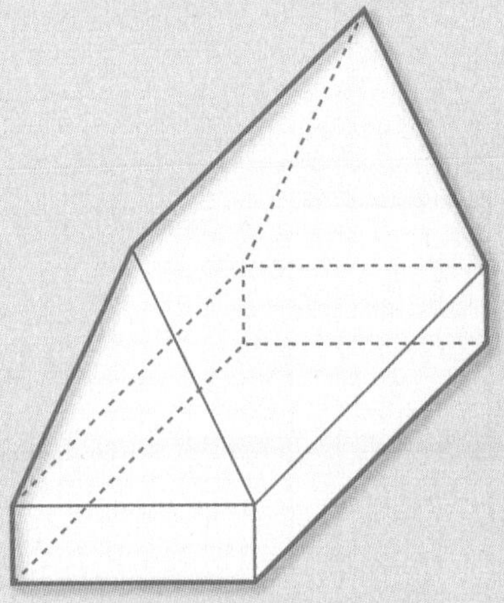

4 **Zusammengesetzter Körper 4**

AUFGABE

Zerlegen Sie die zusammengesetzten Körper in einfache, berechenbare Teilkörper.

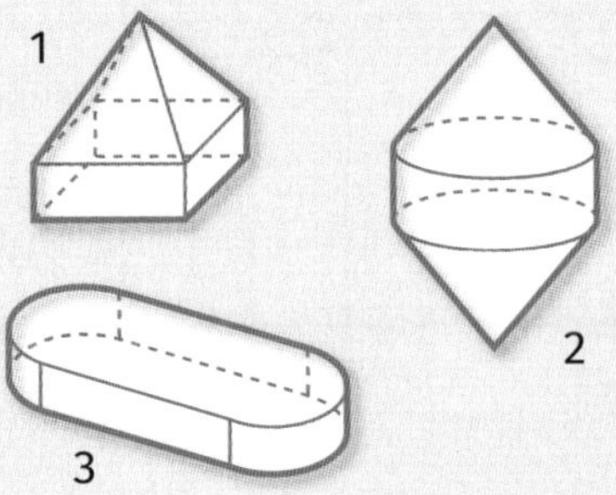

Ein Quader wurde an der oberen Kante seiner Deckfläche abgeschnitten.

An dieser Stelle ist eine Rundung zu finden 3 .

Auch in diesem Fall handelt es sich um einen zusammengesetzten Körper. Deshalb muss er wieder in einfache Körper geteilt werden:

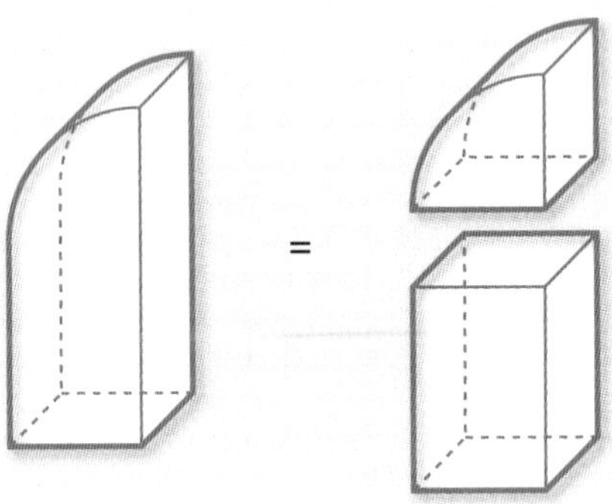

Durch geschicktes Teilen entsteht ein Quader und ein Viertel eines Zylinders.

Mit dieser Teilung wird eine spätere Berechnung des Gesamtvolumens möglich.

Manche zusammengesetzte Körper müssen gedreht werden, um die darin enthaltenen einfachen Körper zu erkennen 4 .

Auf die Stirnfläche gedreht lassen sich die enthaltenen einfachen Körper erkennen:

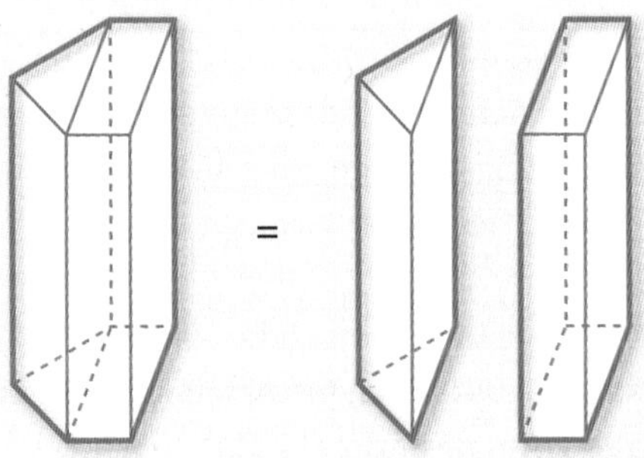

In diesem zusammengesetzten Körper stecken ein Quader und ein Dreiecksprisma.

Zusammengesetzte Körper werden berechenbar, wenn die darin enthaltenen Körper richtig erkannt werden.

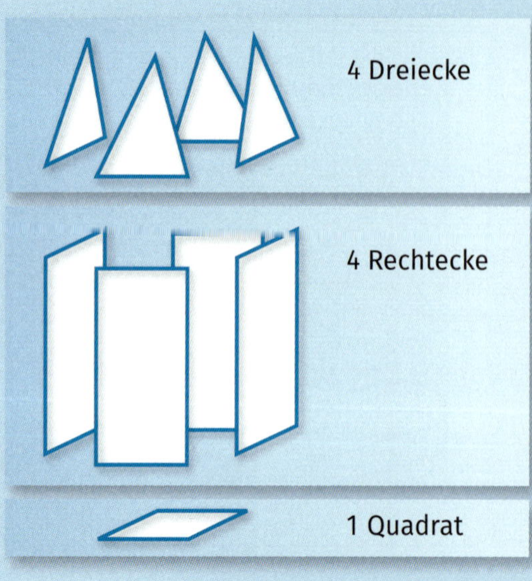

1 Oberfläche eines zusammengesetzten Körpers

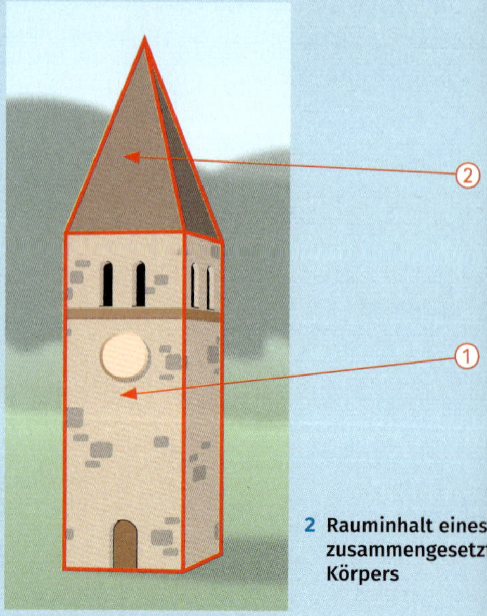

2 Rauminhalt eines zusammengesetzt Körpers

8.4 Berechnen zusammengesetzter Körper

Oberfläche und Rauminhalt

Ein **zusammengesetzter Körper** nimmt einen Raum ein, der durch Flächen begrenzt ist. Er besitzt eine Oberfläche und ein Volumen.

Die **Oberfläche** eines zusammengesetzten Körpers ist die Summe aller Außenflächen, die den Körper begrenzen.

Die jeweilige Berechnungsformel für die Oberfläche von zusammengesetzten Körpern hängt von der Form des Körpers ab.

Werden die Außenflächen des Kirchturms genau betrachtet, lässt sich erkennen, dass er von einem Quadrat, vier Rechtecken und vier Dreiecken begrenzt wird 1.

Für die Oberfläche eines Körpers gilt:
O = Summe der Außenflächen

Der **Rauminhalt** ist das Volumen innerhalb der Begrenzungsflächen.

Für die Berechnung des Gesamtvolumens müssen zusammengesetzte Körper zuerst in einfache Teilkörper zerlegt werden.

Der Kirchturm 2 wird in einen Quader ① und eine Pyramide ② zerlegt:

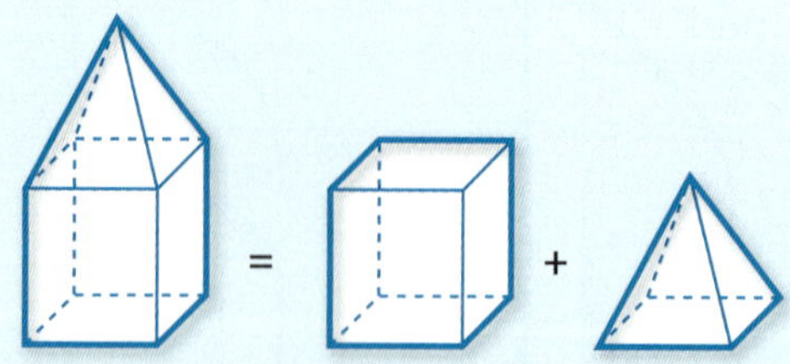

$$V_{gesamt} = V_{Quader} + V_{Pyramide}$$

Das Gesamtvolumen des Kirchturms ergibt sich aus dem Rauminhalt der beiden Teilkörper.

Für den Rauminhalt gilt:
$V_{gesamt} = V_1 + V_2 + V_3 + \ldots$

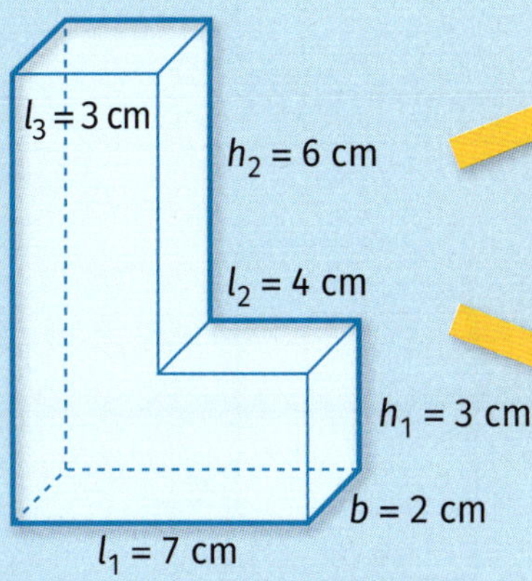

3 **Zusammengesetzter Körper 1**

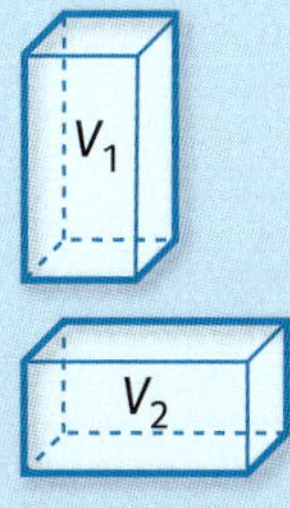

③ Rauminhalt der Teilkörper

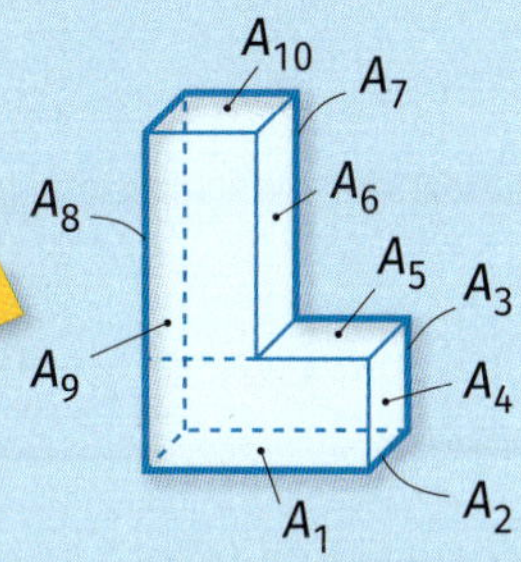

④ Oberfläche

Zusammengesetzter Körper 1

Vor dem Berechnen des Körpers 3 wird er sinnvoll geteilt. Es entstehen zwei Quader (V_1 und V_2) ③. Die notwendigen Maße sind aus der Zeichnung ermittelbar. Das Berechnen der Rauminhalte erfolgt über die Formel:

$V = l \cdot b \cdot h$

Für den Teilkörper V_1 gilt:

geg.: $l = l_1 = 7$ cm $b = 2$ cm ges.: V_1

$h = h_1 = 3$ cm

$V_1 = 7\text{ cm} \cdot 2\text{ cm} \cdot 3\text{ cm}$

$V_1 = \underline{\underline{42\text{ cm}^3}}$

Für den Teilkörper V_2 gilt:

geg.: $l = l_3 = 3$ cm $b = 2$ cm ges.: V_2

$h = h_2 = 6$ cm

$V_2 = 3\text{ cm} \cdot 2\text{ cm} \cdot 6\text{ cm}$

$V_2 = \underline{\underline{36\text{ cm}^3}}$

Für den zusammengesetzten Körper 1 gilt:

$V_{ges} = V_1 + V_2$

$V_{ges} = 42\text{ cm}^3 + 36\text{ cm}^3$

$V_{ges} = \underline{\underline{78\text{ cm}^3}}$

Antwort: Das Gesamtvolumen beträgt 78 cm³.

Die Oberfläche des Körpers besteht aus mehreren Rechtecken, die addiert werden ④.

$O = A_1 + A_2 + A_3 + A_4 + A_5 + A_6 + A_7 + A_8 + A_9 + A_{10}$

$O = 7\text{ cm} \cdot 3\text{ cm} + 7\text{ cm} \cdot 2\text{ cm} + 7\text{ cm} \cdot 3\text{ cm} + 2\text{ cm} \cdot 3\text{ cm} + 4\text{ cm} \cdot 2\text{ cm} + 6\text{ cm} \cdot 2\text{ cm} + 6\text{ cm} \cdot 3\text{ cm} + 9\text{ cm} \cdot 2\text{ cm} + 6\text{ cm} \cdot 3\text{ cm} + 3\text{ cm} \cdot 2\text{ cm}$

$O = 21\text{ cm}^2 + 14\text{ cm}^2 + 21\text{ cm}^2 + 6\text{ cm}^2 + 8\text{ cm}^2 + 12\text{ cm}^2 + 18\text{ cm}^2 + 18\text{ cm}^2 + 18\text{ cm}^2 + 6\text{ cm}^2$

$O = \underline{\underline{142\text{ cm}^2}}$

Antwort: Die Oberfläche beträgt 142 cm².

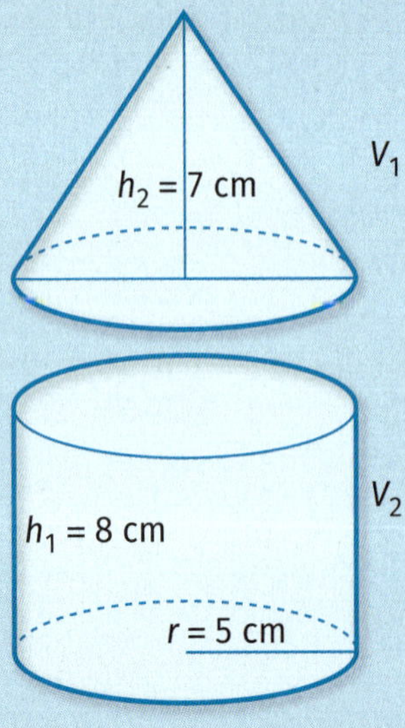

1 Zusammengesetzter Körper 2

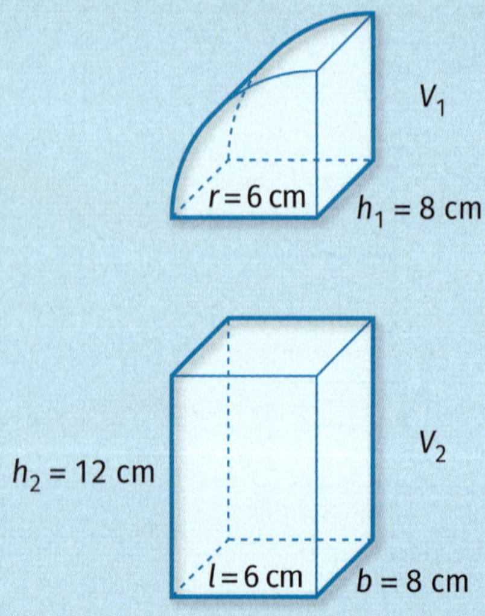

2 Zusammengesetzter Körper 3

Zusammengesetzter Körper 2

Das Gesamtvolumen des Körpers 1 wird berechenbar, wenn er in einen Kegel und einen Zylinder geteilt wird (V_1 und V_2).
Die jeweiligen Rauminhalte können mit den entsprechenden Formeln berechnet werden:

$V_{Kegel} = \pi \cdot r \cdot r \cdot h_2 : 3$ und
$V_{Zylinder} = \pi \cdot r \cdot r \cdot h_1$

Für den zusammengesetzten Körper gilt:

$V_{gesamt} = V_{Kegel} + V_{Zylinder}$

geg.: $\pi \approx 3{,}14$ cm $\quad r = 5$ cm $\quad$ ges.: V_{gesamt}
$h_1 = 8$ cm $\quad h_2 = 7$ cm

$V_{ges} \approx 3{,}14 \cdot 5\text{ cm} \cdot 5\text{ cm} \cdot 7\text{ cm} : 3 + 3{,}14 \cdot 5\text{ cm} \cdot 5\text{ cm} \cdot 8\text{ cm}$
$V_{ges} \approx 183{,}17\text{ cm}^3 + 628\text{ cm}^3$
$V_{ges} \approx \underline{\underline{811{,}17\text{ cm}^3}}$

Antwort: Das Gesamtvolumen ist 811,17 cm³.

Zusammengesetzter Körper 3

Das Gesamtvolumen dieses Körpers 2 kann in einen Viertelzylinder und einen Quader geteilt werden (V_1 und V_2). Dann erfolgt das Berechnen der jeweiligen Rauminhalte:

$V_{Viertelzylinder} = \pi \cdot r \cdot r : 4 \cdot h_1$ und
$V_{Quader} = l \cdot b \cdot h_2$

Für den zusammengesetzten Körper gilt:

$V_{gesamt} = V_{Viertelzylinder} + V_{Quader}$

geg.: $\pi \approx 3{,}14$ $\quad r = 6$ cm $\quad$ ges.: V_{gesamt}
$h_1 = 8$ cm $\quad h_2 = 12$ cm
$l = 6$ cm $\quad b = 8$ cm

$V_{ges} \approx 3{,}14 \cdot 6\text{ cm} \cdot 6\text{ cm} : 4 \cdot 8\text{ cm} + 6\text{ cm} \cdot 8\text{ cm} \cdot 12\text{ cm}$
$V_{ges} \approx 226{,}08\text{ cm}^3 + 576\text{ cm}^3$
$V_{ges} \approx \underline{\underline{802{,}08\text{ cm}^3}}$

Antwort: Das Gesamtvolumen ist 802,08 cm³.

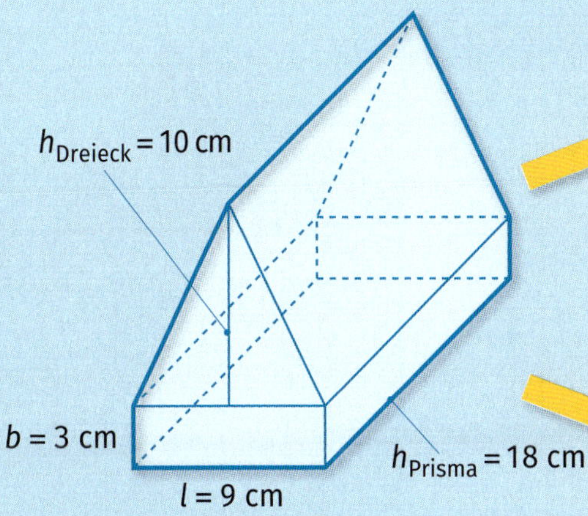

3 **Zusammengesetzter Körper 4**

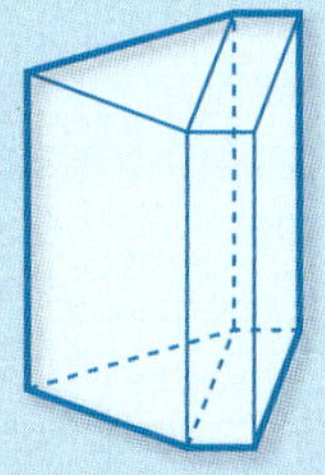

① Körper 4 gedreht

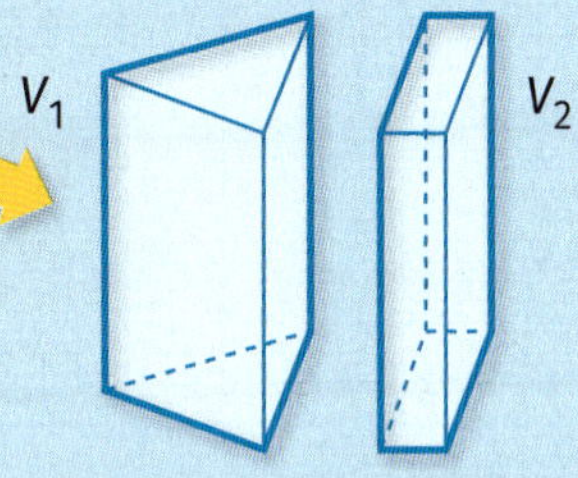

② Körper 4 aufgeteilt

Zusammengesetzter Körper 4

Das Gesamtvolumen des Körpers 4 kann ebenfalls nur berechnet werden, wenn er vorher sinnvoll geteilt wird.

In diesem Fall ist nicht sofort zu erkennen, in welche bekannten Körper er aufgeteilt werden kann.

Wird der Körper jedoch gedreht, ändert sich die Perspektive und die Aufteilung in einfache Körper ist besser möglich ①.

Es entstehen ein Dreiecksprisma und ein Quader (V_1 und V_2) ②. Die erforderlichen Maße sind aus der Zeichnung ermittelbar.

Das Berechnen ihrer Rauminhalte erfolgt über folgende Formeln:

$$V_{Prisma} = \frac{l \cdot h_{Dreieck}}{2} \cdot h_{Prisma} \quad \text{und}$$

$$V_{Quader} = l \cdot b \cdot h_{Prisma}$$

Für den Teilkörper V_1 gilt:

geg.: $l = 9\,\text{cm}$ $h_{Dreieck} = 10\,\text{cm}$ $h_{Prisma} = 18\,\text{cm}$

ges.: V_1

$$V_1 = \frac{9\text{ cm} \cdot 10\text{ cm}}{2} \cdot 18\text{ cm}$$

$$V_1 = \underline{\underline{810\text{ cm}^3}}$$

Für den Teilkörper V_2 gilt:

geg.: $l = 9$ cm $b = 3$ cm ges.: V_2

$h_{Prisma} = 18$ cm

$$V_2 = 9\text{ cm} \cdot 3\text{ cm} \cdot 18\text{ cm}$$

$$V_2 = \underline{\underline{486\text{ cm}^3}}$$

Für den zusammengesetzten Körper 4 gilt:

$$V_{ges} = V_1 + V_2$$

$$V_{ges} = 810\text{ cm}^3 + 486\text{ cm}^3$$

$$V_{ges} = \underline{\underline{1296\text{ cm}^3}}$$

Antwort: Das Gesamtvolumen ist 1296 cm^3.

Zusammengesetzte Körper

durch Addition einfacher Körper	durch Subtraktion einfacher Körper
	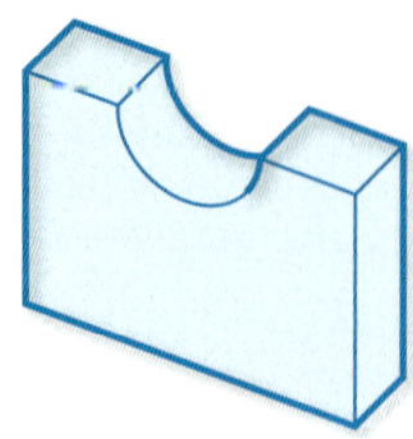
$V_{ges} = V_{Quader} + V_{halber\ Zylinder}$ $V_{ges} = V_1 + V_2$	$V_{ges} = V_{Quader} - V_{halber\ Zylinder}$ $V_{ges} = V_1 - V_2$

1 Bildung zusammengesetzter Körper

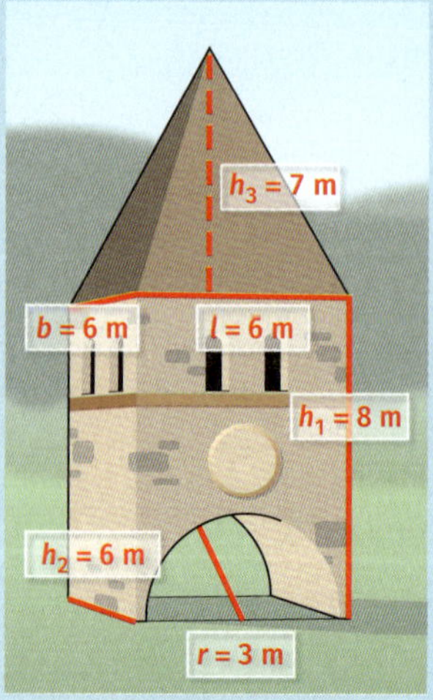

2 Turm einer Stadtmauer

Weitere zusammengesetzte Körper

Das Gesamtvolumen von zusammengesetzten Körpern ist nicht immer durch die Addition der Rauminhalte der Teilkörper berechenbar.

Manchmal sind bekannte Körperformen aus einem Körper herausgeschnitten worden. In diesen Fällen müssen die betreffenden Teilkörper vom Gesamtvolumen abgezogen werden 1.

Zusammengesetzte Körper können auch aus mehr als zwei einfachen Körpern bestehen 2.

Die Vorgehensweise bei der Berechnung des Rauminhaltes ist aber bei allen zusammengesetzten Körpern gleich:

1. Erkennen von Teilkörpern
2. Berechnen von Teilkörpern
3. Berechnen des Gesamtvolumens

Der Turm in einer Stadtmauer hat ein pyramidenförmiges Dach und ein Eingangstor 2.

Er besteht aus einem Quader mit einer aufgesetzten quadratischen Pyramide und einem herausgeschnittenen halben Zylinder.
Die Rauminhalte können mit den entsprechenden Formeln berechnet werden:

$V_{Quader} = l \cdot b \cdot h_1$
$V_{halber\ Zylinder} = \pi \cdot r \cdot r \cdot h_2 : 2$
$V_{Pyramide} = l \cdot b \cdot h_3 : 3$

Für den zusammengesetzten Körper gilt:

$V_{gesamt} = V_{Quader} + V_{Pyramide} - V_{halber\ Zylinder}$

geg.: $\pi \approx 3{,}14$ cm $\quad r = 3$ m
$h_1 = 8$ m $\quad h_2 = 6$ m
$h_3 = 7$ m $\quad l = b = 6$ m

ges.: V_{gesamt}

$V_{ges} \approx 6\text{ m} \cdot 6\text{ m} \cdot 8\text{ m} + 6\text{ m} \cdot 6\text{ m} \cdot 7\text{ m} : 3$
$\quad - 3{,}14 \cdot 3\text{ m} \cdot 3\text{ m} \cdot 6\text{ m} : 2$
$V_{ges} \approx 288\text{ m}^3 + 84\text{ m}^3 - 84{,}78\text{ m}^3$
$V_{ges} \approx \underline{\underline{287{,}22\text{ m}^3}}$

Antwort: Das Turmvolumen ist 287,22 m³.

3 Fischkonserve

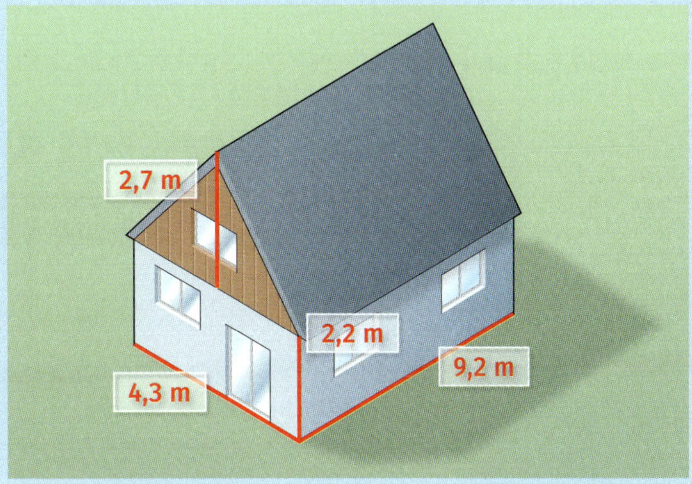

4 Wohnhaus

AUFGABE

1. Eine Fischkonserve kann bei genauerer Betrachtung als zusammengesetzter Körper erkannt werden 3 . Zeichnen Sie die Fischkonserve auf ein Blatt Papier und zerlegen Sie die Fischkonserve anschließend in berechenbare Teilkörper.

2. Für die Anschaffung einer neuen Heizanlage soll der gesamte Rauminhalt eines Einfamilienhauses ermittelt werden 4 . Berechnen Sie den Rauminhalt mit den angegebenen Maßen des Hauses.

3. Eine 2,5 m hohe zylinderförmige Marmorsäule hat einen Durchmesser von 4 dm und am einen Ende einen 3 dm hohen Kegel als Abschluss. Das Gewicht von Marmor beträgt 2,7 kg/dm^3.
a) Wie viel wiegt eine Säule?
b) Wie viele Säulen passen auf einen 1,8 t-Anhänger?

ZUSAMMENFASSUNG

Körper erkennen

- einfache Körper
- zusammengesetzte Körper

Zusammengesetzte Körper sinnvoll teilen

- Gesamtkörper in berechenbare einfache Körper teilen

Körper berechnen

- Rauminhalt der Teilkörper berechnen
- Gesamtvolumen berechnen

ZUSAMMENFASSUNG
ZUSAMMENGESETZTE FLÄCHEN UND KÖRPER

Geometrische Formen erkennen

einfache Flächen

Addition oder Subtraktion einfacher Flächen

zusammengesetzte Flächen

einfache Körper

Addition oder Subtraktion einfacher Körper

zusammengesetzte Körper

Zusammengesetzte Flächen und Körper sinnvoll teilen

Gesamtfläche in berechenbare einfache Flächen teilen

Gesamtkörper in berechenbare einfache Körper teilen

Berechnen

- Flächeninhalte der Teilflächen berechnen
- Gesamtfläche und Umfang berechnen

- Rauminhalt der Teilkörper berechnen
- Gesamtvolumen berechnen

Einfache Funktionen 9

9.1 Erstellen von Wertetabellen

Tabellen klären Zusammenhänge.

9.2 Darstellen von Funktionen

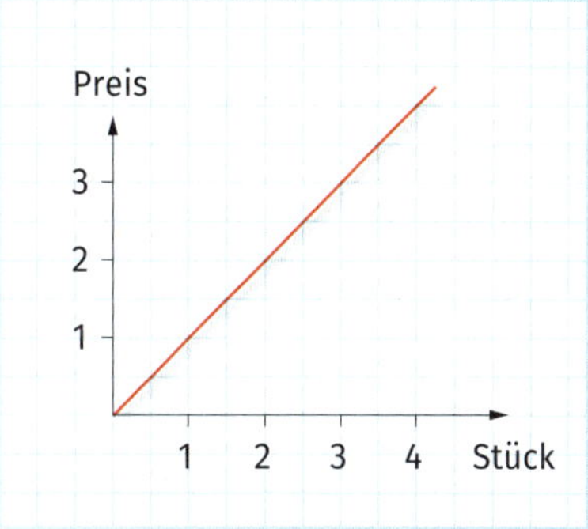

Diagramme zeigen, wo es langgeht.

9.3 Anwenden von Funktionen

Funktionen funktionieren.

1 Angebot

2 Girokonto ohne Grundgebühr

Scheinbar günstige Angebote wie kostenlose Girokonten, preiswerter Strom oder billige Handytarife 1 sollen Kunden locken.

Da man oft längere Zeit an die Verträge gebunden ist, können falsche Entscheidungen zu erheblichen Kosten führen.

Dabei stehen Zahlenreihen in Beziehung. Die Höhe der Rechnung ist abhängig von der Anzahl der Buchungen, der verbrauchten Kilowattstunden oder der gesendeten SMS.

Um die Beziehung von Zahlenreihen zu verdeutlichen, hilft es, ihre Funktion zu kennen.

Das Darstellen von Funktionen als Diagramm macht die Zusammenhänge sichtbar.

Um Zahlenreihen in Funktionen und Diagramme umzuwandeln, sind zwei Schritte nötig:

- von der Zahlenreihe zur Wertetabelle
- von der Wertetabelle zum Diagramm und zur Funktion

9.1 Erstellen von Wertetabellen

Von den Zahlenreihen zur Wertetabelle

Eine Bank bietet ein Girokonto ohne Grundgebühren an 2. Für Überweisungen, die nicht online getätigt werden, verlangt sie je 0,75 €.

Die **Wertetabelle** 3 ordnet die Zahlenreihen:

- In die 1. Zeile wird die 1. Zahlenreihe eingetragen (Anzahl der Überweisungen).
- In der 2. Zeile steht die davon abhängige Zahlenreihe (Preis).
- Die zusammengehörenden Zahlen heißen **Wertepaar**.

Gehört zu jeder Größe einer Zahlenreihe genau eine Größe einer anderen Zahlenreihe, nennt man das **Funktion**.

! Funktionen sind die eindeutige Zuordnung der Größen zweier Zahlenreihen.

Wertepaar

Anzahl der Überweisungen	0	**1**	2	3	4	5	6	7	8	9	10
Preis in €	0	**0,75**	1,50	2,25	3,00	3,75	4,50	5,25	6,00	6,75	7,50

3 Wertetabelle Girokonto ohne Grundgebühr

Anzahl der Überweisungen	0	1	2	3	4	5	6	7	8	9	10
Preis in €	2,00	2,30	2,60	2,90	3,20	3,50	3,80	4,10	4,40	4,70	5,00

4 Wertetabelle Girokonto mit Grundgebühr

Bis zu 4 Überweisungen: Das Konto **ohne** Grundgebühr ist günstiger.	Bei mehr als 4 Überweisungen: Das Konto **mit** Grundgebühr ist günstiger.

5 Vergleich der Wertetabellen

Vergleichen von Wertetabellen

Eine andere Bank bietet ein Girokonto an, für das sie 2 € Grundgebühr verlangt. Allerdings kosten Überweisungen jeweils nur 0,30 €.

Hierzu kann wieder eine entsprechende Wertetabelle erstellt werden 4:

- In die 1. Zeile wird die Anzahl der Überweisungen eingetragen.
- Bei der Berechnung des Preises in der 2. Zeile muss jeweils die Grundgebühr von 2 € berücksichtigt werden.

Eine Gegenüberstellung der Tabellen ermöglicht einen Vergleich der beiden Girokonten 5.

Bis zu 4 Überweisungen ist das Girokonto ohne Grundgebühr günstiger, ab der 5. Überweisung wird beim Girokonto mit Grundgebühr weniger bezahlt.

Wertetabellen verdeutlichen Zusammenhänge von Zahlenreihen.

AUFGABE

1. Fotoabzüge über das Internet kosten 0,10 € pro Stück. Es fallen 3 € Versandkosten an.
Erstellen Sie eine Wertetabelle für 1 – 10 Abzüge.

2. Für einen Urlaub werden folgende Kosten angenommen:
- Reisekosten: 100 €
- weitere Kosten pro Tag: 35 €

Erstellen Sie eine Wertetabelle für 1 – 14 Tage.

3. Erstellen Sie die Wertetabellen in Zehnerschritten (Obergrenze 150 km) zu folgenden Angeboten:

a) Mietwagenanbieter A verlangt 2,50 € je km, keine Grundgebühr.

b) Mietwagenanbieter B verlangt 2,00 € je km, 40 € Grundgebühr.

c) Ab welcher Strecke ist Anbieter B günstiger?

Strom in kWh	0	1	2	3	4	5	6	7	8	9	10
Preis	0,00	0,30	0,60	0,90	1,20	1,50	1,80	2,10	2,40	2,70	3,00

1 Wertetabelle

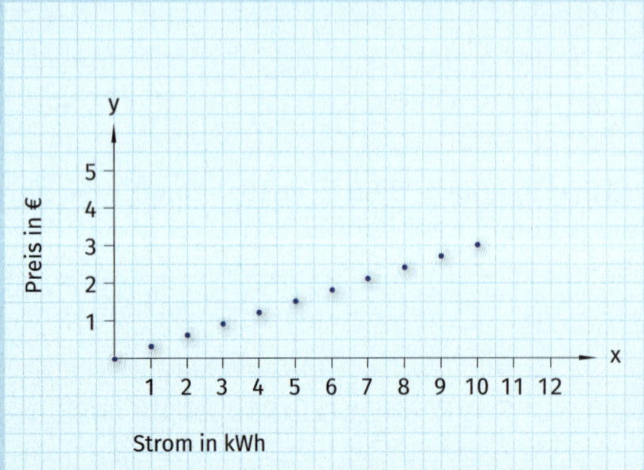

2 Übertragung in ein Koordinatensystem

3 Gerade im Koordinatensystem

9.2 Darstellen von Funktionen

Von der Wertetabelle zum Diagramm

Zahlenreihen aus Wertetabellen 1 können in **Koordinatensysteme** mit zwei Achsen übertragen werden 2.

Die waagerechte Achse des Koordinatensystems wird als *x*-Achse bezeichnet, die senkrechte Achse heißt *y*-Achse.

Die Zahlen der oberen Zeile der Wertetabelle werden an der ***x*-Achse** angezeichnet, die davon abhängigen Zahlen der unteren Zeile an der ***y*-Achse**.

Durch die Wertepaare werden Punkte im Koordinatensystem gebildet, die den Zusammenhang der Zahlenreihen bildlich darstellen.

Wertetabellen können in Koordinatensysteme übertragen werden.

Vom Diagramm zur Gleichung

Werden die gebildeten Punkte im Koordinatensystem miteinander verbunden, entsteht eine Gerade 3.

Da sie die Funktion graphisch darstellt, nennt man diese Gerade den **Graph** der Funktion.

Die Steigung der Geraden ist 0,30.

Bewegt man sich auf der *x*-Achse um 1 Einheit nach rechts, steigt die Gerade um 0,30 Einheiten der *y*-Achse an.

Anders ausgedrückt: Die Gerade steigt auf der *y*-Achse um das 0,30-Fache dessen an, was sie auf der *x*-Achse zurücklegt.

Die Gleichung der Funktion ist somit:

$y = 0{,}30 \cdot x$

Funktionen können graphisch und als Gleichung dargestellt werden.

Strom in kWh	0	1	2	3	4	5	6	7	8	9	10
Preis	10,00	10,30	10,60	10,90	11,20	11,50	11,80	12,10	12,40	12,70	13,00

4 Wertetabelle mit konstanter Größe

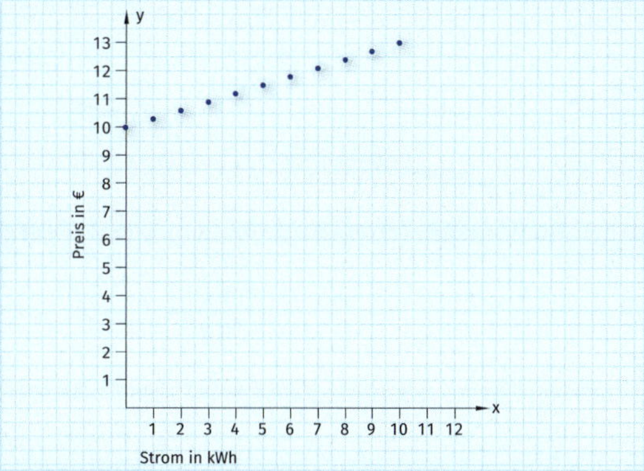

5 Zahlenreihen mit konstantem Wert

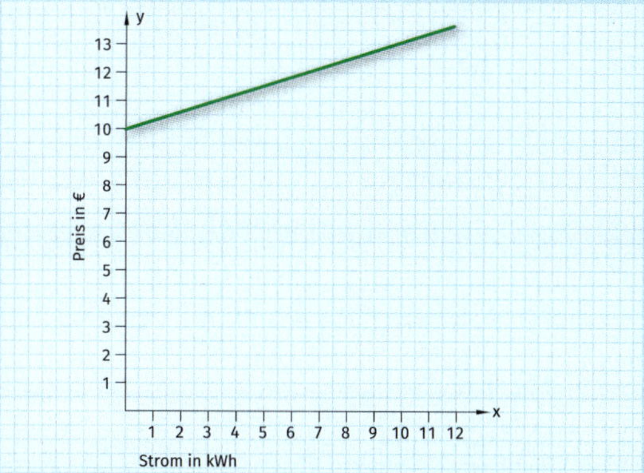

6 Graph mit *y*-Achsenabschnitt

Funktionen mit y-Achsenabschnitt

Manche Zahlenreihen enthalten einen zusätzlichen konstanten Wert. Das kann die Grundgebühr eines Stromliefervertrags sein, die unabhängig vom gelieferten Strom anfällt 4.

Auch Zahlenreihen, die zusätzlich eine konstante Größe enthalten, können in ein Koordinatensystem übertragen werden 5.

Der Graph verläuft dabei nicht durch den Nullpunkt, sondern ist auf der *y*-Achse um einen Abschnitt verschoben 6.

Dieser Abschnitt entspricht der konstanten Größe, in diesem Fall 10.

Der durch die konstante Größe entstandene Abschnitt auf der *y*-Achse wird **y-Achsenabschnitt** genannt.

Bei Funktionen mit einer konstanten Größe ist der Graph um den *y*-Achsenabschnitt verschoben.

Die Steigung der Geraden ist 0,30 pro Einheit.

Bewegt man sich auf der *y*-Achse um 1 Einheit nach rechts, steigt die Gerade um 0,30 Einheiten der *y*-Achse an.

Anders ausgedrückt: Die Gerade steigt auf der *y*-Achse um das 0,30-Fache dessen an, was sie auf der *x*-Achse zurücklegt.

Der erste Teil der Gleichung ist somit:

$y = 0{,}30 \cdot x$

Der *y*-Achsenabschnitt beträgt 10. Er entspricht der Grundgebühr des Stromliefervertrags.

Die Verschiebung um den *y*-Achsenabschnitt muss zum ersten Teil der Gleichung addiert werden.

Die Gleichung der Funktion mit allen Bestandteilen ist somit:

$y = 0{,}30 \cdot x + 10$

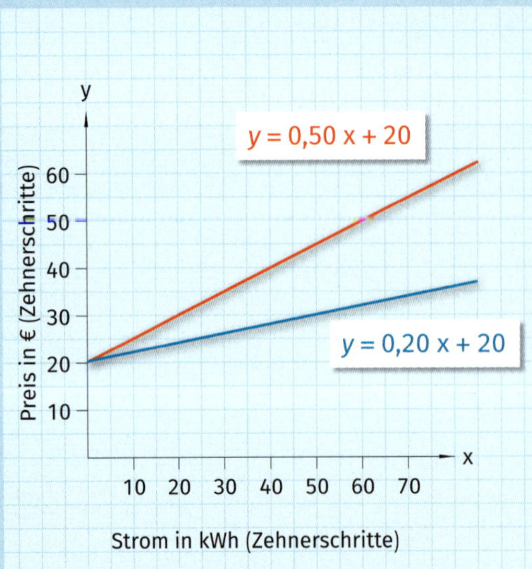

1 **Die Gerade steigt steiler an**

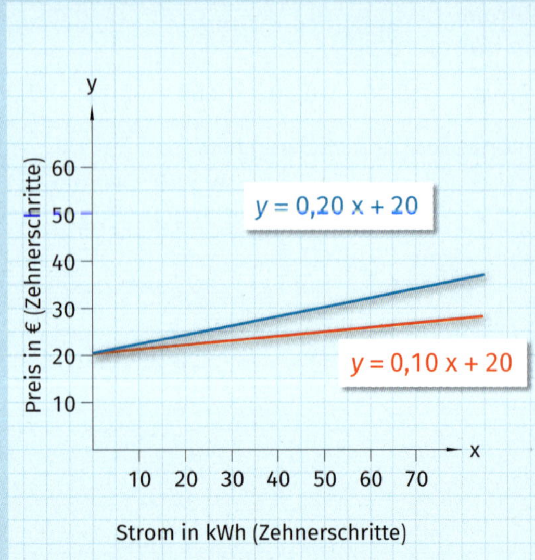

2 **Die Gerade steigt weniger steil an**

Die allgemeine lineare Funktion

Eine Funktion mit einer Geraden und y-Achsenabschnitt kann folgende Gleichung haben:

$y = 0{,}20 \cdot x + 20$

Die Zahl 0,20 kann durch den Platzhalter m und die Zahl 20 durch b ersetzt werden:

$y = m \cdot x + b$

Das Mal-Zeichen wird oft weggelassen:

$y = m\,x + b$

Solche Funktionen werden als **allgemeine lineare Funktion** bezeichnet.

AUFGABE

Bei einem Stromanbieter müssen 15,00 € als monatliche Grundgebühr und 0,15€ pro kWh bezahlt werden. Stellen Sie die Funktionsgleichung auf.

Bestandteile der Funktion $y = m\,x + b$

Der Platzhalter m gibt die Steigung der Geraden an.

Verlangt ein Stromanbieter bei 20,00 € Grundgebühr 0,50 € pro kWh statt 0,20 € pro kWh, steigt die Gerade steiler an 1.

Mit jeder Kilowattstunde erhöhen sich die Kosten für den Strom. Die Gleichung dieser Funktion ist:

$y = 0{,}50\,x + 20$

Verlangt ein Stromanbieter für eine kWh statt 0,20 € nur 0,10 €, steigt die Gerade weniger steil an 2.

Mit jeder Kilowattstunde erhöhen sich die Kosten für den Strom nicht mehr so stark. Die Gleichung dieser Funktion ist:

$y = 0{,}10\,x + 20$

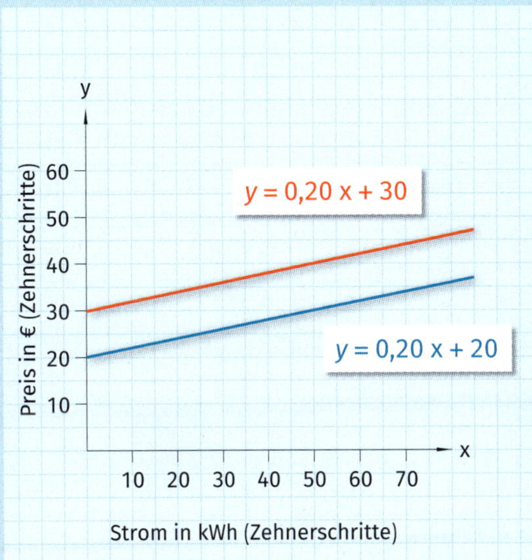

3 **Der *y*-Achsenabschnitt ist größer**

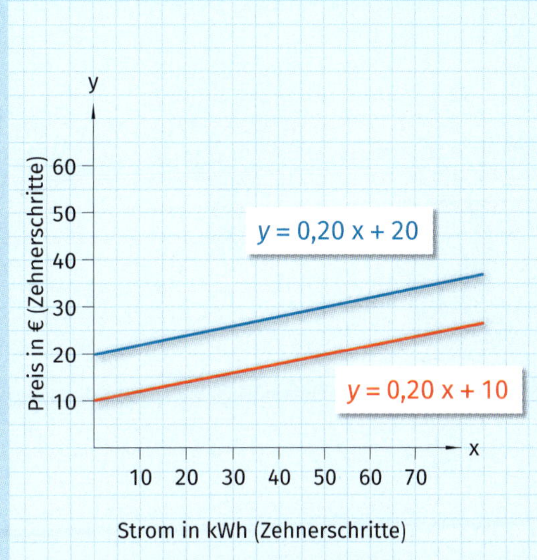

4 **Der *y*-Achsenabschnitt ist kleiner**

Der Platzhalter *b* gibt die Größe des *y*-Achsenabschnitts an.

Verlangt der Stromanbieter für die Grundgebühr 30,00 € statt 20,00 €, wird der *y*-Achsenabschnitt größer 3 .

Die Kosten für den Strom sind deshalb insgesamt höher. Die Gleichung dieser Funktion ist:

$y = 0{,}20\,x + 30$

Verlangt der Stromanbieter für die Grundgebühr 10,00 € statt 20,00 €, wird der *y*-Achsenabschnitt kleiner 4 .

Die Kosten für den Strom sind deshalb insgesamt niedriger. Die Gleichung dieser Funktion ist:

$y = 0{,}20\,x + 10$

Platzhalter *m* ≙ Steigung der Geraden
Platzhalter *b* ≙ *y*-Achsenabschnitt

AUFGABE

Zeichnen Sie die Schaubilder der Funktionen:

a) $y = 2\,x + 1$
b) $y = 1/2\,x + 1$
c) $y = 2\,x + 2$
d) $y = 1/2\,x + 2$
e) $y = x + 1$
f) $y = x$
g) $y = 3\,x + 0{,}2$
h) $y = 0{,}2\,x + 3$
i) $y = 1/4\,x + 1{,}5$
j) $y = 3/4\,x + 1{,}5$

ZUSAMMENFASSUNG

Wertetabellen in Koordinatensysteme übertragen

obere Zeile ≙ *x*-Achse
untere Zeile ≙ *y*-Achse

Allgemeine lineare Funktion

$y = m\,x + b$

m ≙ Steigung der Geraden
b ≙ *y*-Achsenabschnitt

1 Schneefall

①

x	0	1	2	3
y	2	2,5	3	3,5

②

x	0	1	2	3
y	4	6	8	10

③

x	0	1	2	3
y	2	2,25	2,5	2,75

④

x	0	1	2	3
y	1	1,9	2,8	3,7

⑤

x	0	1	2	3
y	4	5	6	7

2 Wertetabellen zu Aufgabe 3

9.3 Anwenden von Funktionen

1. Zeichnen Sie das Schaubild der Gleichungen.

a) $y = 1{,}5\,x + 1{,}5$
b) $y = 1{,}5\,x + 2$
c) $y = 0{,}5\,x + 1{,}5$
d) $y = 0{,}5\,x + 3$
e) $y = 0{,}1\,x + 3$
f) $y = 0{,}1\,x + 5$
g) $y = 0{,}4\,x + 2$
h) $y = 0{,}4\,x + 3$
i) $y = 0{,}8\,x$
j) $y = 0{,}8\,x + 2{,}5$
k) $y = 1/5\,x + 1$
l) $y = x + 1$

2. Auf eine bereits vorhandene Schneedecke mit einer Höhe von 10 cm fallen stündlich 2 cm Neuschnee 1. Nach 5 Stunden hört es auf zu schneien.

a) Erstellen Sie die entsprechende Funktion mit Schaubild. Zeichnen Sie das Schaubild so, dass 1 cm Schnee auch 1 cm auf der y-Achse entspricht.
b) Am nächsten Tag schneit es erneut auf die bestehende Schneedecke. Durchschnittlich fallen 3 cm pro Stunde. Erstellen Sie eine neue Funktion.

3. Betrachten Sie Bild 2. Welche Wertetabelle gehört zu welcher Gleichung?

a) $y = 0{,}9\,x + 1$
b) $y = 1/4\,x + 2$
c) $y = 0{,}5\,x + 2$
d) $y = 2\,x + 4$
e) $y = x + 4$

4. Betrachten Sie Bild 3. Welche Gerade gehört zu welcher Gleichung?

a) $y = 0{,}5\,x + 3$
b) $y = x + 1$
c) $y = 1/4\,x + 3{,}5$
d) $y = 1/2\,x + 4$
e) $y = x$

5. Ordnen Sie die Geraden nach ihrer Steigung.

a) $y = 0{,}5\,x + 1$
b) $y = 1/3\,x + 1{,}4$
c) $y = x + 3/2$
d) $y = 3{,}5\,x + 1{,}5$
e) $y = 4\,x + 2$
f) $y = 1/4\,x + 4{,}5$
g) $y = 0{,}3\,x + 3$

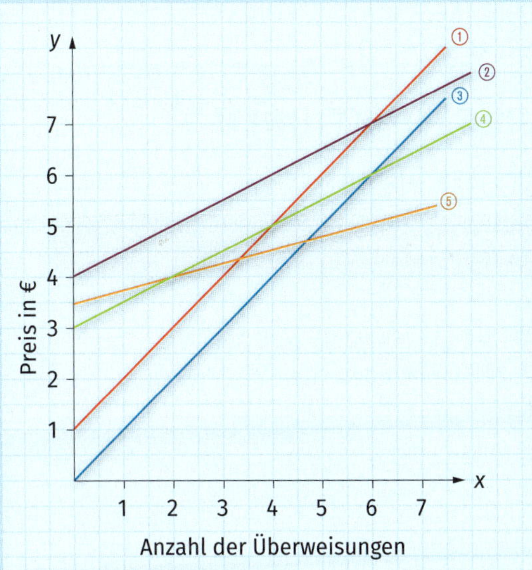

3 **Geraden zu Aufgabe 4**

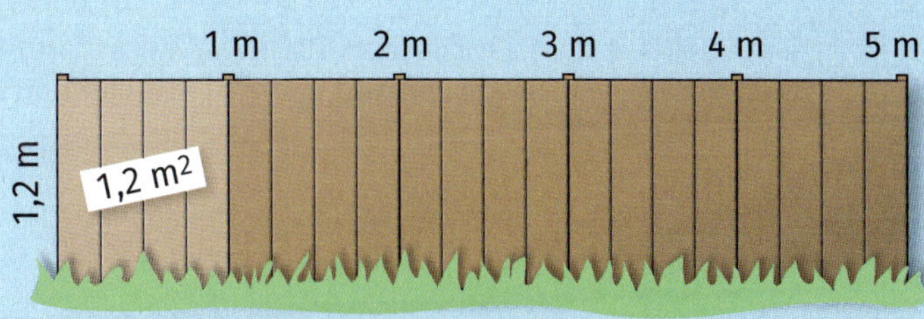

4 **Gartenzaun**

6. Ein Mofa benötigt für eine Fahrstrecke von 100 km Kraftstoff im Wert von 5 €. Für die Versicherung sind jährlich 100 € zu zahlen.

a) Erstellen Sie Wertetabelle, Funktion und Schaubild, aus denen die Kosten innerhalb eines Jahres abhängig von den gefahrenen Kilometern hervorgehen.
Setzen Sie bei der Wertetabelle Abstände von 100 km, Obergrenze 1500 km. Wählen Sie beim Schaubild einen günstigen Maßstab.

b) Wie verändert sich das Schaubild, wenn die Benzin-Kosten für 100 km Strecke 7,50 € und der jährliche Versicherungsbeitrag 80 € betragen?

7. Ein Gartenzaun **4** mit einer Länge von 5 m und einer Höhe von 1,2 m wird gestrichen.

a) Erstellen Sie eine Funktion zum Verhältnis der Länge zur Fläche.

b) Pro m^2 entstehen Kosten für Farbe in Höhe von 1 €. Einmalig werden 5 € für Pinsel ausgegeben. Erstellen Sie eine Funktion zum Verhältnis der Länge zu den Kosten.

8. Zeichnen Sie das Schaubild der folgenden Gleichung: $y = m\,x + 1$.
Ersetzen Sie dabei den Platzhalter m durch die angegebenen Zahlen:

a) 0,2	f) 2
b) 0,4	g) 3
c) 0,6	h) 3/2
d) 0,8	i) 3/4
e) 1	j) 1,5

9. Zeichnen Sie das Schaubild folgender Gleichung: $y = x + b$.
Ersetzen Sie dabei den Platzhalter b durch die angegebenen Zahlen:

a) 0,2	f) 1
b) 0,4	g) 2
c) 0,6	h) 3
d) 0,8	i) 3/2
e) 0	j) 3/4

10. Überlegen Sie sich selbst eine Aufgabe, bei der zwei Zahlenreihen in Beziehung stehen. Stellen Sie die Wertetabelle auf, entwickeln Sie die Funktion und zeichnen Sie das zugehörige Schaubild.

ZUSAMMENFASSUNG EINFACHE FUNKTIONEN

Erstellen von Wertetabellen

- 1. Zahlenreihe in die 1. Zeile eintragen
- davon abhängige Zahlenreihe in die 2. Zeile eintragen

Übertragen von Wertetabellen in Diagramme

- Übertragen der Wertepaare in das Koordinatensystem (Punkte entstehen)
- obere Zeile der Wertetabelle in die x-Achse übertragen
- untere Zeile der Wertetabelle in die y-Achse übertragen

Bilden von Gleichungen

- Darstellen der Funktion als Gleichung
- Verhältnis der y-Werte zu den x-Werten beachten

Die allgemeine lineare Funktion $y = m \cdot x + b$

- Platzhalter $m \triangleq$ Steigung der Geraden
- Platzhalter $b \triangleq$ y-Achsenabschnitt

Vorbereiten auf den Abschluss 10

10.1 Aufgaben richtig lesen und verstehen

Das richtige Lesen der Aufgaben ist die halbe Miete.

10.2 Fallen und Stolpersteine erkennen

Vorsicht Falle!

10.3 Trainieren für den Abschluss

Trainieren macht stark.

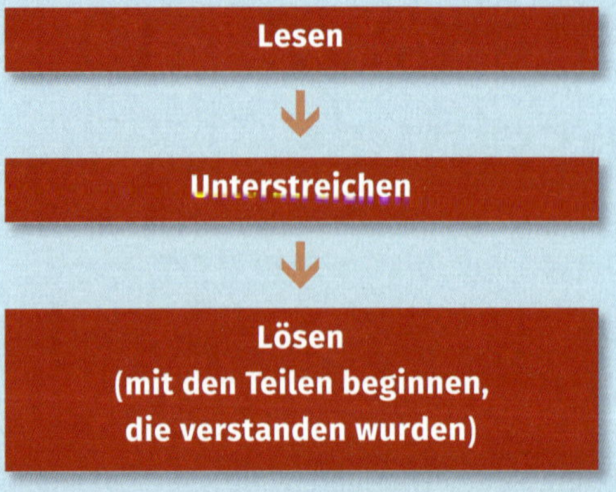

1 Reihenfolge beim Erfassen von Aufgaben

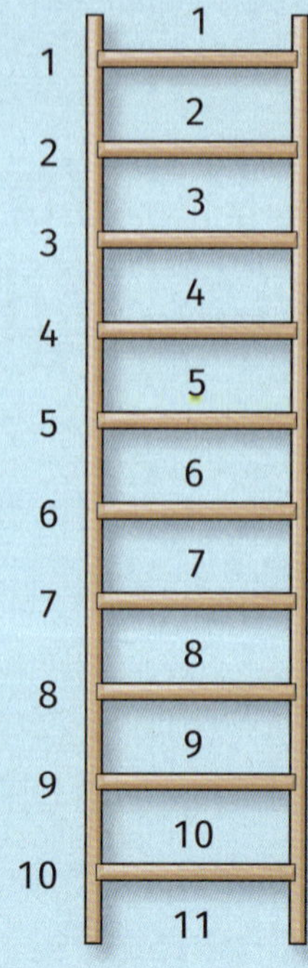

2 Leiter

Oft ist es so, dass vor einer Leistungskontrolle oder Prüfung die gestellten Aufgaben gut bewältigt wurden. Dann kommt der Tag der Wahrheit und plötzlich klappt gar nichts mehr. Die Folge sind schlechte Noten und Frust.

Was sind die Gründe für die schlechten Prüfungsergebnisse?

Häufig werden Aufgaben nicht oder falsch verstanden. Auch wenn dann einzelne Rechnungen richtig erfolgen, wird die eigentliche Aufgabe nicht gelöst.

In einigen Aufgaben verstecken sich Fallen, in die man leicht hineintappen kann.

Manchmal wird auch einfach zu wenig geübt.

Zu einer guten Vorbereitung auf den Abschluss gehören deshalb folgende Dinge:

- Aufgaben richtig lesen und verstehen,
- Fallen erkennen,
- Training.

10.1 Aufgaben richtig lesen und verstehen

Vom Lesen zum Lösen

Für das richtige Erfassen von Aufgaben ist eine bestimmte Vorgehensweise sinnvoll 1:

- Lesen Sie zunächst die vollständige Aufgabe ruhig und ohne Hektik.
- Keine Panik, wenn Sie nicht sofort die ganze Aufgabe verstehen. Unklare Anteile erschließen sich oft erst nach und nach.
- Unterstreichen Sie die wichtigen Worte.
- Lösen Sie zuerst die Aufgabenteile, die Sie bereits verstanden haben. Selbst wenn Sie die Aufgabe nur teilweise lösen können, gibt es dafür manchmal schon Punkte.
- Ist die gesamte Aufgabe unklar, gehen Sie lieber zur nächsten Aufgabe über.

3 Maler

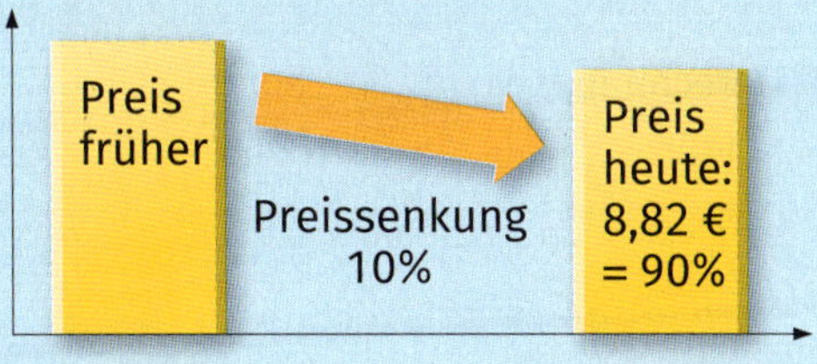

4 Preissenkung

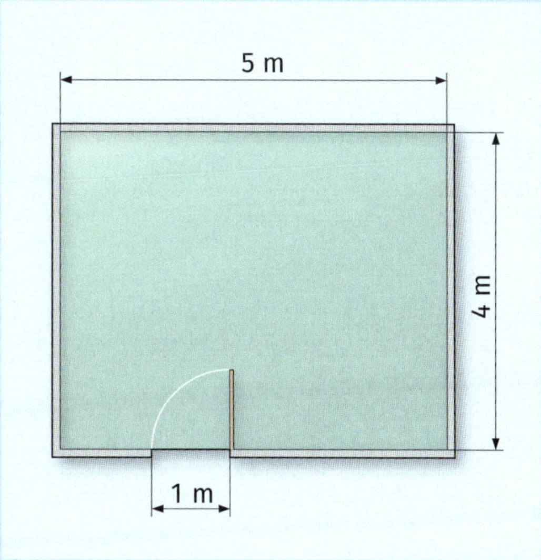

5 Zimmer

Aufgaben skizzieren

Machen Sie Aufgaben sichtbar.

Durch kleine Zeichnungen werden Aufgaben oft klarer.

Wie lang ist eine Leiter mit 10 Sprossen, wenn der Abstand der Sprossen jeweils 28 cm beträgt?

Hier könnte zunächst folgender Rechenweg richtig erscheinen:

$10 \cdot 28\text{ cm} = \underline{\underline{280\text{ cm}}}$

Durch die Zeichnung 2 wird deutlich, dass durch 10 Sprossen auf der Leiter 11 Abschnitte entstehen.

Wird unterstellt, dass der unterste und der oberste Abschnitt auch je 28 cm beträgt, lautet der richtige Rechenweg:

$11 \cdot 28\text{ cm} = \underline{\underline{308\text{ cm}}}$

2 Maler benötigen 60 Minuten, um eine Fläche zu streichen. Wie lange brauchen 3 Maler für dieselbe Fläche?

Durch die Zeichnung 3 wird deutlich, dass mehr Personen weniger Zeit benötigen. Es handelt sich um einen ungeraden Dreisatz.

Ein Produkt wird um 10 % im Preis gesenkt. Es kostet jetzt 8,82 €. Wie viel kostete das Produkt vor der Preissenkung?

Die Zeichnung 4 verdeutlicht, dass der Preis nach der Senkung noch 90 % des ursprünglichen Preises beträgt. Es handelt sich um einen verminderten Grundwert.

In einem Zimmer mit einer Länge von 5 m und einer Breite von 4 m soll ein Teppichboden verlegt und eine Sockelleiste montiert werden. Die Tür ist 1 m breit.

Durch die Zeichnung 5 wird deutlich, dass die Fläche und der Umfang eines Rechtecks berechnet werden müssen.

geg.: 2 Maler ≙ 60 Minuten

ges.: 3 Maler ≙ x Minuten

Rechnung: $x = \frac{2 \text{ Maler} \cdot 60 \text{ Minuten}}{3 \text{ Maler}}$

$x = \underline{\underline{40 \text{ Minuten}}}$

Antwort: 3 Maler benötigen 40 Minuten.

1 Ungerader Dreisatz mit Pfeil

$$\frac{2}{3} + \frac{1}{5} = \frac{10}{15} + \frac{3}{15}$$

2 Bilden des Hauptnenners

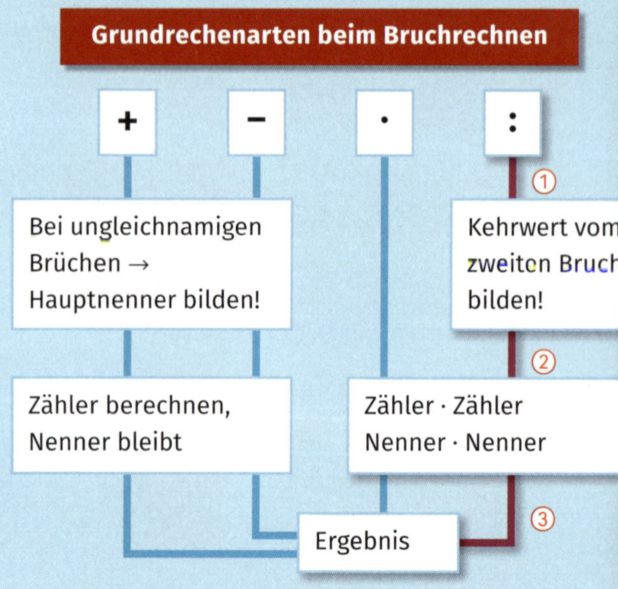

3 Schrittfolge beim Bruchrechnen

Lösungswege wie Bilder betrachten

Viele Lösungswege lassen sich wie Bilder in Form von Pfeilen betrachten. Bilder lassen sich viel leichter im Gedächtnis speichern als Texte.

Beim Lösen von Aufgaben reicht es dann oft aus, wenn auf diese bildhafte Vorstellung zurückgegriffen werden kann.

2 Maler benötigen 60 Minuten, um eine Fläche zu streichen. Wie lange brauchen 3 Maler für dieselbe Fläche?

Die Größen beim ungeraden Dreisatz werden in der Reihenfolge eines Pfeiles im Uhrzeigersinn in den Bruch geschrieben 1.

Zwei Brüche sollen addiert werden:

$$\frac{2}{3} + \frac{1}{5}$$

Zur Bildung des Hauptnenners kann das Zauberkreuz verwendet werden 2.

Schrittfolgen anwenden

Schrittfolgen, die die Reihenfolge beim Lösen von Aufgaben angeben, werden oft in Form von Ablaufplänen dargestellt 3.

Beim Üben kann es sehr hilfreich sein, den Ablaufplan neben das Heft zu legen und sich an den Linien zu orientieren.

Der Ablaufplan kann wie ein Spielbrett mit Spielfigur abgeschritten werden.

Zwei Brüche sollen dividiert werden:

$$\frac{1}{3} : \frac{4}{5}$$

Der auf dem Ablaufplan beschrittene Lösungsweg enthält bei dieser Aufgabe folgende Schritte 3:

① ② ③

$$\frac{1}{3} : \frac{4}{5} = \frac{1}{3} \cdot \frac{5}{4} = \underline{\underline{\frac{5}{12}}}$$

geg.: $K = 600$ €
$t = 200$ Tage
$p = 9\,\%$
ges.: $z = ?$

Rechnung: $z = \frac{K \cdot p \cdot t}{100 \cdot 360}$

$z = \frac{600 \cdot 9 \cdot 200}{100 \cdot 360}$

$z = \underline{\underline{30}}$

Antwort: Die Bank verlangt 30 €.

4 Größen beim Zinsrechnen

$3{,}98 \cdot 5{,}04$

3,98 ist etwas weniger als **4**
5,04 ist knapp über **5**

$\mathbf{4} \cdot \mathbf{5} = 20$

Das Ergebnis muss ungefähr 20 betragen.

5 Vereinfachen von Beträgen

Aufgaben ordnen

Überprüfen Sie sorgfältig, was in der Aufgabe gefragt ist.

Ein Girokonto wird 200 Tage lang um 600 € überzogen. Die Bank verlangt 9 % Zinsen.

Eine Einteilung in „gegeben" (geg.:) und „gesucht" (ges.:) ist dabei hilfreich 4.

Schätzen und Überschlagen

Überlegen Sie, in welchem Bereich die Ergebnisse ungefähr liegen müssen.

Durch Vereinfachen von Beträgen lassen sich Ergebnisse annähernd voraussagen 5.

Zeit im Auge behalten

Achten Sie auf die Zeit, die zur Verfügung steht. Planen Sie ein, wie lange Sie für eine Aufgabe brauchen dürfen oder wann Sie mit der Hälfte der Aufgaben fertig sein müssen.

→ **ZUSAMMENFASSUNG**

Reihenfolge beim Erfassen von Aufgaben

Lesen
↓
Unterstreichen
↓
Lösen
(mit den Aufgaben, die verstanden wurden, beginnen)

Weitere Hilfen zum Lösen von Aufgaben

- Aufgaben skizzieren
- Lösungswege wie Bilder betrachten
- Schrittfolgen anwenden
- Aufgaben ordnen
- Schätzen und überschlagen
- Zeit im Auge behalten

1 Preistafel in einer Kantine

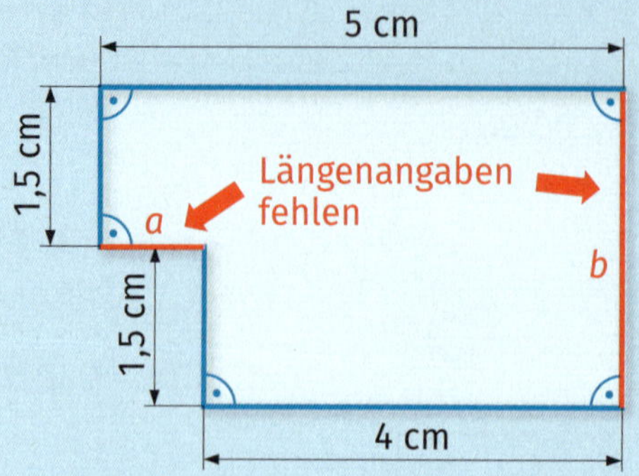

2 Fläche mit scheinbar fehlenden Angaben

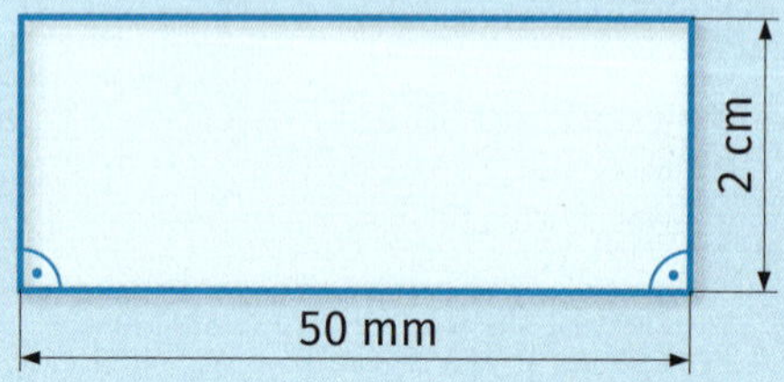

3 Fläche mit Maßangaben

10.2 Fallen und Stolpersteine erkennen

Die Frage herausfinden

Wird eine Aufgabe nur überflogen, kann es passieren, dass die eigentliche Frage übersehen wird.

Ein Auszubildender geht in die Kantine. Er hat 20 € dabei. Wie viel hat er anschließend noch übrig, wenn er 1 Currywurst, 2 Portionen Pommes und 1 Mineralwasser bestellt 1 ?

Wird die Aufgabe nicht aufmerksam gelesen, kann es passieren, dass ausgerechnet wird, wie viel der Auszubildende bezahlen muss.

$2{,}00\text{ €} + 2 \cdot 1{,}50\text{ €} + 0{,}75\text{ €} = \underline{\underline{5{,}75\text{ €}}}$

Die eigentliche Frage ist jedoch, wie viel anschließend von seinem Geld noch übrig ist.

$20{,}00\text{ €} - 5{,}75\text{ €} = \underline{\underline{14{,}25\text{ €}}}$

Fehlende Angaben selbst ermitteln

Manche Aufgaben erscheinen unlösbar, weil wichtige Angaben offenbar fehlen 2 .

Bei genauerem Hinsehen wird klar, dass die fehlenden Angaben leicht ermittelt werden können.

Die Länge der Linie *a* lässt sich berechnen, indem man von der oberen Linie (5 cm) die untere Linie (4 cm) abzieht. Sie ist somit 1 cm lang.

Die Länge der Linie *b* lässt sich berechnen, indem man die beiden senkrechten Linien auf der linken Seite (je 1,5 cm) zusammenzählt. Sie ist somit 3 cm lang.

Maßeinheiten überprüfen

Überprüfen Sie immer, in welchen Einheiten die Maße angegeben sind. Kontrollieren Sie anschließend, ob alle Angaben in derselben Maßeinheit gemacht wurden 3 .

~~$3000\ ha = 3\ km^3$~~

4 Unzulässige Umrechnung

~~$50\ m^2 = 5000\ dm$~~

5 Vergessen des Hochzeichens

~~$15^2 = 15 \cdot 2 = 30$~~

6 Multiplizieren statt Potenzieren

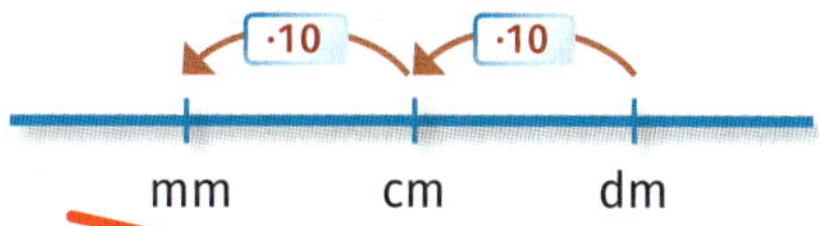

~~$4 \cdot 10 \cdot 10 = 4 \cdot 20 = 80$~~

7 Falsche Anwendung der Umrechnungszahl

~~$\frac{2}{3} + \frac{3}{4} = \frac{2}{12} + \frac{3}{12}$~~

8 Vergessen des Zählers

~~$\frac{12}{20} \begin{matrix}(:3)\\(:4)\end{matrix} = \frac{4}{5}$~~

9 Kürzen mit unterschiedlichen Zahlen

Längen, Flächen und Körper unterscheiden

Längenmaße, Flächenmaße und Körpermaße dürfen nicht untereinander umgerechnet werden 4.

Richtig: $3000\ ha = 3\ km^2$

Ein ärgerlicher Flüchtigkeitsfehler besteht darin, dass bei der Umrechnung das Hochzeichen vergessen wird 5.

Richtig: $50\ m^2 = 5000\ dm^2$

Potenzieren und Multiplizieren unterscheiden

Manchmal wird beim Potenzieren fälschlicherweise die Grundzahl mit der Hochzahl multipliziert 6. Richtig ist, dass die Hochzahl angibt, wie oft die Grundzahl mit sich selbst multipliziert werden muss.

Richtig: $15^2 = 15 \cdot 15 = 225$

Maßeinheiten richtig umwandeln

Muss die Umrechnungszahl mehrmals nacheinander angewendet werden, wird oft falsch multipliziert 7.

Richtig: $4 \cdot 10 \cdot 10 = 4 \cdot 100 = 400$

Beim Bilden vom Hauptnenner Zähler nicht vergessen

Beim Bilden eines Hauptnenners wird oft vergessen, dass beim Erweitern auch die Zähler berücksichtigt werden müssen 8.

Richtig: $\frac{2}{3} + \frac{3}{4} = \frac{8}{12} + \frac{9}{12}$

Richtig kürzen

Zähler und Nenner dürfen nicht mit unterschiedlichen Zahlen gekürzt werden 9.

Richtig: $\frac{12}{20} \begin{matrix}(:4)\\(:4)\end{matrix} = \frac{3}{5}$

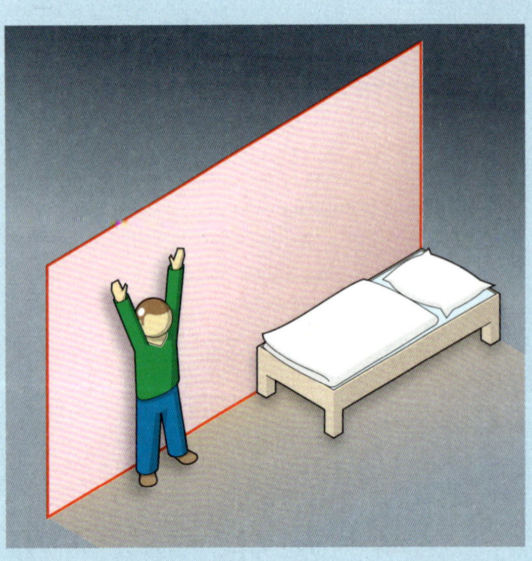

1 Wand

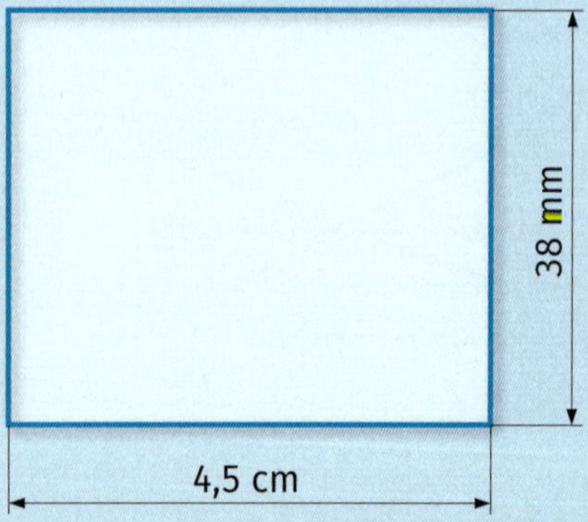

2 Fläche

10.3 Trainieren für den Abschluss

Mit jeder Trainingseinheit werden die Aufgaben etwas anspruchsvoller.

Trainingseinheit 1 Teil A

Zeitvorgabe: 30 Minuten
Hilfsmittel: keine

1. Lösen Sie die Aufgaben.

a) $14 + 2397 + 511 + 4090$
b) $304 \cdot 35$
c) $455 : 13$
d) 3^3
e) $10 + 4 \cdot 3 - 25 : 5$
f) $\frac{2}{5} \cdot \frac{1}{4}$
g) $1\frac{2}{7} + \frac{3}{7}$

2. Stellen Sie die Formel nach *b* um:
$A = l \cdot b$

3. Lösen Sie die Gleichung nach x auf:
$5x + 2 = 12$

4. Rechnen Sie die Maße 420 dm und 64 mm in die jeweils nächstgrößere Einheit um.

5. Wandeln Sie die Gewichte in kg um.
a) 0,5 t b) 2800 g

6. Ein Berufsschüler hat ein Jahr lang gespart: Monatlich 39 € vom Prospektverteilen und 15 € vom Taschengeld, Geldgeschenke in Höhe von 40 €, 50 € und 75 € und 4-mal 50 € von weiteren Nebenjobs. Wie viel fehlt ihm noch für einen Motorroller für 1250 €?

7. Eine Wand soll tapeziert werden 1.
a) Schätzen Sie den Flächeninhalt.
b) Wie viele Rollen Tapete werden benötigt (1 Rolle ist 10 m lang und 50 cm breit)?

8. Ein Praktikant arbeitet von 8:00 Uhr bis 16:30 Uhr. Von 10:00 Uhr bis 10:20 Uhr und von 13:00 Uhr bis 13:45 Uhr macht er Pause. Berechnen Sie die Arbeitszeit.

3 Schuhgeschäft

4 Werbung im Internet

Trainingseinheit 1 Teil B

Zeitvorgabe: 60 Minuten
Hilfsmittel: Taschenrechner, Formelsammlung, Geo-Dreieck, Zirkel

1. Eine sechsköpfige Familie gibt monatlich 48 € für Getränke aus.
a) Wie hoch sind die Ausgaben, wenn 1 Familienmitglied für 1 Monat verreist ist?
b) Wie hoch sind die monatlichen Kosten, wenn die Getränke 10 % günstiger sind, die Familie aber aus 7 Personen besteht?

2. Berechnen Sie den Inhalt und den Umfang der Fläche 2.

3. Laut einer Umfrage in einer Klasse zum Thema Haustiere besitzen 6 Schüler einen Hamster, 4 Schüler einen Vogel, 3 Schüler eine Katze und 2 Schüler einen Hund. 5 Schüler haben kein Haustier. Berechnen Sie die Angaben in Prozent und stellen Sie das Ergebnis in einem Balkendiagramm dar.

4. Die Artikel eines Schuhgeschäftes werden im Preis ermäßigt 3.
a) Wie viel kosten Schuhe, die 20 % günstiger wurden? Der bisherige Preis war 39,95 €.
b) Wanderschuhe wurden von 48 € auf 30 € herabgesetzt. Wie viel Prozent sind das?
c) Ein Paar Turnschuhe wurde um 5,88 € preiswerter. Das entspricht 12 %. Wie viel kosteten die Turnschuhe vorher?
d) Stiefel kosten jetzt 55,20 €. Wie hoch war der Preis vor der Ermäßigung von 20 %?

5. Eine Bank wirbt im Internet 4.
a) Wie hoch sind die Zinsen für einen Kredit in Höhe von 1500 €, der nach 10 Monaten zurückgezahlt wird?
b) Nach wie vielen Tagen muss der Kredit zurückgezahlt werden, wenn höchstens 50 € an Zinsen anfallen dürfen?
c) Welcher Betrag kann entliehen werden, wenn für 280 Tage maximal 100 € Zinsen fällig sein dürfen?
d) Wie hoch ist der Zinssatz für einen Kredit in Höhe von 3000 €, wenn für 250 Tage 125 € Zinsen anfallen?

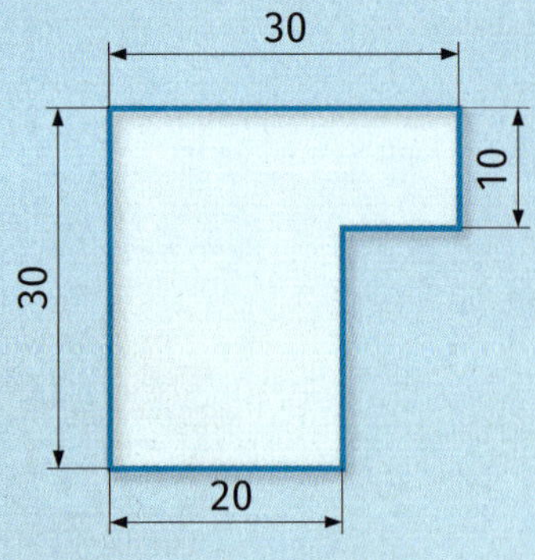

1 Fläche

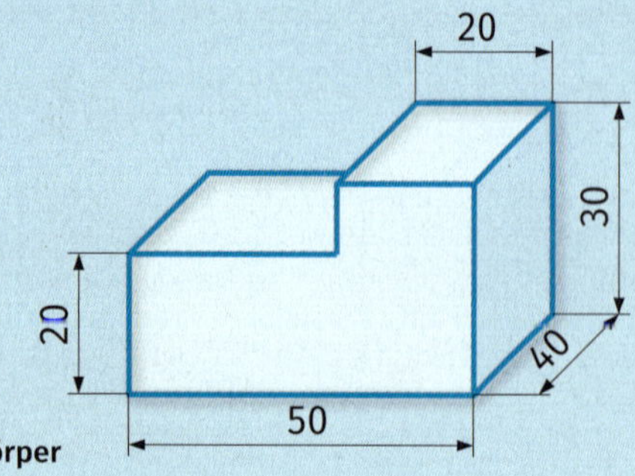

3 Körper

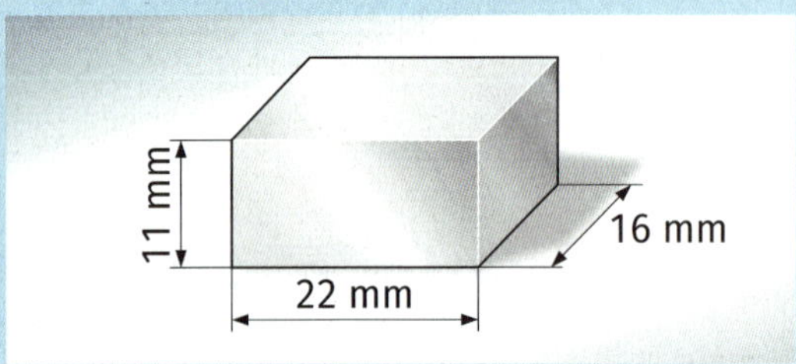

2 Werkstück

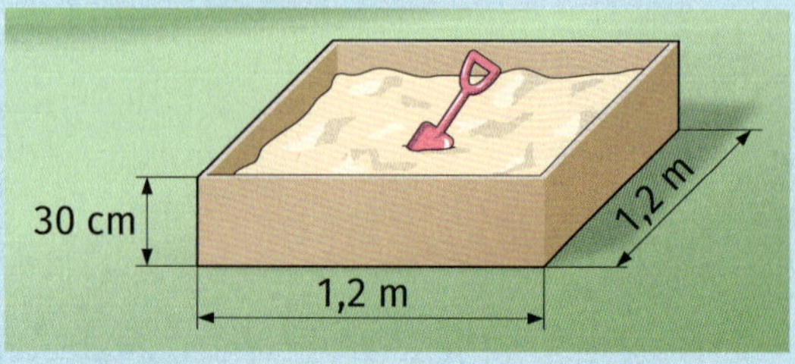

4 Sandkasten

6. Berechnen Sie den Umfang und den Inhalt der abgebildeten Fläche 1. Die angegebenen Maße sind mm.

7. Wie viele Werkstücke mit den angegebenen Abmaßen 2 können aus 92 928 cm^3 Stahl hergestellt werden?

8. Berechnen Sie das Volumen und die Oberfläche des Körpers 3. Die angegebenen Maße sind mm.

9. In einem Garten wird ein kreisrunder Teich angelegt. Der Durchmesser soll 7 m betragen.

a) Welche Größe hat die Oberfläche des Teiches?

b) Wie lang ist das Ufer?

10. In einem Garten wird ein Sandkasten aufgestellt 4.

a) Berechnen Sie das Volumen des Sandkastens.

b) Welche Menge Sand in kg passt in den Sandkasten (1 m^3 Sand wiegt ca. 1,5 t)?

11. Auf einer Baustelle soll eine Bohle über einen geschotterten Weg gelegt werden, um besser mit der Schubkarre fahren zu können 5.
Der Bereich mit dem Schotter ist ca. 5 Meter lang. Zudem ist eine Höhe von 70 cm zu überwinden.
Wie lang muss die Bohle mindestens sein, wenn sie auf beiden Seiten jeweils 10 cm überstehen soll?

12. In der Wertetabelle sind die Mietkosten einer Ferienwohnung für die ersten 3 Tage eingetragen.
Die Kosten pro Tag belaufen sich auf 29 €, für die Endreinigung sind einmalig 30 € zu zahlen.

Anzahl der Tage	1	2	3	...
Preis in Euro	59	88	117	...

a) Erweitern Sie die Tabelle mit den Werten bis zu 14 Tagen.

b) Erstellen Sie das zugehörige Schaubild.

c) Formulieren Sie die Funktion.

5 Bohle auf einer Baustelle

6 Rasenfläche

Trainingseinheit 2 Teil A

Zeitvorgabe: 30 Minuten
Hilfsmittel: keine

1. Lösen Sie die Aufgaben.
a) 6128,5 + 54 + 162,4 + 918,53
b) $523 \cdot 4{,}2$
c) 24 : 1,6
d) 2^4
e) 23 – 15 : (8 – 3)
f) $2\frac{1}{4} \cdot \frac{1}{3}$
g) $1\frac{1}{2} - \frac{4}{5}$

2. Stellen Sie die Formel nach β um:
$\alpha + \beta + \gamma = 180°$

3. Lösen Sie die Gleichung nach x auf:
$4x - 2 = 16 + x$

4. Rechnen Sie die Maße in die jeweils nächstkleinere Einheit um:
a) 8,4 cm^2 b) 6 a

5. Wandeln Sie die Gewichte in kg um:
a) 0,75 t b) 500 g

6. Am Ende des ersten Ausbildungsjahres überprüft eine Auszubildende ihr Sparbuch.
Zu Beginn ihrer Ausbildung waren 154 € auf dem Sparbuch. Von der Ausbildungsvergütung konnte sie monatlich 120 € zurücklegen, einmal sogar 150 €. Viermal musste sie 60 € für eine Ratenzahlung abheben. Die Bank zahlte ihr 1,80 € Zinsen.
Wie viel Geld befindet sich auf dem Sparbuch?

7. Eine Rasenfläche wird abgeschritten, um ihre Größe grob zu ermitteln 6.
a) Schätzen Sie die Länge und Breite der Fläche und berechnen Sie den Umfang.
b) Berechnen Sie den Flächeninhalt.

8. Ein Arbeiter benötigt für die Anfertigung eines Werkstückes 75 Sekunden. Wie viele Werkstücke kann er in 2 ½ Stunden anfertigen?

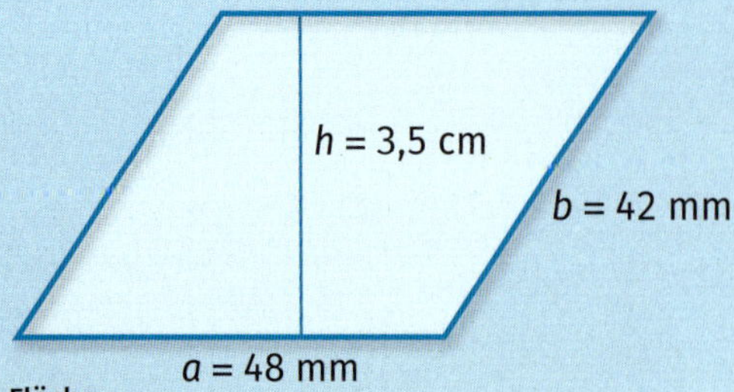

1 Fläche

3 Zeitungsanzeige einer Bank

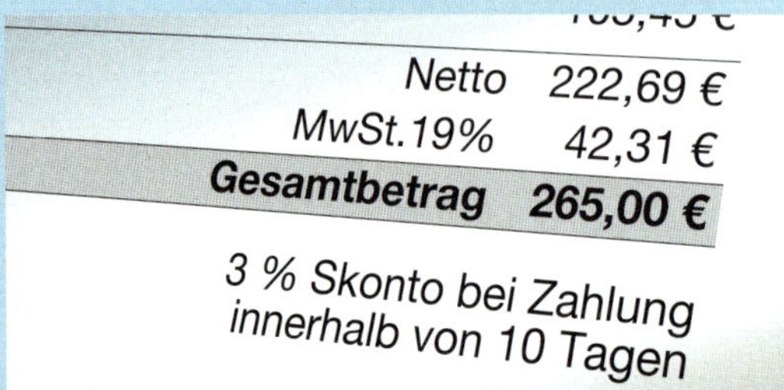

2 Handwerkerrechnung

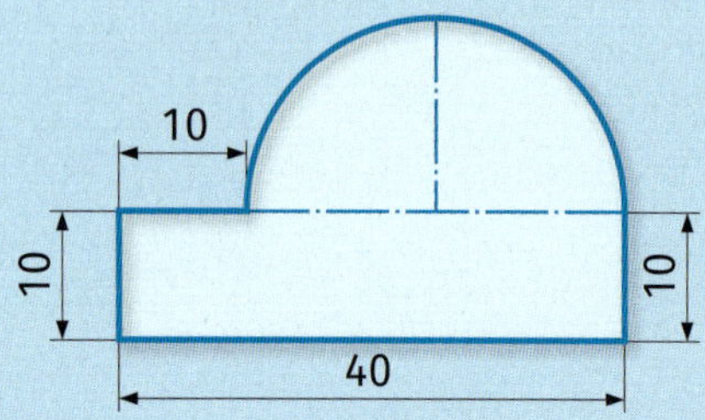

4 Fläche

Trainingseinheit 2 Teil B

Zeitvorgabe: 60 Minuten
Hilfsmittel: Taschenrechner, Formelsammlung, Geo-Dreieck, Zirkel

1. Ein Lehrer isst gerne Pfefferminz-Bonbons. Wenn er 3 Bonbons pro Tag isst, reicht die 25-Gramm-Packung 1 Woche.
a) Wie viele Tage reicht die Packung, wenn er 4 Bonbons pro Tag isst?
b) Wie lange reicht eine Dreierpackung, wenn er pro Tag 5 Bonbons isst?

2. Berechnen Sie den Inhalt und den Umfang der abgebildeten Fläche 1.

3. In einer Umfrage bei Jugendlichen zum Thema Lieblingssportarten nannten 42 Jugendliche Fußball, 30 Jugendliche Handball, 24 Jugendliche Leichtathletik, 12 Jugendliche Volleyball und 12 Jugendliche andere Sportarten.
Berechnen Sie die Angaben in Prozent und erstellen Sie ein Kreisdiagramm.

4. Für die Leistungen einer Handwerkerfirma sind 265 € zu bezahlen. Bei Zahlung innerhalb von 10 Tagen dürfen 3 % Skonto abgezogen werden 2.
a) Wie hoch ist das Skonto?
b) Wie viel Prozent entspricht ein Abzug in Höhe von 5,30 €?
c) Wie hoch ist eine Rechnung, von der ein Skonto in Höhe von 3 % abgezogen werden darf, wenn der Abzug einem Betrag von 25,50 € entspricht?
d) In einer Rechnung über 178,50 € sind 19 % Mehrwertsteuer enthalten. Wie hoch wäre die Rechnung ohne die Mehrwertsteuer?

5. Eine Bank wirbt in einer Zeitungsanzeige 3.
a) Wie hoch sind die Zinsen, wenn 2000 € für 284 Tage angelegt werden?
b) Wie lange muss das Geld angelegt werden, wenn 100 € Zinsen erzielt werden sollen?
c) Welcher Betrag muss angelegt werden, um für 200 Tage 750 € Zinsen zu bekommen?
d) Wie hoch ist der Zinssatz für eine Spareinlage in Höhe von 5000 €, wenn für 320 Tage 160 € Zinsen anfallen?

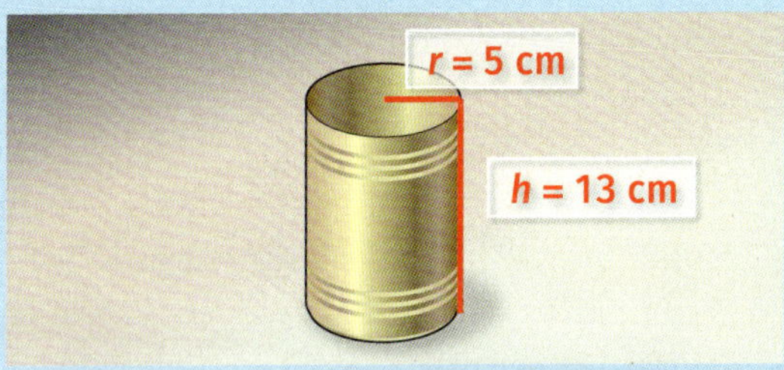

5 Dose

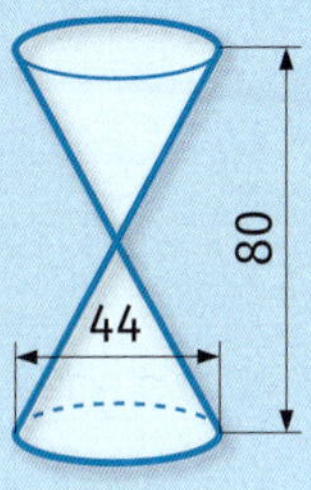

6 Körper

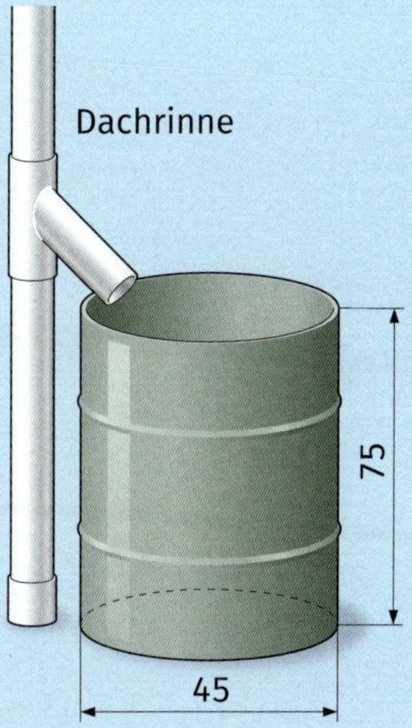

7 Regenfass

6. Berechnen Sie den Umfang und den Inhalt der Fläche 4. Die angegebenen Maße sind mm.

7. Läuft die Dose über, wenn 1 Liter Wasser hineingeschüttet wird 5?

8. Berechnen Sie das Volumen des abgebildeten Körpers in cm^3 6. Die angegebenen Maße sind mm.

9. Ein Zimmer soll mit Fliesen ausgelegt werden. Der Raum hat eine Breite von 3,80 m und eine Länge von 4,20 m. Eine Fliese ist 30 · 30 cm groß.

a) Wie viele Fliesen müssen gekauft werden?

b) Wie hoch sind die Kosten, wenn 1 m^2 Fliesen 24 € kostet?

10. An einer Dachrinne wird ein Regenfass aufgestellt 7. Alle Maße in cm.

a) Wie viel Liter Wasser kann das Fass aufnehmen?

b) Wann ist das Fass voll, wenn stündlich 19 l Wasser in das Fass laufen?

11. Ein rechtwinkliger Holzrahmen wird mit einer diagonal verlaufenden Leiste verstärkt.

a) Wie lang muss die Leiste sein, wenn der Holzrahmen eine Länge von 60 cm und eine Breite von 40 cm hat?

b) Wie lang muss die Leiste bei einem quadratischen Holzrahmen mit der Seitenlänge 50 cm sein?

c) Wie breit ist ein Quadrat, das eine Diagonale mit einer Länge von 30 cm hat?

12. Eine Montagefirma berechnet für Anfahrt und Abfahrt pauschal 20 €. Für 1 Stunde Arbeit werden dem Kunden 45 € in Rechnung gestellt.

a) Erstellen Sie eine Wertetabelle mit den Werten von 1 – 8 Stunden.

b) Erstellen Sie das zugehörige Schaubild.

c) Formulieren Sie die Funktion.

d) Wie verändern sich Schaubild und Funktion bei einer Fahrtpauschale von 30 €?

e) Wie verändern sich Schaubild und Funktion, wenn die Fahrtpauschale 20 € bleibt, aber pro Stunde 50 € berechnet werden?

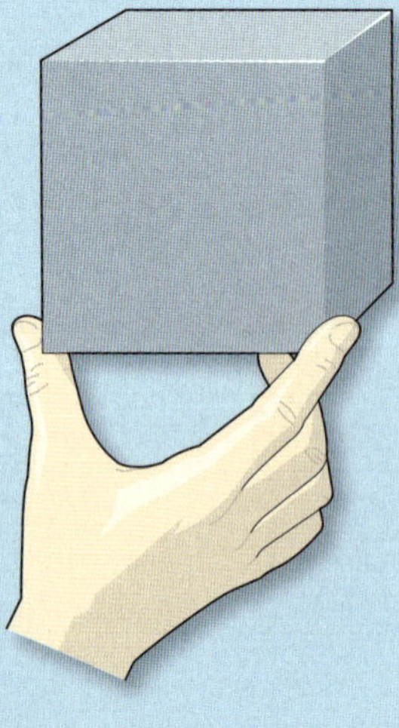

1 Würfel

2 Schwimmbecken

Trainingseinheit 3 Teil A

Zeitvorgabe: 45 Minuten
Hilfsmittel: keine

1. Lösen Sie die Aufgaben.

a) 4350,40 + 16,8 − 38 − 496,2
b) 325 − 87 + 2149,8 − 198,2
c) 29,4 · 2,8
d) 93,6 : 1,8
e) 4^3
f) 13 + 2 · (5 + 9) − 48 : 6
g) 47 − 3 · (19 − 13) + 32
h) $1\frac{1}{3} : \frac{2}{9}$
i) $2\frac{1}{3} + 1\frac{3}{5}$

2. Stellen Sie die Formeln nach *r* um.

a) $U = 2\pi r$
b) $A = \pi r^2$

3. Lösen Sie die Gleichungen nach x auf.

a) 14 + 9x − 8 = 2x + 60 + x
b) 14 +28x − 31 − 13x = 3x +31

4. Rechnen Sie die Maße in die jeweils nächstgrößere Einheit um.

a) 50 ha　　c) 350 dm^2
b) 4000 mm^3　　d) 7500 cm^3

5. Wandeln Sie die Gewichte in g um.

a) 0,45 kg　　c) 1,2 kg
b) 3,75 kg　　d) 0,28 kg

6. Ein Auszubildender sieht am Jahresende seine Kontoauszüge durch.
Zu Beginn des Jahres befanden sich 72 € auf dem Konto.
Während der ersten 8 Monate hat er monatlich 352 € Ausbildungsvergütung erhalten.
Dann stieg die Vergütung um 31 € an.
Für Wohnen und Essen gab er seinen Eltern die Hälfte seiner Ausbildungsvergütung ab.
Für verschiedene Anschaffungen hat er im vergangenen Jahr 4-mal 200 € und 1-mal 1000 € entnommen, 2-mal konnte er jeweils 150 € einzahlen.
Wie viel Geld befindet sich auf dem Girokonto?

3 Landschaftsgärtner beim Pflastern

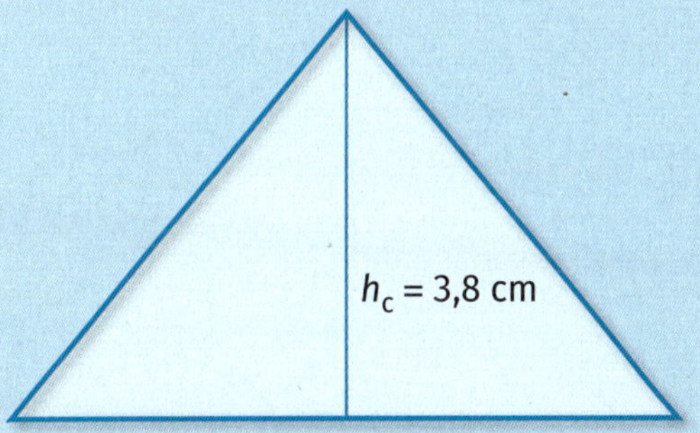

4 Fläche

7. Ein Würfel passt genau zwischen Daumen und Zeigefinger 1.

a) Schätzen Sie die Kantenlänge des Würfels.

b) Berechnen Sie das Volumen und die Oberfläche.

8. Das abgebildete Schwimmbecken ist etwas niedriger als der daneben stehende Mensch 2.

a) Schätzen Sie die Höhe und berechnen Sie das Volumen des Beckens.

b) Wie lange dauert es, bis das Becken voll ist, wenn in 1 Minute 60 Liter Wasser eingefüllt werden?

9. Ein Heliumluftballon steigt in 1 Sekunde um 90 cm. Nach welcher Zeit hat er 150 m Flughöhe erreicht?

10. Ein Kind schläft an einem Samstag um 20:10 Uhr ein. Am darauffolgenden Tag erwacht es um 7:05 Uhr.
Wie lange hat das Kind geschlafen, wenn aufgrund des Beginns der Sommerzeit die Uhr 1 Stunde vorgestellt wurde?

Trainingseinheit 3 Teil B

Zeitvorgabe: 75 Minuten
Hilfsmittel: Taschenrechner, Formelsammlung, Geo-Dreieck, Zirkel

1. Drei Landschaftsgärtner benötigen bei einer täglichen Arbeitszeit von 8 Stunden, 2 Tage, um 120 m^2 Hoffläche zu pflastern 3.

a) Wie lange brauchen sie, wenn ein Kollege erkrankt?

b) Wie lange benötigen vier Landschaftsgärtner für 200 m^2 Hoffläche, wenn sie täglich 10 Stunden arbeiten?

2. Für 160 m^2 Dachfläche werden 1200 Beton-Dachsteine benötigt.

a) Wie viele Beton-Dachsteine werden für 200 m^2 Dachfläche benötigt?

b) Eine Fläche von 130 m^2 soll mit Ziegeln gedeckt werden. Je Quadratmeter sind doppelt so viele Ziegel wie Dachsteine notwendig.

3. Berechnen Sie den Inhalt der abgebildeten Fläche 4.

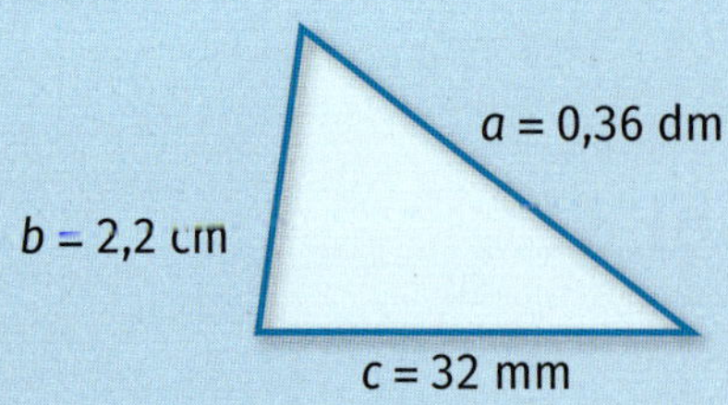

1 Fläche

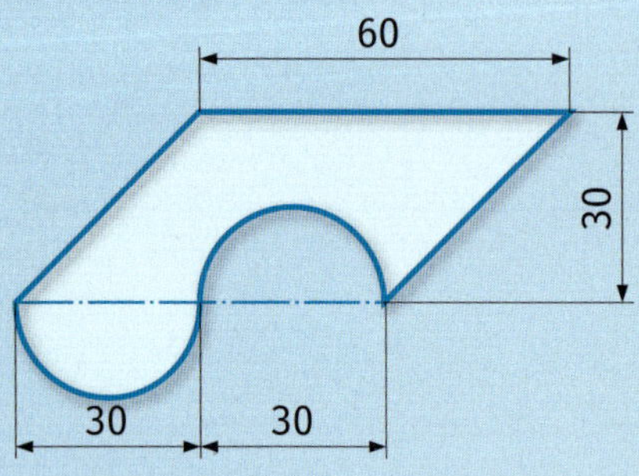

2 Fläche

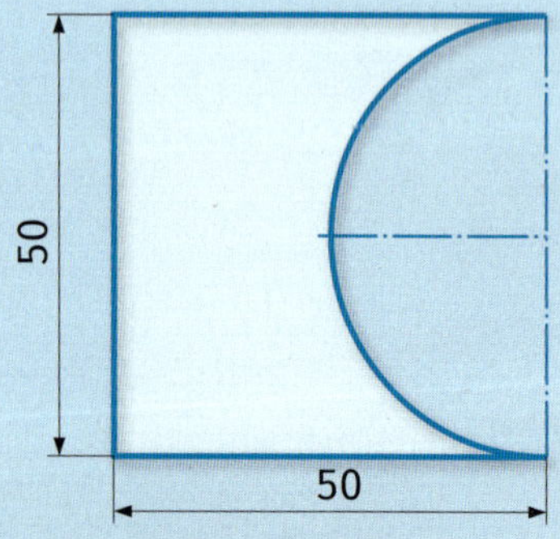

3 Fläche

4 Reklameeistüte

4. Berechnen Sie den Umfang der abgebildeten Fläche 1.

5. Ein Meinungsforschungsinstitut hat eine Umfrage zum Thema Lieblingsspeisen durchgeführt:
110 der Befragten nannten Spaghetti, 28 Personen Pizza, 24 Personen Schnitzel und ebenfalls 24 Personen gaben Pommes Frites als Lieblingsgericht an. 14 Befragte gaben andere Speisen an.
Berechnen Sie die Angaben in Prozent und erstellen Sie ein Kreisdiagramm.

6. Die Miete für eine Wohnung von 480 € wird um 2,5 % erhöht.
a) Wie hoch ist die Miete nach der Erhöhung?
b) Wie hoch ist die Miete, wenn sie um 3,5 % erhöht wird?
c) Wie hoch war die Miete, wenn sie durch eine Erhöhung von 4 % um 21 € teurer wird?
d) Nach einer Erhöhung um 1,8 % beträgt die Miete 549,72 €. Wie hoch war sie vor der Erhöhung?

7. Geld aus einer Erbschaft soll angelegt werden.
a) Wie hoch sind die Zinsen, wenn für 12 000 € für 1 1/2 Jahre ein Zinssatz von 4,2 % vergütet wird?
b) Wie lange müssen 12 000 € angelegt werden, um 1000 € Zinsen zu bekommen?
c) Welcher Betrag muss angelegt werden, um für 11 Monate 500 € Zinsen zu bekommen?
d) Wie hoch ist der Zinssatz für eine Spareinlage in Höhe von 10 000 €, wenn für 180 Tage 250 € Zinsen anfallen?

8. Berechnen Sie den Inhalt der Fläche 2. Die angegebenen Maße sind mm.

9. Berechnen Sie den Inhalt und den Umfang der Fläche 3. Die angegebenen Maße sind mm.

10. Vor einem Eis-Café steht eine künstliche Eistüte als Reklame 4. Sie ist 1,40 m hoch, oben hat sie einen Durchmesser von 70 cm.
Wie viel Liter Eis würden in die Tüte passen?

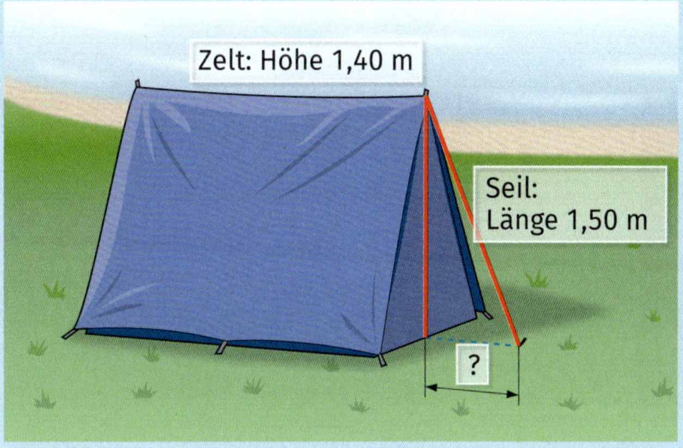

5 Zelt

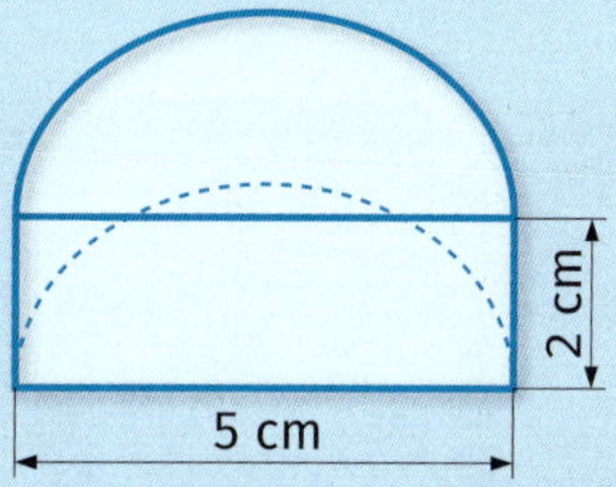

6 Körper

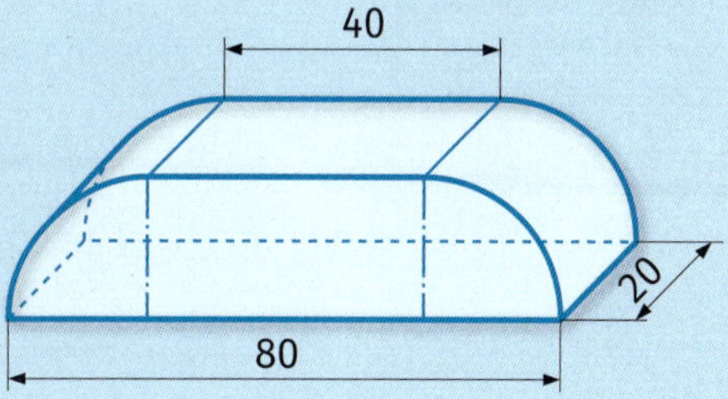

7 Körper

11. Auf einem rechteckigen Grundstück steht ein Haus mit 125 m^2 Grundfläche. Das Grundstück hat eine Länge von 25 m und eine Breite von 15 m.

a) Um das Haus herum soll Rasen gepflanzt werden. Wie groß wird die Rasenfläche?

b) Welche Menge an Rasensamen wird benötigt (2 kg reichen für 40 m^2)?

c) Wie viel kostet der benötigte Rasensamen, wenn ein Päckchen mit 2 kg 9,90 € kostet?

d) Wie lange dauert es, den Rasen zu mähen, wenn in einer Minute durchschnittlich 4 m^2 gemäht werden?

e) Wie lang ist ein Gartenzaun, der um das Grundstück herum gebaut wird?

12. An einem Zelt mit der Höhe 1,40 m befindet sich ein Seil mit der Länge 1,50 m 5.

a) In welchem Abstand zum Zelt berührt das Seil den Boden?

b) Wie groß ist der Abstand, wenn das Seil 1,60 m lang ist?

c) Wie lang ist ein Seil, wenn es am Boden 40 cm Abstand zum Zelt hat?

13. Berechnen Sie das Volumen des abgebildeten Körpers 6.

14. Berechnen Sie das Volumen des abgebildeten Körpers 7 (alle Maße in mm).

15. Ein Tintenstrahldrucker kostet 70 €. Ein Patronenset zum Nachkaufen kostet 20 €.

a) Erstellen Sie eine Wertetabelle mit den Kosten des Druckers sowie der Tintenpatronen zum Nachkaufen für 1 bis 10 Patronensets.

b) Erstellen Sie das zugehörige Schaubild.

c) Formulieren Sie die Funktion.

d) Ein Geschäft bietet an, leere Patronensets für 10 € zu befüllen.
Wie verändern sich Funktion und Schaubild?

e) Ein anderes Druckermodell kostet 98 €. Patronensets zum Nachkaufen kosten 5 €. Vergleichen Sie dieses Angebot mit den beiden Möglichkeiten des Druckers für 70 €. Welche Variante würden Sie Anwendern empfehlen, die nur wenig drucken?

1 Band

2 Blumentrog

Trainingseinheit 4 Teil A

Zeitvorgabe: 45 Minuten
Hilfsmittel: keine

1. Lösen Sie die Aufgaben.

a) 417,25 – 67,9 + 14,08 – 185
b) 9238,70 + 168,4 – 4329,36 – 901,8
c) $8{,}46 \cdot 3{,}9$
d) 90,3 : 2,1
e) 100,7 : 1,9
f) 6^3
g) $(18 - 12) : 2 \cdot (13 + 18)$
h) $6 \cdot (28 - 19) + 2 \cdot (14 + 22)$
i) $2\frac{1}{3} : 1\frac{4}{5}$
j) $\frac{2}{6} + 1\frac{1}{3} - 1\frac{1}{2}$

2. Stellen Sie die Formel nach b um:
$c^2 = a^2 + b^2$

3. Stellen Sie die Formel nach p um:
$Z = \frac{K \cdot p \cdot t}{100 \cdot 360}$

4. Lösen Sie die Gleichungen nach x auf.

a) 16 + 35x – 29 + 4x = 5x + 57 – x
b) 49 x + 13 – 12x – 51 = 12x + 12

5. Rechnen Sie die Maße in die jeweils nächstkleinere Einheit um.

a) $4{,}2\ \text{cm}^3$ c) $0{,}125\ \text{m}^3$
b) 14,8 l d) $400\ \text{cm}^3$

6. Wandeln Sie die Angaben in Minuten um.

a) 2,5 h c) 3,25 h
b) 3 h 10 min d) 3,1 h

7. Eine aus Jugendlichen bestehende Band möchte ihre Verstärkeranlage verbessern 1. Dafür sind 1250 € nötig.
Von der Gage des letzten Auftrittes sind noch 80 € übrig.
Jedes der vier Bandmitglieder kann 75 € investieren. Zwei Freunde der Musiker leihen jeweils 150 €, ein Musikgeschäft sponsert 100 €.
Die Band erhält pro Auftritt 120 €. Wie viele Auftritte muss sie noch machen, um genug Geld für die Verstärkeranlage zu haben?

3 Garageneinfahrt

4 Zug

8. Ein Blumentrog ist ungefähr 4 Handspannen lang, 1 Handspanne breit und 1 Handspanne hoch 2. Eine Handspanne ist die Entfernung vom Daumen bis zum kleinen Finger, wenn die Hand gespreizt ist.

a) Schätzen Sie das Volumen des Blumentrogs.

b) Wie viel wiegt die Blumenerde im Trog, wenn 1 dm^3 Blumenerde 500 g wiegt?

9. Ein Auto 3 hat eine Länge von 4 m und eine Breite von 1,8 m.

a) Schätzen Sie die Länge und die Breite der Garageneinfahrt.

b) Wie viele Rasengittersteine befinden sich auf der Einfahrt, wenn 1 Rasengitterstein eine Fläche von 2400 cm^2 belegt?

10. Ein Zug 4 startet um 21:26 Uhr. Er macht einen Zwischenstopp von 8 Minuten Dauer, einen Zwischenstopp, der eine viertel Stunde dauert, und einen Zwischenstopp, der 0,2 Stunden dauert. Wann kommt der Zug an, wenn die reine Fahrzeit 5 Stunden und 27 Minuten beträgt?

Trainingseinheit 4 Teil B

Zeitvorgabe: 75 Minuten
Hilfsmittel: Taschenrechner, Formelsammlung, Geo-Dreieck, Zirkel

1. Für die Inventur eines Baumarktes benötigen 13 Mitarbeiter 15 Stunden.

a) Wie lange dauert dieselbe Arbeit, wenn ein Kollege erkrankt ist?

b) Wie lange benötigen 15 Mitarbeiter, wenn das Sortiment des Baumarktes um 10 % vergrößert wurde?

2. Ein Angestellter fährt täglich mit seinem Pkw 10 km zur Arbeit. Dafür fallen monatlich Benzinkosten in Höhe von 40 € an.

a) Um welchen Betrag ändern sich die Kosten, wenn er aufgrund eines Wohnortwechsels 3,5 km mehr fahren muss?

b) Der Angestellte nimmt 2 Kollegen mit. Dafür muss er einen Umweg machen, sodass insgesamt 18 km zurückzulegen sind.
Wie hoch sind die Benzinkosten für jeden, wenn sie geteilt werden?

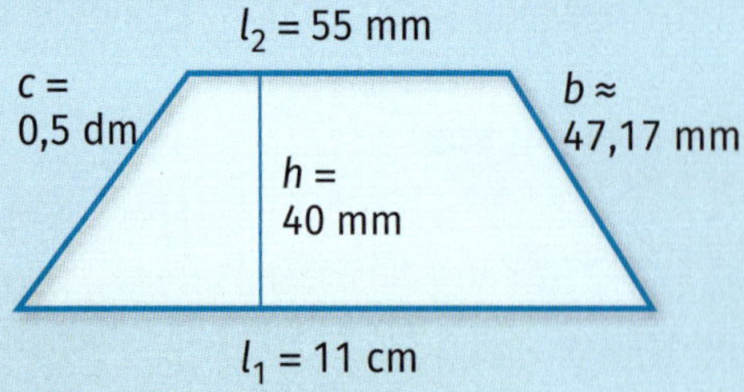

1 Fläche

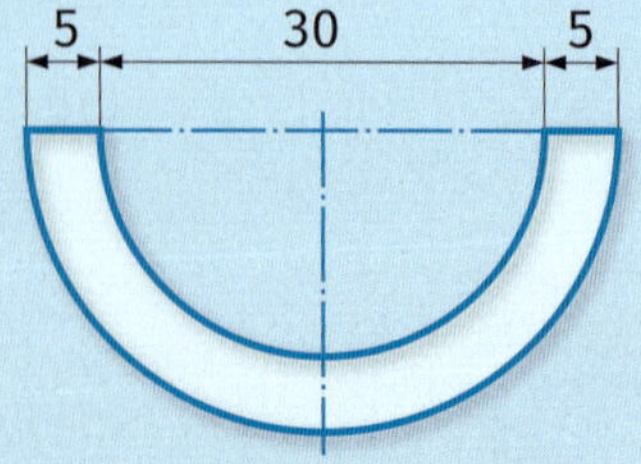

3 Fläche

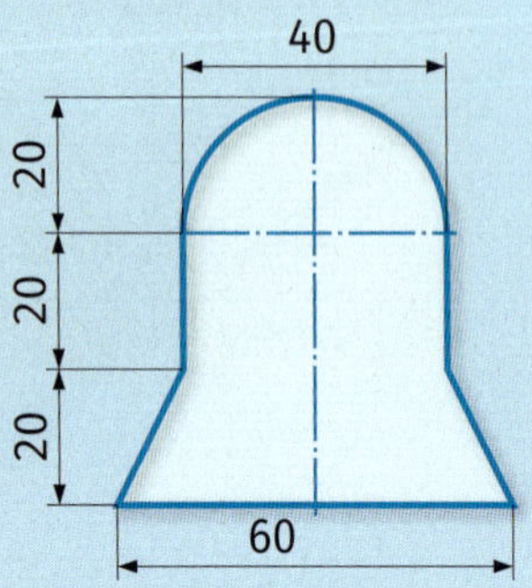

2 Fläche

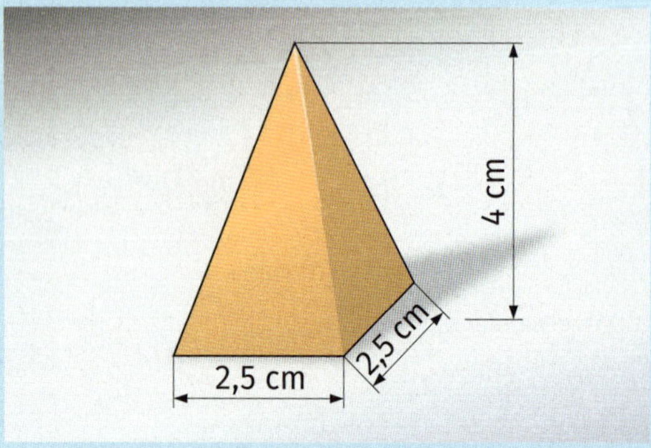

4 Bauklötzchen

3. Berechnen Sie den Inhalt und Umfang der abgebildeten Fläche 1.

4. Schüler wurden danach gefragt, welche Pläne sie nach der Schule haben:
48 Schüler gaben an, eine Ausbildung machen zu wollen, 36 wollen auf eine weiterführende Schule gehen, 21 möchten arbeiten, 12 planen einen Auslandsaufenthalt und 9 Schüler stellen sich vor, ein Praktikum zu machen.
Berechnen Sie die Angaben in Prozent und erstellen Sie ein Säulendiagramm und ein Kreisdiagramm.

5. Der Lohn eines Arbeiters wird von 1380 € um 2,1 % erhöht.
a) Wie hoch ist der Lohn nach der Erhöhung?
b) Wie hoch ist der Lohn, wenn er um 3,5 % erhöht wird?
c) Wie hoch war der Lohn, wenn er durch eine Erhöhung von 3,2 % um 44,80 € ansteigt?
d) Nach einer Erhöhung um 2,8 % beträgt der Lohn 1459,76 €. Wie hoch war er vor der Erhöhung?

6. Für den Kauf einer neuen Waschmaschine musste ein Kredit aufgenommen werden.
a) Wie hoch sind die Zinsen, wenn für ein Kredit über 500 € für eine Dauer von 9 Monaten ein Zinssatz von 6,8 % berechnet wird?
b) Wie lange dürfen 500 € geliehen werden, wenn höchstens 30 € Zinsen anfallen sollen?
c) Welcher Betrag wurde geliehen, wenn für 8 Monate 50 € Zinsen gezahlt wurden?
d) Wie hoch ist der Zinssatz für einen Kredit in Höhe von 1000 €, wenn für 230 Tage 46 € Zinsen anfallen?

7. Berechnen Sie den Inhalt der Fläche 2. Die angegebenen Maße sind mm.

8. Berechnen Sie Inhalt und Umfang der Fläche 3. Die angegebenen Maße sind mm.

9. Die Abbildung zeigt ein Bauklötzchen 4.
a) Berechnen Sie das Volumen des abgebildeten Bauklötzchens.
b) Wie viel wiegt das Bauklötzchen, wenn 1 cm^3 des Holzes 0,5 g wiegt?

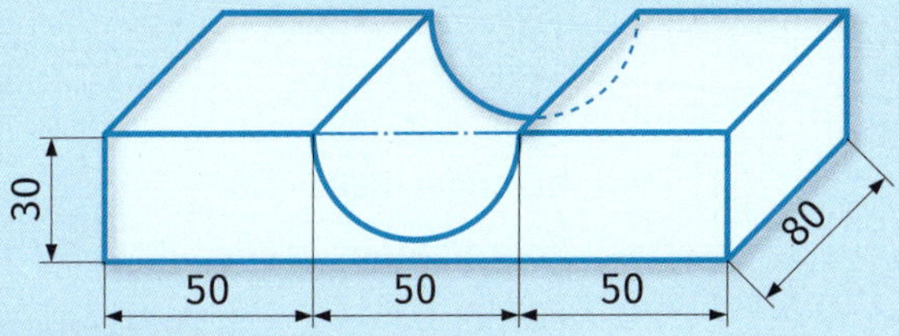

5 Körper

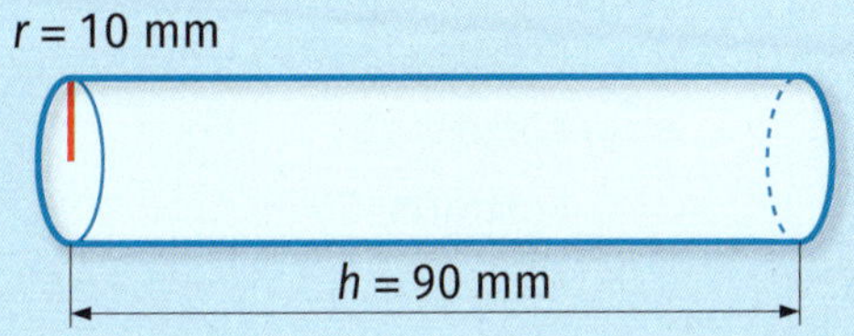

6 Wachskörper

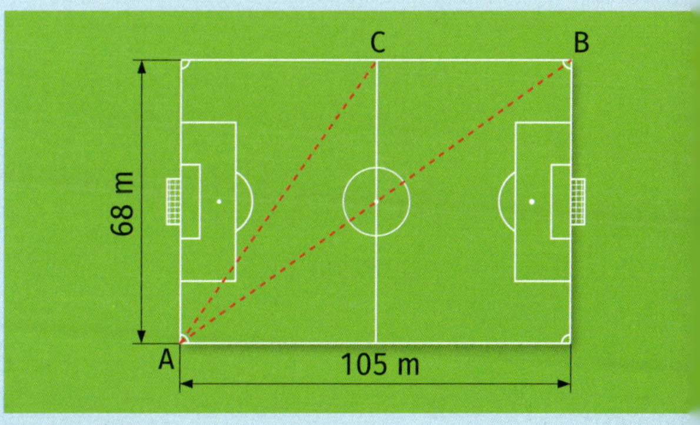

7 Fußballfeld

10. Berechnen Sie das Volumen des abgebildeten Körpers in cm^3 5. Die angegebenen Maße sind mm.

11. Aus einem Teppichrest mit der Form eines Rechtecks soll ein möglichst großes kreisförmiges Stück ausgeschnitten werden. Der Teppichrest hat eine Länge von 100 cm und eine Breite von 75 cm.

a) Berechnen Sie den Flächeninhalt des kreisrunden Teppichstückes.

b) Wie viel Prozent des Teppichrestes sind Abfall?

c) Welchen Flächeninhalt könnte ein kreisrundes Stück haben, wenn der Teppichrest die gleiche Breite hätte, aber doppelt so lang wäre?

12. Aus einem Wachskörper 6 soll ein Quader gegossen werden.

a) Wie hoch wird der Quader, wenn er eine Länge von 90 mm und eine Breite von 20 mm hat?

b) Wie hoch würde ein Quader mit der doppelten Länge und derselben Breite sein?

13. Ein Fußballspieler überquert einen Fußballplatz 7.

a) Welche Strecke legt er zurück, wenn er von A nach B läuft?

b) Welche Strecke legt er zurück, wenn er von A nach C läuft?

14. Der Eintritt in das Hallenbad kostet 5 €.

a) Erstellen Sie eine Wertetabelle mit den Preisen für 1 – 15 Hallenbadbesuche.

b) Erstellen Sie das zugehörige Schaubild.

c) Formulieren Sie die Funktion.

d) Mitglieder des Schwimmvereins zahlen nur die Hälfte. Der Jahresbeitrag für die Mitgliedschaft beträgt 28 €. Erstellen Sie eine Wertetabelle mit den Preisen für 1 – 15 Hallenbadbesuche für Mitglieder.

e) Erstellen Sie das zugehörige Schaubild für Mitglieder.

f) Formulieren Sie die zugehörige Funktion für Mitglieder.

g) Ab welcher Anzahl von Hallenbadbesuchen lohnt sich die Mitgliedschaft im Schwimmverein?

Register

Bildquellenverzeichnis

A1PIX - Your Photo Today, Ottobrunn: SGM 60.3

adpic Bildagentur, Köln: B Leitner 71.2; E. Artmann 93.2; G. Hergenhan 91.1; H. Kater 91.3; O Schmidt 63.2; R. Brenner 39.2

alamy images, Abingdon/Oxfordshire: Adrian Sherratt 15.1

ARTUR IMAGES GmbH, Stuttgart: 19.3

Bildagentur Geduldig, Maulbronn: 25.4

Bildarchiv Werner Bachmeier, Ebersberg: (FREELENS Pool) Bachmeier 17.1

Caro Fotoagentur, Berlin: Olaf Jandke 83.1

Druwe & Polastri, Cremlingen/Weddel: 6.1, 11.1, 14, 15.2, 22, 23.1, 63.3, 64

Fotex Medien Agentur GmbH, Hamburg: Klaus Ohlenschläger 48.2

Getty Images, München: Gideon Mendel 68.1

Google Maps: 19.1

Keystone Pressedienst, Hamburg: David Claude Boucherie 61.2; Volkmar Schulz 5.1

mauritius images GmbH, Mittenwald: 61.1; Imagebroker 47.2; Ypps 10.1

Photocase GmbH, Berlin: 91.2

Picture-Alliance GmbH, Frankfurt/M.: dpa/B. Thissen 69.1; Food Photography Stockfood 16.2

Shutterstock.com, New York: Motortion Films 76.1, 88.1

stock.adobe.com, Dublin: Albachiaraa 66.3; amino visuals 75.3; Best, Riko 71.1; Bizgaimer, Yuri 52.1; DanBu.Berlin 28.4; ehrenberg-bilder 66.1; GM Photography 29.4; grafikplusfoto 48.1; Kadarjan_Roman/Roman_23203 54.1; Kzenon 137.3; Lantelme, Jörg 63.1; Leonid 66.2; Michel, T. 137.2; miunicaneurona 125.1; Nestor 72.3; NicoElNino 127.1; NOBU 93.1; savoieleysse 151.1; stokkete 5.4; v_sot 134.1; Vasyl 154.1; vesta48 20.3; WavebreakMediaMicro 88.2; zephyr_p 55.1

ullstein bild, Berlin: Schöning 12.3

Valentinelli, Mario, Rostock: 8, 12.1, 12.2, 13, 16.1, 17.2, 19.2, 20.1, 20.2, 23.2, 24, 25.1, 25.2, 25.3, 26, 27, 28.1, 28.2, 28.3, 29.1, 29.2, 29.3, 30, 31, 32, 33, 34, 35, 36, 37, 39.1, 39.3, 40.3, 41, 42, 43, 44, 45, 49, 51, 53, 58, 59, 68.2, 72.1, 72.2, 73.2, 75.1, 75.4, 76.2, 76.3, 77, 78, 80, 81, 82, 83.2, 84, 85, 86, 87, 88.3, 88.4, 88.5, 88.6, 89, 90, 93.3, 97, 100, 101, 103, 104, 105, 106, 107, 108, 109, 110, 111, 112, 113, 114, 115, 116, 117, 118, 119, 120, 121, 122, 123, 124, 125.2, 127.2, 127.3, 128, 135, 137.1, 138, 139, 142, 144, 145, 146, 147, 148, 149, 150, 151.2, 152, 153, 154.2, 155.1, 156, 157

vario images, Bonn: 40.2

Visum Foto GmbH, München: 155.2

Hinweis: Für den Fall, dass berechtigte Ansprüche von Rechteinhabern unbeabsichtigt nicht berücksichtigt wurden, sichert der Verlag die Vergütung im Rahmen der üblichen Vereinbarungen zu.